Journal of Manuscript Studies

(Vol. 1)

Yu Xin　Imre Galambos
Co-Editors-in-Chief

寫本研究學報

第一卷

余　欣　高奕睿　主編

上海古籍出版社

圖書在版編目(CIP)數據

寫本研究學報. 第一卷 / 余欣，高奕睿主編. 上海 ：上海古籍出版社，2025. 5. -- ISBN 978-7-5732-1531-4

Ⅰ. G256.22-55

中國國家版本館 CIP 數據核字第 20254JL347 號

寫本研究學報

第一卷

余　欣　高奕睿　主編

浙江大學古籍研究所　編

上海古籍出版社出版發行

(上海市閔行區號景路 159 弄 1-5 號 A 座 5F　郵政編碼 201101)

(1) 網址：www.guji.com.cn

(2) E-mail：guji1@guji.com.cn

(3) 易文網網址：www.ewen.co

上海惠敦印務科技有限公司印刷

開本 787×1092　1/16　印張 14.75　插頁 11　字數 232,000

2025 年 5 月第 1 版　2025 年 5 月第 1 次印刷

ISBN 978-7-5732-1531-4

K·3816　定價：88.00 元

如有質量問題，請與承印公司聯繫

本刊受浙江大學教育基金會鍾子逸基金資助
Supported by the Zhong Ziyi Funds of Zhejiang University Education Foundation

Co-Editors-in-Chief

Yu Xin

Imre Galambos

Editorial Board

A Feng (Department of History, School of Humanities, Tsinghua University)

Paul Copp (Department of East Asian Languages and Civilizations, University of Chicago)

Irina Popova (Institute of Oriental Manuscripts, Russian Academy of Sciences)

Kogachi Ryuichi (Institute for Research in Humanities, Kyoto University)

Imre Galambos (School of Literature, Zhejiang University)

Takata Tokio (Toyo Bunko)

Alain Arrault (École française d'Extrême-Orient)

Liu Anzhi (School of History, Wuhan University)

Liang Jihong (School of Information Resource Management, Renmin University of China)

Costantino Moretti (École française d'Extrême-Orient)

Rong Xinjiang (Department of History, Peking University)

Matsui Dai (Graduate School of Humanities, Osaka University)

Kirill Solonin (School of Chinese Classics, Renmin University of China)

Tong Ling (School of Liberal Art, Nanjing University)

Stephen F. Teiser (Department of Religion, Princeton University)

Abdurishid Yakup (Berlin-Brandenburg Academy of Sciences and Humanities)

Yu Xin (School of Literature, Zhejiang University)

You Ziyong (School of History, Capital Normal University)

Zhang Xiaoyan (Center for Research on Chinese Excavated Classics and Ancient Characters, Fudan University)

Zhang Yongquan (School of Literature, Zhejiang University)

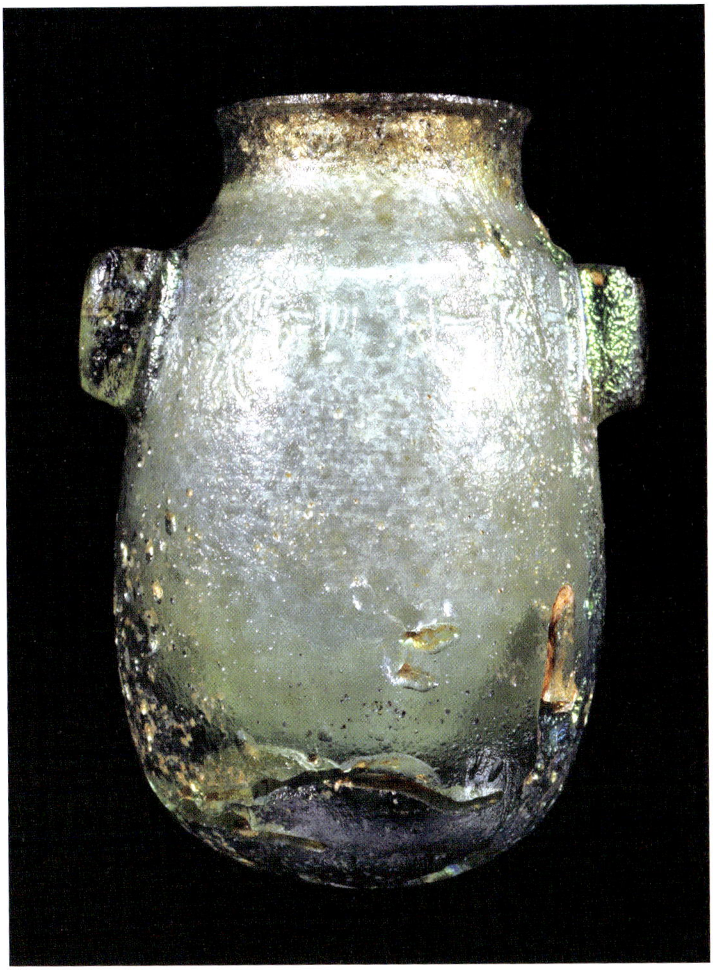

前 1 千紀新亞述時期玻璃瓶
（第 1 篇圖 7，大英博物館藏品號 BM 90952）

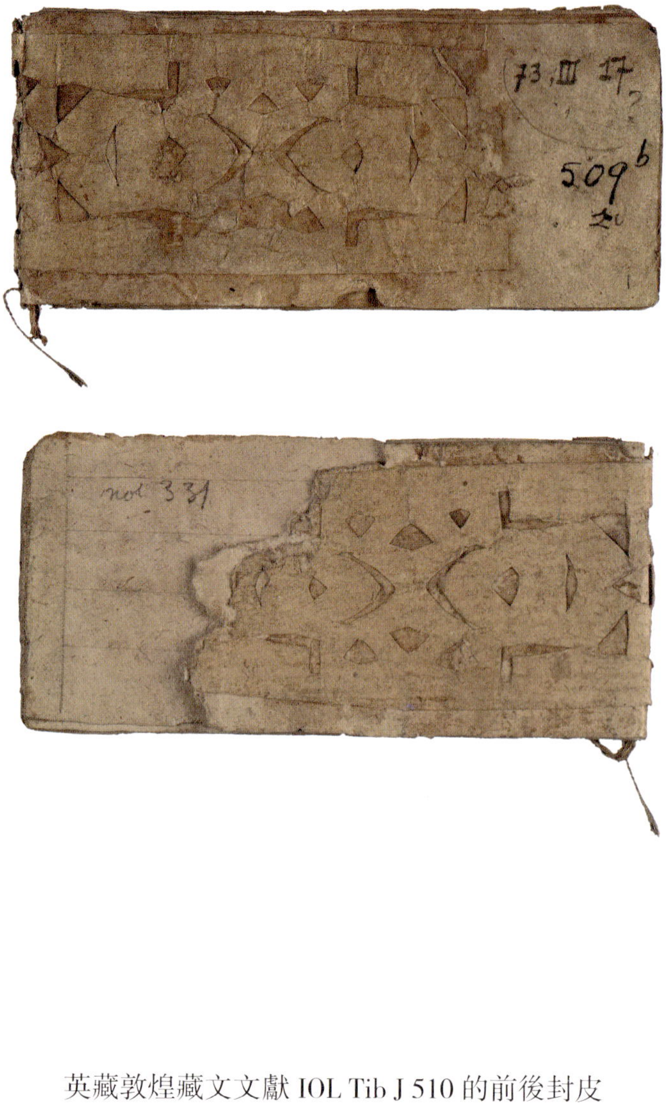

英藏敦煌藏文文獻 IOL Tib J 510 的前後封皮

（第 3 篇圖 2，大英圖書館藏）

吐魯番出土摩尼教文獻皮紙殘片 MIK III 6268
（第 4 篇圖 1，柏林亞洲藝術博物館藏）

吐魯番出土帕提亞語摩尼教讚美詩 M4
（第 4 篇圖 2，柏林勃蘭登堡科學院藏）

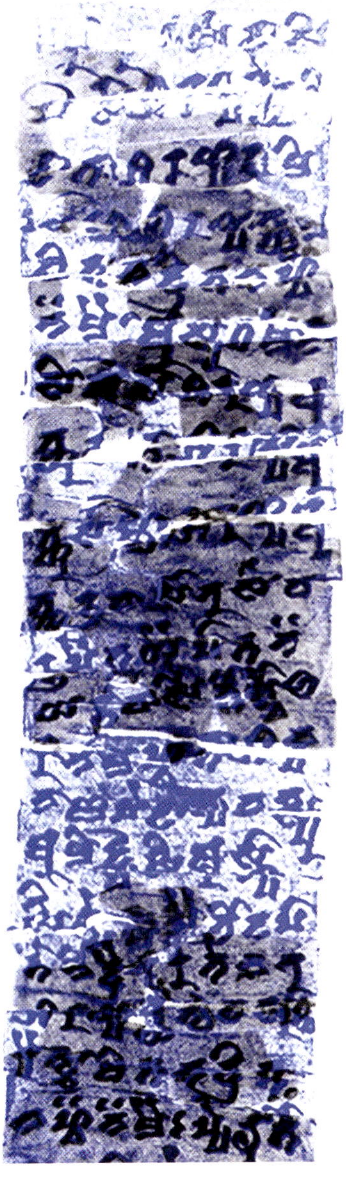

Pelliot Fragments divers D.A.G 寫本照片復原圖，對照 Konow 論文圖木舒克語面圖版復原

（第 5 篇圖 4，法國國家圖書館藏）

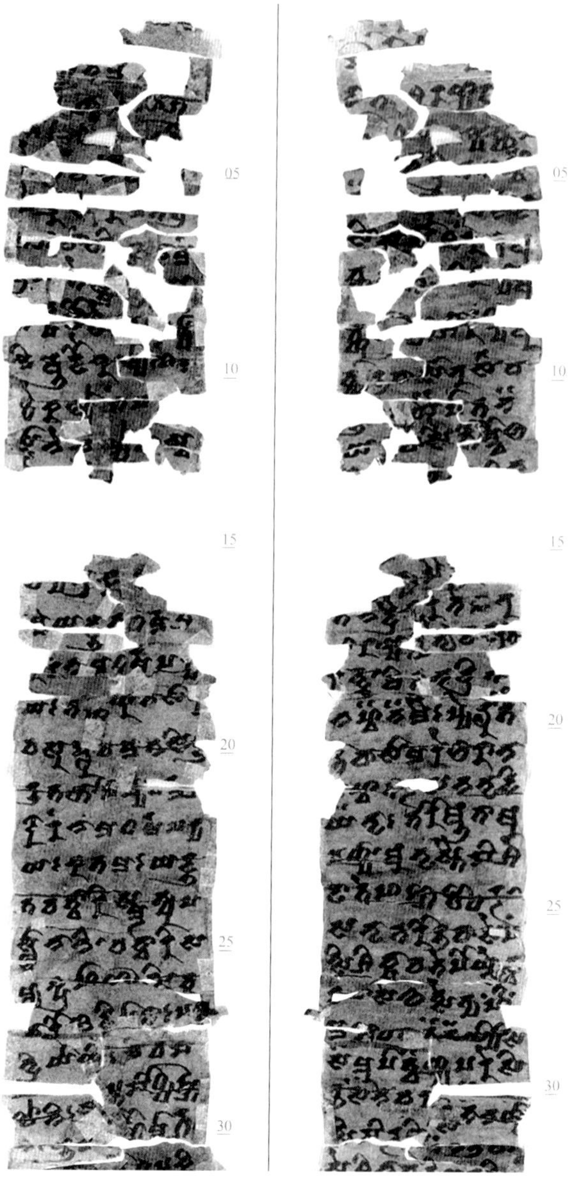

Pelliot Fragments divers D.A.G 寫本正反面全圖 -1

（第 5 篇圖 5，法國國家圖書館藏）

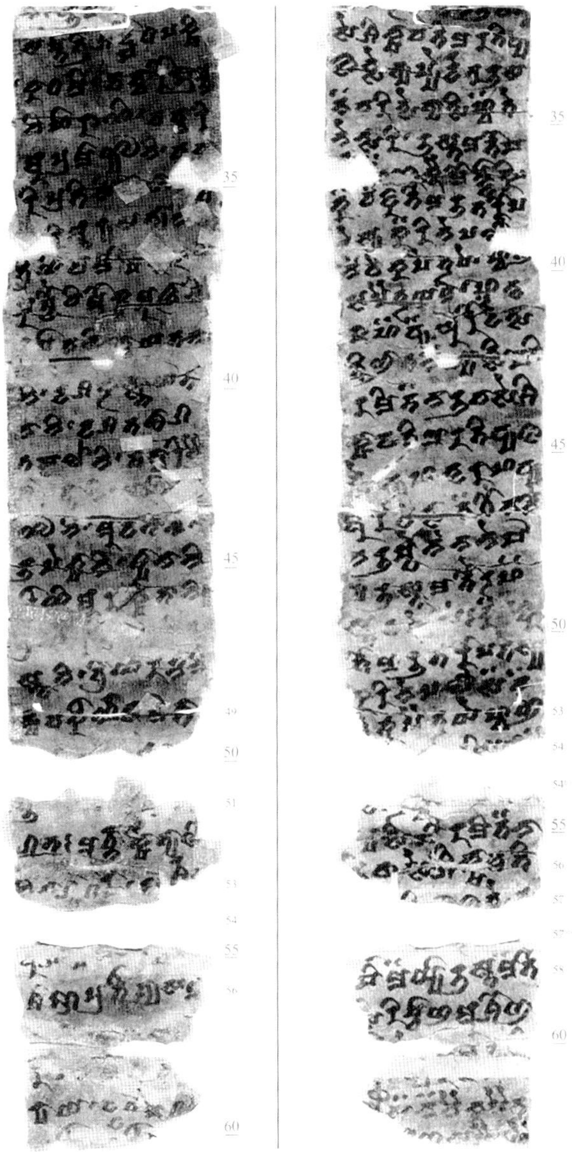

Pelliot Fragments divers D.A.G 寫本正反面全圖 -2

（第 5 篇圖 5，法國國家圖書館藏）

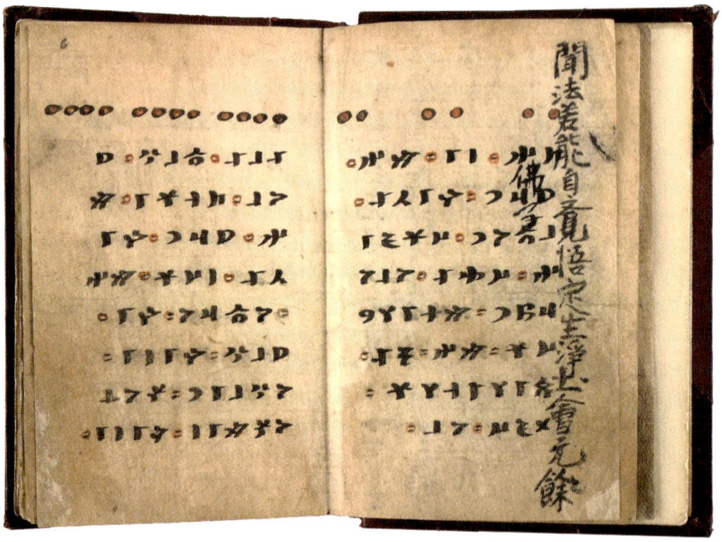

Or.8212/161 文書第 5–6 葉

（第 6 篇圖 1，大英博物館藏）

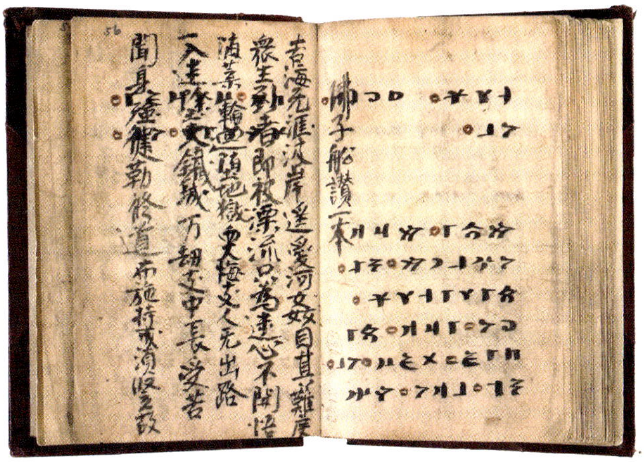

Or.8212/161 文書第 55–56 葉

（第 6 篇圖 2，大英博物館藏）

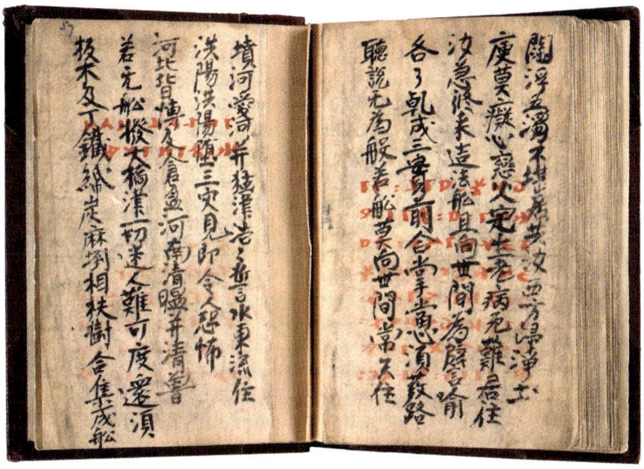

Or.8212/161 文書第 56–57 葉

（第 6 篇圖 3，大英博物館藏）

甥舅會盟碑圖

（第 7 篇圖 9，布達拉宮東大殿壁畫）

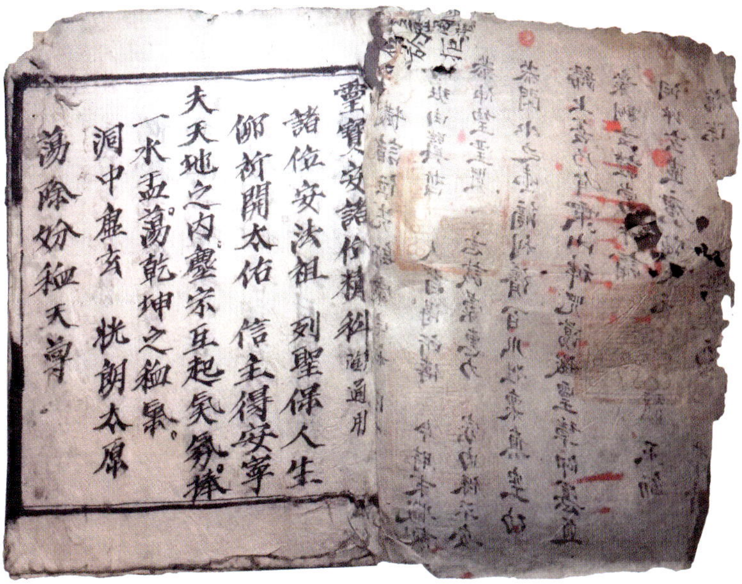

景興三十七年靈寶科儀文書第一頁

（第 11 篇圖 1，臺灣新北市許燦煌先生越南文獻收藏文庫）

發刊詞

書寫與記憶是人類文明延續和思想傳遞的核心形式,寫本作爲書寫歷史的重要物質載體,跨越時空與文化,連接古代與現代、區域與世界。《寫本研究學報》致力於推動全球書寫文物的全面研究,突破傳統的學科與方法的界限,探索寫本在歷史和社會中的豐富内涵與深遠影響,深化我們對人類書寫文化的整體認識。

寫本不僅是"書物",更是思想、信仰、權力與文化交織的"統一場"。物質性和文本性之間的複雜互動,決定了寫本既是物質遺存,更是文化生命。通過考察寫本的物質形態、書寫方式和流通路徑,我們不僅得以揭示其在歷史語境中的生成與演化機制,也藉此深入考察它們在社會、政治、宗教、藝術、日常生活等多重場域中的角色與意義。《寫本研究學報》尤其重視這些多維度的探討,觀照寫本所承載的文化記憶與社會功能,關注寫本背後的知識生産機制、社會-宗教傳統及文化交流網絡。

在全球化與數字化加速發展的今天,寫本研究迎來了前所未有的學術契機。新材料、新發現以及新技術的引入,賦予我們前所未有的視角來重新認識和解析寫本的多樣性與複雜性。我們提倡跨學科、跨文化的綜合研究,涵蓋紙質、簡帛、石刻等傳統媒介,也鼓勵探索少數群體的寫本文化、邊緣地區的文本傳統、寫本傳承中的數位化轉向以及人工智能在寫本研究中的應用等議題。期望這些新領域的拓展將啓發更多前沿思考,推進學界對寫本整體性研究的深入理解。

寫本承托著思想脈動和文化記憶,不僅是歷史的遺存,更是人類文明演進的見證。通過對寫本的深入探究,我們能够反思人類歷史中的信息傳播、思想流動與文化塑造,並從中獲得啓迪。寫本研究不僅關乎過去,還能引導我們對當代和未來文化的理解與思考。《寫本研究學報》將以國際化、跨學科、前瞻性的學術姿態,期待與全球學者共同開拓學術新天地。

余　欣　高奕睿

2024 年 11 月 1 日

Foreword

Writing and memory are central to the continuity of human civilization and the transmission of thought. Manuscripts, as material carriers of writing, transcend time and culture, bridging the ancient and modern, the local and global. The ***Journal of Manuscript Studies*** is dedicated to advancing comprehensive research on written artifacts worldwide, breaking through traditional disciplinary and methodological boundaries to explore the rich meaning and profound impact of manuscripts in history and society, thereby deepening our understanding of human written culture.

Manuscripts are not merely "books" but rather "gravitational fields" where thought, belief, power, and culture intersect. The complex interaction between materiality and textuality defines manuscripts not only as material objects but as cultural entities. By examining the physical forms, writing methods, and circulation of manuscripts, we uncover the mechanisms of their creation and evolution and gain insight into their roles and significance across different spheres, including society, politics, religion, art, and daily life. The ***Journal of Manuscript Studies*** places special emphasis on such multidimensional exploration, examining the cultural memory and social functions carried by manuscripts, while also focusing on the mechanisms of knowledge production, socio-religious traditions, and networks of cultural exchange behind them.

In today's era of accelerated globalization and digitalization, manuscript studies has an unprecedented opportunity. New materials, discoveries, and technologies offer unparalleled perspectives for re-evaluating and analyzing the diversity and complexity of manuscripts. We advocate for interdisciplinary and cross-cultural research, encompassing traditional media such as paper, bamboo slips, and stone carvings. We also encourage exploration into diverse areas, including the manuscript cultures of minority groups, textual traditions in peripheral regions, the digital turn in manuscript transmission, and the application of artificial intelligence. We hope these new fields of inquiry will inspire further pioneering thought, advancing a more comprehensive understanding of manuscripts within academia.

Manuscripts embody the pulse of thought and cultural memory; they are not merely historical artifacts but witnesses to the evolution of human civilization. Through in-depth research on manuscripts, we are able to reflect on the transmission of information, movement of thought, and shaping of culture throughout human history, gaining insight from each of these. Manuscript studies not only pertain to the past but also guide our understanding of contemporary and future cultures. The ***Journal of Manuscript Studies*** aims to engage with the global scholarly community in a forward-looking, interdisciplinary, and international spirit, working together to open new frontiers in academic research.

Co-Editors-in-Chief of the ***Journal of Manuscript Studies***

Yu Xin, Imre Galambos

November 1, 2024

目　　録

發刊詞 …………………………………………………………… 余　欣　高奕睿　1

物以載文——兩河流域楔形文字的書寫媒介與文體

………………………………………………………… 歐陽曉莉　Cécile Michel　1

莎草、莎草紙和《亡靈書》 …………………………………………… 金壽福　25

敦煌寫本中的小册——基於尺寸的分析 ………………………………… 馮　婧　40

敦煌吐魯番寫本書籍的東西往來 …………………………………… 榮新江　63

Unrolling a Shabby Scroll: A Unique Version of the Sanskrit *Dharmaśarīra-sūtra* — Reedition and Reappraisal of Pelliot Fragments divers D.A.G

（殘卷重開——伯希和掠去梵語《法身經》殘卷再探）

………………………………………………………………… 陳瑞翾　張舒寧　79

敦煌出土 Or.8212/161 突厥魯尼文占卜手册成書考 ……………………… 白玉冬　118

從引述到敘事——後世藏文史籍中的《唐蕃會盟碑》引文及其演化 …… 吴瓊蕊　136

新見《新修本草》卷六殘片考略 ……………………………… 王家葵　史　睿　157

P.4092《新集雜别紙・月旦賀官》初探——兼論月儀的類型 ……… 山本孝子　165

依田利用《玉燭寶典考證》所見《月令章句》校記平議…………………… 程蘇東　176

新見景興三十七年靈寶科儀文書初探 …………………………………… 陳懷宇 184

南京大學藏甲骨的流傳與著録 ………………………………… 多高昂 程少軒 204

法國東亞文明研究中心敦煌學和先秦兩漢寫本研究藏書

…………………………………………………………… 張 超撰 羅慕君譯 215

書評《個人寫本：抄寫、草稿和筆記》(*Personal Manuscripts: Copying, Drafting, Taking Notes*) ……………………………… 胡曉丹 221

Contents

Foreword ········· Yu Xin, Imre Galambos 1

Writing Media and Genres of Mesopotamian Cuneiform ········· Ouyang Xiaoli, Cécile Michel 1

Papyrus, Papyri, and the Book of the Dead ········· Jin Shoufu 25

Dimensions of Codices Recovered from the Dunhuang Library Cave ········· Feng Jing 40

Travels of Dunhuang and Turfan Manuscript Books between East and West ········· Rong Xinjiang 63

Unrolling a Shabby Scroll: A Unique Version of the Sanskrit *Dharmaśarīra-sūtra* — Reedition and Reappraisal of Pelliot Fragments divers D.A.G ········· Chen Ruixuan, Zhang Shuning 79

A Study on the Process of Writing Manuscript Or. 8212/161, the Turk-Runic Divination Booklet from Dunhuang ········· Bai Yudong 118

From Quote to Narrative: The Evolution of Quotations from the Sino-Tibetan Treaty Inscription in Later Tibetan Historical Works ········· Wu Qiongrui 136

A Newly Discovered Fragment of the *Xinxiu bencao* ········· Wang Jiakui, Shi Rui 157

Xinji-Zabiezhi and Monthly Correspondence between Officials ······ Takako YAMAMOTO 165

Review of Yoda Toshimochi's Collating Notes on the *Yueling zhangju* as Seen in the *Textual Criticism of the Yuzu baodian* ······ Chen Sudong 176

A Preliminary Study on an Eighteen-century Daoist Liturgical Manuscript in the Hsu Ts'an-huang Collection ······ Chen Huaiyu 184

The Transmission and Cataloging of Oracle Bones in the Nanjing University Collection ······ Duo Gao'ang, Cheng Shaoxuan 204

CRCAO Collection on Dunhuang Studies and Ancient Chinese Manuscripts (Collection du CRCAO sur les études de Dunhuang et les manuscrits de la Chine antique) ······ Zhang Chao, Translated by Luo Mujun 215

Book Review: *Personal Manuscripts: Copying, Drafting, Taking Notes* ······ Hu Xiaodan 221

物以載文

——兩河流域楔形文字的書寫媒介與文體*

歐陽曉莉　Cécile Michel

作爲世界上最古老的文字,楔形文字(cuneiform)公元前3200年首先出現在兩河流域(又稱美索不達米亞)南部的烏魯克(Uruk)遺址(圖1)。此後,它逐漸傳播到古代西亞其他地區,用於記録以下語言:蘇美爾語和阿卡德語(今伊拉克境内),埃蘭語和古波斯語(今伊朗境内),埃卜拉語和烏加里特語(今敘利亞境内),赫梯語(今土耳其境内),胡裏特語(今伊拉克北部、敘利亞北部、土耳其東南部),以及烏拉爾圖語(今土耳其境内凡湖周邊)。用楔形文字阿卡德語書寫的外交文書也出土於古埃及的阿瑪爾納遺址(Amarna,即著名法老埃赫那吞所建新都)。最後一塊楔形文字泥板出土於公元1世紀晚期的巴比倫城,是一份天文觀測記録。① 上述語言的語系歸屬如下:②

* 本文相關研究承蒙德國漢堡大學寫本文化研究中心(Centre for the Study of Manuscript Cultures, Hamburg University)和國家社科基金重大項目"中東經濟通史"(項目號21&ZD246)大力支持,特此致謝。

① David Brown, "Increasingly Redundant: The Growing Obsolescence of the Cuneiform Script in Babylonia from 539 BC", in John Baines, John Bennet, and Stephen Houston eds., *The Disappearance of Writing Systems: Perspectives on Literacy and Communication*, London: Equinox, 2010, p.91.

② 這些語言的最新研究概況可參見 Rebecca Hasselbach-Andee ed., *A Companion to Ancient Near Eastern Languages*, Hoboken, NJ, USA: Wiley Blackwell, 2020。

表 1: 楔形文字語言的語系歸屬

語系	閃含語系	印歐語系	高加索語系?	語系不明
語言	埃卜拉語(Eblaite) 阿卡德語(Akkadian) 烏加里特語(Ugaritic)	赫梯語(Hittite) 古波斯語(Old Persian)	胡裏特語(Hurrian) 烏拉爾圖語(Urartian)	蘇美爾語(Sumerian) 埃蘭語(Elamite)

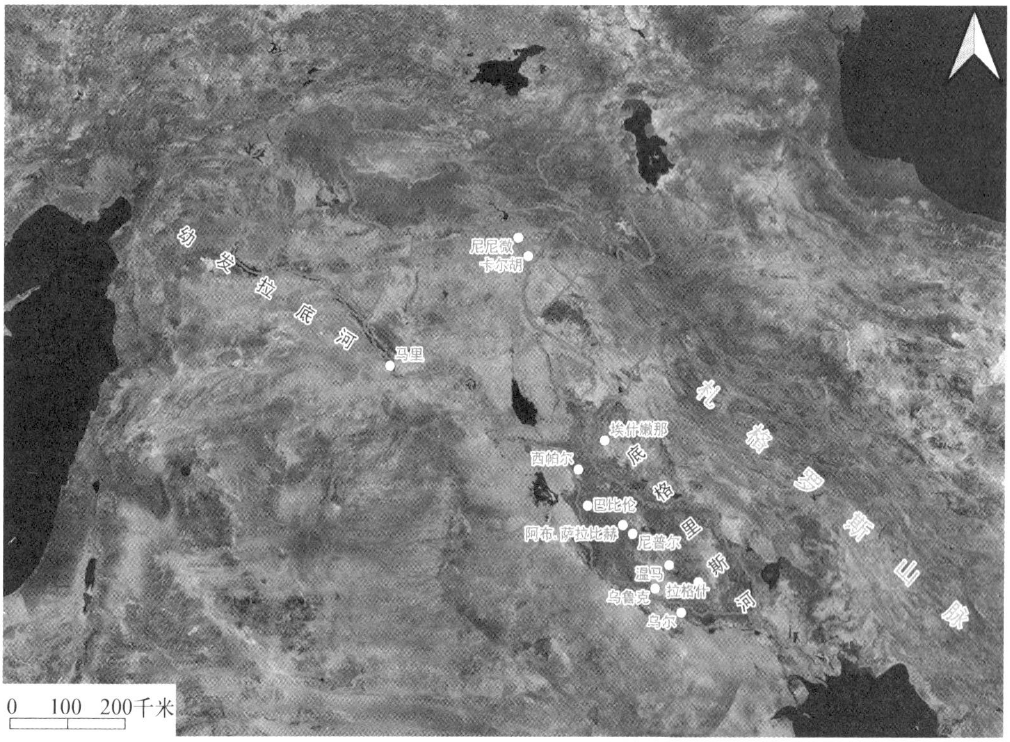

圖 1: 兩河流域重要遺址分布圖①

已有的楔形文字材料在時空分布上極不均勻:有的遺址出土了跨越多個朝代、數以萬計的文獻,有的遺址僅發現特定時期屈指可數的文獻。作爲楔形文字的發祥地,兩河流域出土的文獻其數量最龐大,文體最多樣,因而構成了本文的主要依據。

① 此圖由復旦大學歷史學系博士生張家瑞繪製。

楔形文字普遍使用黏土製成的泥板[①]（tablet）作爲載體，借助蘆葦桿削成的“筆”在有一定濕度的表面上以按壓的方式進行書寫。原因是兩河流域南部——楔形文字的起源地——自然資源匱乏，缺少石料和木材，僅有沖積平原上隨處可得的黏土。“楔形文字數字圖書館”（CDLI：Cuneiform Digital Library Initiative）是目前規模最大的兩河流域文獻數據庫，收録的文獻多達 377 786 份。[②] 其中約 90%都是泥板，其次是刻寫在石頭和金屬表面的銘文，其他罕見的載體則有海貝、象牙、玻璃和骨頭製品等。文獻中還提到過紙草、羊皮和鋪有蠟層的木板作爲書寫載體，但它們都是易腐的有機材料，在兩河流域至今未發現實物。[③]

在中國史研究領域，古代文獻根據載體和文字記録方式的不同大致可分爲銘刻、寫本和印本三類。銘刻指“用刀鑿或硬筆在甲骨、銅器、陶器、碑石上刻寫，傳世的文字材料包括甲骨文、金文、陶文及石刻文字等；寫本是指用毛筆或硬筆蘸墨或朱砂在竹、木、帛、紙等材料上抄寫的文獻，按其載體不同，又可分爲簡帛和紙本兩類，前者學術界習慣稱之爲簡牘帛書，而把寫本文獻歸屬於紙寫本文獻；印本是指采用雕版印刷或活字印刷的文獻。其中寫本文獻承前啓後，在中華文明的傳承中起著極爲重要的作用。”[④]

借鑒這一分類法，楔形文字文獻也可分爲寫本（manuscript）和銘刻（epigraphy）兩大類别：前者對應的是用蘆葦筆寫成的泥板文獻，後者就是借助特定工具在石頭、金屬、玻璃、海貝、象牙、骨頭等硬度較高的材質表面記録而成的銘文。楔形文字在印刷術發明之前早已消亡，故不存在印本一説。

另一分類方法則基於不同文體，把楔形文字文獻分爲四類：一、官方和展示文獻，包括王室銘文、法典、編年史、年鑒、自傳、奉獻銘文和條約；二、實用文獻，包括

---

① 部分國内同行如北京大學外國語學院的拱玉書在其著述中使用“泥版”作爲 clay tablet 的漢譯，筆者不敢苟同：“版”的内涵與印刷術密切關聯，而“板”意在强調其扁平的物理性狀，就如“平板電腦”中的“板”，所以更爲恰當。

② 此爲 2024 年 6 月 12 日的最新統計數據：https://cdli.mpiwg-berlin.mpg.de/postings/216（訪問日期：2024 年 7 月 23 日）。該數據庫的中文簡介參見劉昌玉、韓牧哲著：《數字人文與楔形文字材料研究的新趨向》，《社會科學戰綫》2024 年第 3 期，第 124—133 頁。

③ Karen Radner and Eleanor Robson eds., *The Oxford Handbook of Cuneiform Culture*, Oxford University Press, 2011, p.2.

④ 張涌泉著：《寫本文獻：中華文明傳承的重要載體》，《從考古看中國》，全國哲學社會科學工作辦公室編，北京：商務印書館，2023 年，第 233 頁。

書信、法律文書、標簽、收據、帳目、存貨清單、備忘録、平面示意圖和印章銘文;三、學術文獻,涉及詞匯編纂、數學、醫學、天文、儀式、占卜、食譜、配方(玻璃和冶金)、指南(調音和游戲)、評注和目録等内容;四、文學文獻,包括神話傳説、頌詩、祈禱文、智慧文學和虚構書信等。①

下表展示了兩種分類法之間的對應關係:

表 2: 楔形文字文獻的分類

按文體 按載體	官方和展示文獻 Official & Display texts	實用文獻 Practical texts	學術文獻 Scholarly texts	文學文獻 Literary texts
寫本		√	√	√
銘刻	√			

上述種種文獻都出現在以公元前一千紀新亞述帝國國王亞述巴尼拔(Ashurbanipal,前 668—前 627 在位)命名的圖書館中。所謂的亞述巴尼拔圖書館實則囊括了在帝國都城尼尼微多處地點發掘的泥板:西南宫(國王居所)、北宫(太子居所)、書寫神納布的神廟(毗鄰北宫南面)以及伊施塔女神的神廟,它們都坐落在衛城區域。出土文獻的總量估計在 31 000 份左右,包括殘片和相對完整的泥板。英國考古學家萊亞德(Austen Henry Layard,1817—1894)在 19 世紀 40 年代主持了尼尼微的發掘,因此該圖書館幾乎所有的泥板都收藏在大英博物館。

"亞述巴尼拔圖書館"收藏的文獻類型蔚爲大觀,數量最多的當屬實用文獻,包括約 3 000 封與地方官員的通信(國王收到的原件和發出信件的複本),②約 850 份問卜和占星報告,③800 余份法律文書(主要涉及貸款和買賣),④還有近 500 份行政管理記録。其次是文學文獻,數量在 5 000 份左右。⑤ 兩河流域的知名文學作品,如下文論及的《舒如帕克的教諭》和《吉爾伽美什史詩》,其較爲完整的抄本都出自該

① https://cdli.ox.ac.uk/wiki/doku.php? id=text_typologies(2024 年 7 月 26 日訪問)。

② 年代爲前 721—前 627 年,跨越了包括亞述巴尼拔在内的四任國王的在位期間。

③ 來自亞述巴尼拔和其父埃塞爾哈頓(Esarhaddon,前 680—前 669 在位)在位期間,問詢的對象是掌管占卜的太陽神沙馬什。

④ 主要來自前 702 年到亞述巴尼拔的繼任者在位期間(前 7 世紀末)。

⑤ 各項統計數據詳見 Olof Pedersén, *Archives and Libraries in the Ancient near East 1500 - 300 BC*, Bethesda, Maryland: CDL, 1998, p.164。

圖書館。學術文獻主要涉及臟卜和占星：源於古巴比倫時期(前2000—前1600)的占卜文獻,相對完整的抄本也出自"亞述巴尼拔圖書館"。學術文獻中還包括了醫學文獻。①

國王亞述巴尼拔並非這批泥板收藏的創始人,却是名副其實的集大成者。新亞述帝國興起於兩河流域北部,該地區在文化進程上落後於南部。亞述巴尼拔對南部悠久的文化傳統顯示出濃厚的興趣,在統治早年經常寫信給南部的著名學者,希望獲得他們收藏的古老文獻的抄本。南部學者在物質獎賞的激勵下,先把所藏的泥板文獻抄寫在鋪有蠟層的木板上送到都城尼尼微,再由皇家書吏用當地字體謄抄到泥板上,最終收藏在皇家圖書館。不過,在公元前652—前648年間,亞述巴尼拔和他的親兄弟、兩河流域南部的國王沙馬什·舒穆·烏金(Shamash-shumu-ukin)之間爆發了戰爭。亞述巴尼拔最終獲勝,其兄弟下落不明,可能自焚於宫中。戰爭過後,亞述巴尼拔對待南部知識精英的態度急轉直下,開始直接没收他們的文獻收藏,運送到都城編目後納入館藏。②

下文選取了兩河流域特定時期的不同作品,來勾勒楔形文字寫本和銘刻的基本面貌和發展歷程。

一、最早的寫本：詞匯表和經濟管理記録

兩河流域南部的烏魯克遺址③出土了一批年代最古老的楔形文字文獻,包括5 000塊左右的泥板。它們都發現於埃安那神廟(供奉女神伊楠娜)所在的中心區,作爲回收廢料以填充多座建築物的地基表面,其文字内容和考古語境之間没有明確關聯。④ 約600塊在年代上對應於烏魯克考古的第四地層(Uruk IVa,前3200),

① 其概述見禹滲楠:《新亞述時期女性生育文獻整理與研究》,華東師範大學博士學位論文,2024年,第3—10頁。

② Eckart Frahm, "Keeping Company with Men of Learning: The King as Scholar", in *The Oxford Handbook of Cuneiform Culture*, pp.523 - 524.

③ 即《聖經》中的以力(Erech)(創世記10:10):挪亞的曾孫寧録是世上英雄之首,他的王國最初有四大中心,即巴别、以力、亞甲和甲尼;《聖經·中英對照》,中國基督教三自愛國運動委員會和中國基督教協會,2013年。

④ Hans J. Nissen, Peter Damerow, and Robert K. Englund, *Archaic Bookkeeping: Early Writing and Techniques of Economic Administration in the Ancient near East*, translated by Paul Larsen, The University of Chicago Press, 1993, pp.4 - 7.

根據内容可分爲人名表、職位表、容器表、金屬表、食物表和城市表;其餘的絶大多數泥板對應於烏魯克第三地層(Uruk Ⅲ,前 3100—前 2900)。對這批早期泥板的釋讀依然存在著較大的不確定性。

從年代爲烏魯克地層Ⅳ的泥板來看,當時的文字用一頭削尖的蘆葦筆刻寫在黏土所制的泥板上,多數泥板大小僅爲三四厘米見方。它們使用的符號近 700 個,每個符號代表一個單詞或一種意思。相當一部分符號是象形符號,與指稱的對象在形態上明顯相似。這些符號分組書寫在格子中,每格内符號的書寫順序並不固定。

圖 2: 烏魯克Ⅲ期(前 3100—前 2900)的泥板

(德國考古研究所藏品號 W 21446,4.4×4.7×1.3 cm)

記録職位表的泥板留下的殘片衆多,復原後可知它列舉了 120 種左右的職業,有高級官吏、祭司、園丁、厨師和工匠等,其中首個職位根據後世讀法可理解爲“國王”。發展到烏魯克地層Ⅲ時期的泥板,文字書寫多采用直綫,曲綫減少,符號形態更爲抽象,表達的内容更加豐富: 以經濟管理爲主,記録産品的分配、畜牧業的飼養規模和供奉神的各種産品。例如,當時的一塊泥板殘片(圖 2)就記録了以下信息:“兩隻羊,神廟,伊楠娜女神。”①此時使用的語言很可能是蘇美爾語。

就文字的發展形態而言,嚴格意義上的楔形文字在烏魯克遺址尚未出現,因爲當時的綫形筆畫還不具備三角頭的特徵。到了隨後的早王朝時期,當書寫方式從用削尖的蘆葦筆在泥板上刻寫轉變爲用帶棱角的蘆葦筆進行按壓時,名副其實的楔形文字才開始出現。

楔形文字在烏魯克的出現並非孤立現象,而是伴隨著一場巨大變革——“城市革命”(urban revolution)——的發生。該理論由英籍澳裔的考古學家戈登·柴爾德(Gordon Childe, 1892—1957)首創,以解釋人類文明發展的一次飛躍。這場革命於

① Hans J. Nissen, Peter Damerow, and Robert K. Englund, *Archaic Bookkeeping*, p.21;詳見 https://cdli.mpiwg-berlin.mpg.de/artifacts/4400(2024 年 8 月 14 日訪問)。

公元前4000年前後首先在兩河流域南部爆發,包括三方面要素,即技術進步(手工業從農業分離出來的第一次社會大分工)、人口增長和基於地域的社會組織原則。其基本特徵是大量人口聚集居住在面積相對狹小的區域中,同時伴隨著如下特點:非農業人口出現,依靠農民生產的剩餘產品維持生計;各類生產者以供品或税收的形式把剩餘產品上交給神祇或國王;紀念性的公共建築(主要是王宫和神廟)出現;階級分化,出現了統治和被統治階級;文字系統的發明和精密實用科學形成;藝術作品,尤其是以人爲對象的作品的創作;長途貿易發展和手工業者出現。[①] 烏魯克作爲文明史上最早的城市和城邦國家,就興起於"城市革命"的過程中;最古老的楔形文字泥板,就出土於當時的紀念性公共建築(埃安那神廟)。

二、早王朝時期: 寫本和銘刻並舉

在早王朝時期(Early Dynastic Period,前2900—前2350),兩河流域南部先後興起了二十餘個城邦,彼此之間競相稱霸,對水資源和灌溉設施的争奪成爲衝突的焦點。這一時期的書寫載體和工具都趨向於多樣化,除了用蘆葦筆在泥板上按壓外還借助工具在金屬和石頭表面進行刻寫。在文體上,除了詞匯表和經濟管理文獻,首次出現了文學文獻和王室銘文。

文學文獻多來自兩河流域南部的遺址阿布·薩拉比赫(Abu Salabikh): 發掘出的500餘塊泥板或殘片主要記録了文學作品和詞匯表,還有少量行政管理文書。文學作品多爲節選或殘篇,有神廟頌詩、教諭及民間諺語等文體。[②] 其中,《舒如帕克的教諭》經過歷朝歷代近兩千年的傳抄,一直流傳到公元前一千紀的新亞述帝國。復原後的完整版約290行,涉及爲人處世、生計、反思與諷刺和外邦人等主題。[③] 開

① 詳見 V. Gordon Childe, "The Urban Revolution", *The Town Planning Review* 21 (1950): pp.3-17;全文漢譯見陳洪波譯、陳淳校:《城市革命》,《都市文化研究》2010年第6輯,第188—196頁。柴爾德視城市的誕生爲社會進化過程中一個新階段的結果和標志,並歸納了最早一批城市(出現在兩河流域、埃及和印度河流域)的共同特徵。他同時意識到,這些特徵並不完全適用於瑪雅的城市這類新大陸城市。對其理論的簡要評述見布魯斯·G.崔格爾著,徐堅譯:《理解早期文明:比較研究》,北京大學出版社2014年,第33—37頁。

② 相關概況參見 Robert D. Biggs, with a Chapter by Donald P. Hansen, *Inscriptions from Tell Abū Salābīkh*, Chicago & London: The University of Chicago Press, 1974, pp.30-33。

③ 關於該作品以及兩河流域教諭文獻的系統研究,詳見李紅燕、李政、金壽福、陳貽繹著:《古代近東教諭文學》(上卷),北京: 昆侖出版社,2015年,第4—88頁。

篇節選如下:

在那些日子,在那些遥遠的日子,在那些夜晚,在那些久遠的夜晚,

在那些年代,在那些遥遠的年代,

那時,有一個善言辭、曉事理的智者生活在蘇美爾,

善言辭、曉事理的智者舒如帕克生活在蘇美爾。

舒如帕克教其子,烏巴爾圖圖之子舒如帕克,教子孜烏蘇德臘:

我兒!我今來教你,你要解我意!

孜烏蘇德臘!我今對你有話説,你要聽仔細!

不要放弃我的忠告!不要違背我的話!

俯首傾聽之,父訓最珍貴!

不要買叫驢!它會挣斷你的軛。不要在路上種地!……

不要在地頭上耕田!否則邊界就破壞了。

不要在你的地裏挖井!人們會毁掉它。

不要把房子擴展到主街上;那裏人群擁擠。

不要擔當保證人!那個人會纏住你。[①]

王室銘文(royal inscriptions)在内容上通常以城邦最高統治者或統一王朝的國王爲主角,慣用第三人稱弘揚他們爲神靈進獻禮物、修繕神廟、興修水利、頒布法典、平定内亂、抵禦外敵的文治武功。廣義的王室銘文也包括少量涉及統治者的家庭成員或下級臣屬爲王室祈福的文獻。旨在囊括所有時期王室銘文的大型叢書《美索不達米亞米亞王室銘文集》(*Royal Inscriptions of Mesopotamia*)自20世紀80年代末啓動以來,先後由加拿大多倫多大學出版社和美國艾森布朗斯(Eisenbrauns)出版社出版。[②] 除公元前一千紀還存在空白外,其他時期的分册都已完整面世。

刻有銘文的石碑(stele)和石匾(plaque)首先出現在早王朝晚期(前2500—前2350),保存至今的約有二十餘件,主要來自兩河流域南部的吉爾蘇、尼普爾和烏爾

---

① 李紅燕、李政、金壽福、陳貽繹著:《古代近東教諭文學》(下卷),第431—432頁,第1—20行。

② 出版目録見于殿利、鄭殿華、李紅燕編譯:《古代美索不達米亞文明文獻萃編》,北京:華夏出版社,2023年,第61—63頁。

等遺址。石碑和石匾不僅在製作工藝上難於泥板,而且原料本身在資源匱乏的南部也彌足珍貴。大多數石匾都集圖像和銘文於一身,但石碑發現時往往破損嚴重,難以確認其原始狀態。早期石碑的代表作是《埃安納吐姆鷲碑》(*Stele of Vultures*)。

這件石碑發現於 19 世紀 80 年代,出土時已碎成多塊,拼接復原後在巴黎盧浮宮博物館展出。[①] 它是石灰石質地,原高 1.8 米,寬 1.3 米,厚度 0.11 米,兩面都圖文並茂。[②] 銘文刻寫在橫欄中,橫欄進一步分成小格,全文共計約 700 格,每格文字計爲一行。閱讀順序是先按欄從上到下,格内再從右到左。埃安納吐姆的頭銜爲"恩西"(蘇美爾語 énsi),是拉格什城邦的首領。在銘文中他以勝利者的口吻,記録了與鄰邦温馬之間的邊界衝突:開篇即追溯歷史,拉格什城邦的主神寧吉爾蘇控訴温馬城邦侵占其領地。埃安納吐姆本人得神恩寵,與敵方開戰,收復了失地。他命令對方向六位大神(恩利爾、寧胡爾薩格、恩基、辛、烏圖和寧基)重複起誓,不再侵犯拉格什城邦。埃安納吐姆爲神所愛,還立下了其他赫赫戰功,並樹立此碑獻給主神寧吉爾蘇。落敗的温馬統治者的誓言節選如下:

> 温馬的統治者向埃安納吐姆起誓:"我以天地之王恩利爾神的性命起誓!願我能【付息】開墾寧吉爾蘇神的土地。我將永不【毀壞】灌溉渠!我將永不進犯寧吉爾蘇神的邊界!我將永不改變灌溉水道!我將永不擊碎他的建築!若我有任何冒犯,就讓天地之王恩利爾神的戰爭之網降於温馬!我以此網起誓!……埃安納吐姆在古伊甸爲寧吉爾蘇神建起紀念碑,在他(主神寧吉爾蘇)所鍾愛的土地上恢復寧吉爾蘇神的控制。"[③]

儘管石碑的考古語境已無從可知,但從銘文結尾推測它可能就安放在拉格什城邦

① 藏品號 AO 16109,官網簡介:https://collections.louvre.fr/ark:/53355/cl010121794(訪問日期 2024 年 7 月 29 日)。

② 在最大殘片的一面出現的便是寧吉爾蘇神的形象。他左手緊握一個網兜,其中裝滿了被俘的敵方士兵;網兜的提手是一隻獅頭鷹,寧吉爾蘇神的象徵。他右手拿著權杖,正在敲擊一個俘虜探出網兜的頭顱,挫敗其逃跑的企圖。殘片的另一面借助一欄楔形文字分割成上下兩部分。上半部分刻畫了拉格什城邦的首領埃安納吐姆統帥一列士兵衝鋒陷陣的情景;士兵們皆手持盾牌和長矛,脚踩敵軍尸首前進。下半部分則描繪了勝利後的游行場景:埃安納吐姆手持武器站立在一輛車上,緊隨其後的是手持長矛和戰斧、列隊行進的士兵。參見歐陽曉莉著:《兩河流域王權觀念的嬗變》,《文匯學人》2016 年 6 月 24 日,第 16 版視界觀。

③ 譯文和文獻回顧詳見郭丹彤、黄薇編著:《古代近東文明文獻讀本》,上海:中西書局,2019 年,第 5—8 頁。

主神寧吉爾蘇的神廟中。

早王朝伊始,兩河流域的書寫傳統出現了銘刻與寫本的分流。銘刻多爲石制,專門用於記録官方和展示文獻,尤其是王室銘文;而以楔形文字泥板爲主要形式的寫本,一方面延續了烏魯克以降的傳統,繼續作爲詞匯表和經濟管理記録的載體,同時也開始承載文學作品。在楔形文字誕生的公元前四千紀末,烏魯克城邦在兩河流域一枝獨秀;但發展到早王朝的中晚階段,已陸續有二十餘個城邦在兩河流域南部興起。這些城邦的首領雖然稱號不一,但都是集軍政大權於一身的最高統治者。他們選擇了來自遠方异域、質地堅硬持久的珍貴石料作爲載體,從而在神靈面前彰顯自己的蓋世功業。

三、偏安一隅的古地亞王朝:雕像和海貝上的銘刻

圓雕是兩河流域視覺藝術的早期形式,但刻有銘文的雕像直到早王朝晚期才出現。雕像銘文通常刻寫在人物軀幹的背面,可延伸到肩部和上臂;有時也刻寫在人物的衣服或坐凳上。銘文可短至幾個楔形文字符號以明確雕像供奉者的名字和頭銜,也可長達幾十行以歌頌供奉者的建築功業。最負盛名的一組雕像當屬拉格什王國統治者古地亞(Gudea)的雕像。該地方王朝興起於首次統一兩河流域的阿卡德王朝(前2334—前2154)覆滅後,亡於烏爾第三王朝(前2112—前2004)重新統一兩河流域之際。

迄今爲止共發現了古地亞本人的25尊雕像,其中19尊出土於王國中心的吉爾蘇遺址,具體的考古語境不詳,部分雕像的真僞也存疑。① 所有雕像均由閃長岩製成,最大的超過真人大小,多數刻有標簽"古地亞,拉格什總督"。② 銘文長短不一,文體相同但内容各异:最短34行(每行寫在一格内),最長多達366行。③ 它們大肆鋪陳了古地亞如何爲主神寧吉爾蘇、其配偶芭烏女神及其他神祇建造神廟的功

① 這組雕像的專題研究參見Claudia Suter, *Gudea's Temple Building: The Representation of an Early Mesopotamian Ruler in Text and Image*, Groningen: Styx, 2000。

② 蘇美爾語 énsi,原爲早王朝時期蘇美爾城邦最高統治者的頭銜之一,在統一王朝的政治語境中指地方行省的最高行政長官,常譯爲"總督"。古地亞所屬的拉格什王朝是一個地方性小王國,所以其統治者沿用了這一頭銜。

③ 所有銘文均已釋讀發表,詳見Dietz Otto Edzard, *Gudea and His Dynasty*, Toronto Buffalo London: University of Toronto Press, 1997。

業,字體優美、語法規範、辭藻華麗,實爲蘇美爾語王室銘文的登峰之作。部分雕像的銘文末尾還提及古地亞命人製作了雕像,取名後將其奉獻給神廟。因此,這組雕像是古地亞進獻給多位神靈的奉獻物。以下是一座雕像上(圖3)銘文的全文翻譯:

圖3:前三千紀晚期古地亞的無頭坐像

(盧浮宮藏品號AO 1,高1.57 m)

古地亞,拉格什的恩西,爲了其主寧吉爾蘇神——恩利爾神的勇猛武士;古地亞,拉格什的恩西,其名彌足珍貴,恩利爾神的拉縴之人,寧吉爾蘇神揀選的牧者,南舍神的勇猛管家,恪守對芭烏女神之諾言;女神伽圖姆杜之子,伊格阿裏姆神賜予無上榮光和王之權杖,舒勒沙伽那神賜予生之氣息;正直之士,熱愛其城,使一切正常運作。

(爲了寧吉爾蘇神)古地亞修建埃尼努神廟,"白色雷鳥",在雪松芳香中種下他(寧吉爾蘇神)心愛的樹林。(爲了寧吉爾蘇神)古地亞修建……"七邊形",爲了芭烏神、他的女主,準備新婚賀禮。古地亞建造寧吉爾蘇神心愛的船隻,其名爲"從高聳的碼頭啓航",停泊在卡蘇拉的"青金石碼頭";他招募船員和船長,贈予寧吉爾蘇神、他的主人。爲了芭烏神——美麗淑女、安神之女,古地亞建造其神廟,"閃耀之城"。

懾於南舍神之威,懾於寧吉爾蘇神之威,馬幹(今阿曼)、麥魯哈(印度河流域)、古比(地點不詳)和迪爾蒙(今巴林)向古地亞進貢木材,使其到達拉格什。古地亞從馬幹山中采來閃長岩,製成自己的雕像,命名爲"主人寧吉爾蘇神,其鐵腕無外邦能敵,爲古地亞,其神廟的建造者,欽定命運之吉兆"。爲了寧吉爾蘇神,他將雕像送入埃尼努神廟。①

① 漢譯出自筆者,全文英譯詳見Dietz Otto Edzard, *Gudea and His Dynasty*, pp.40–42。雕像頭部缺失,詳見https://collections.louvre.fr/en/ark:/53355/cl010119539(2024年8月14日訪問)。

圓雕類作品,尤其是刻有銘文的統治者雕像,在兩河流域各個時期都有發現,一直持續到末代的新巴比倫王朝和取而代之的波斯帝國。這篇銘文凸顯了兩河流域的王室銘文在結構和内容上的特色:開篇鋪陳各方神靈對統治者個人的青睞與恩寵,中間部分詳述其文治(修建神廟)或武功(擊敗外敵),結尾明確銘文載體的功用(如用作奉獻物的雕像、作爲邊界的石碑等)。

古地亞之子烏爾·寧吉爾蘇二世(Ur-Ningirsu Ⅱ)則罕見地在一枚海貝上(圖4)留下了銘文:"烏爾·寧吉爾蘇,拉格什的恩西,古地亞之子,拉格什的恩西(即古地亞)。"[①]以海貝爲載體的銘刻在早王朝晚期就已出現,也有源自阿卡德王朝的。這類銘文都非常簡短,僅十個字符左右。[②]

圖4:前三千紀晚期古地亞之子的海貝銘文

(盧浮宮藏品號 AO 209,長 6.7 cm,最大直徑 2 cm)

無論是古地亞的雕像,還是其子烏爾·寧吉爾蘇二世留下的海貝,根據其銘文都可推測它們是統治者個人進獻給神靈的奉獻物,以求取相應的庇護和保佑。其他常見的奉獻物種類還包括禮儀性武器、容器、首飾、串珠、護身符、圓盤、動物雕像、假髮等,多由寶石或金屬製成且經常刻有銘文,在不同時期都有發現。[③]

① 盧浮宮藏品號 AO 209,詳見 https://collections.louvre.fr/en/ark:/53355/cl010145520(2024 年 8 月 10 日訪問)。

② 早王朝晚期拉格什城邦首領烏爾·南舍(Ur-Nanše)的海貝銘文,盧浮宮藏品號 AO 4109,詳見 https://collections.louvre.fr/en/ark:/53355/cl010165065(2024 年 8 月 14 日訪問);阿卡德王朝國王 Rimush 的海貝銘文,盧浮宮藏品號 AO 21404,詳見 https://collections.louvre.fr/en/ark:/53355/cl010146117(2024 年 8 月 14 日訪問)。

③ 最新研究詳見 Jean M. Evans and Elisa Rossberger eds., *Ancient Near Eastern Temple Inventories in the Third and Second Millennia BCE: Integrating Archaeological, Textual, and Visual Sources*, Gladbeck: PEWE-Verlag, 2019.

四、古巴比倫時期：寫本的黄金時代

古巴比倫時期(前2000—前1600)泛指烏爾第三王朝滅亡後到漢穆拉比所屬的古巴比倫王朝亡於小亞細亞的赫梯軍隊這一時期。前期,伊辛(Isin)與拉爾薩(Larsa)兩個地方性王國先後在兩河流域南部崛起。到中期時,來自兩河流域以西沙漠地帶的阿摩利特人(Amorites)建立了以巴比倫城爲中心的古巴比倫王朝。國王漢穆拉比在位期間(前1792—前1750),征服拉爾薩、埃什嫩那(Eshnunna)和馬裏(Mari)等王國,再次統一了兩河流域南部。

在兩河流域文化史上,古巴比倫時期是一個承前啓後的時代,書寫傳統從以蘇美爾語爲主轉向以阿卡德語爲主。就文本内容而言,該時期一方面延續了公元前三千紀的傳統,留下了大量以王室銘文爲主的銘刻和以經濟管理記録及詞匯表爲主的寫本。同時,它還留下了大量其他内容的寫本,涉及文學、臟卜、占星和數學等領域。

《漢穆拉比法典》是兩河流域最負盛名的銘刻,繼承了早王朝時期《埃安納吐姆鷲碑》圖文並茂的傳統。它是流傳至今的篇幅最長的楔形文字文獻,由序、正文和跋三部分組成。序言部分303行,漢穆拉比以第一人稱的語氣陳述了他本人的豐功偉績以及如何藉此成爲衆神的寵兒。他還解釋了立法的由來是奉衆神之首馬爾杜克(Marduk)之命,爲民衆提供立身行事的正確引導,以保證他們的正直作爲。正文部分略有毀損,保存至今的條款數量是282條(原有條款總數不超過300條),長約3 328行。最後的跋有499行,勉勵子孫後代遵守法律,呼籲衆神詛咒並懲處違法之徒。開篇的序言節選如下：

> 當至高的安努,衆神之王,和恩利勒,天地之主,國土命運的主宰,把全人類的統治權授予恩啓的長子馬爾都克,使他在衆神中顯赫,呼巴比倫崇高的城名,使它在萬方出衆,並爲馬爾都克在其中奠定地久天長的王權。那時候,我,漢穆拉比,虔誠敬神的君主,爲使正義在國中出現,消滅邪惡,使强不淩弱,使我像太陽一樣升起在民衆之上,給國家帶來光明,安努和恩利勒爲了人民的幸福,呼唤了我的名字。
>
> 我是漢穆拉比,恩利勒選中的牧人,堆積起豐盛財富的人,爲天地的紐帶,

尼普爾城,把一切都做得盡善盡美的人。[①]

上述選段在内容上强調神靈對漢穆拉比的青睞和恩寵,在修辭上多用排比,與前文所引的古地亞雕像銘文有异曲同工之妙。儘管這篇銘刻習慣上被稱爲"法典",但它的序和跋具有典型的兩河流域王室銘文的風格,體現了王室銘文和法典兩種文體的雜糅。[②]

大量創作於公元前三千紀的蘇美爾語文學作品,都是通過古巴比倫時期的寫本保存至今。前文所引的《舒如帕克的教諭》,其最早的殘片雖然來自早王朝時期,復原的關鍵却是古巴比倫時期留下的諸多更加完整的寫本。兩河流域最著名的文學作品《吉爾伽美什史詩》,其完整版本出自公元前一千紀的"亞述巴尼拔圖書館"。但五首以吉爾伽美什爲主人公的蘇美爾語詩歌,却記録在古巴比倫時期的寫本上,它們在内容上與《吉爾伽美什史詩》有部分雷同。[③] 另一蘇美爾語史詩《恩美卡與阿拉塔之王》同樣保存在古巴比倫時期的泥板上。[④]

就現存泥板的總數而言,占卜文獻僅次於經濟管理記録,是最重要的寫本類别之一。兩河流域盛行兩種占卜方式——臟卜和占星,其中前者爲其所特有。先民們認爲,作爲祭品的羊,其内臟尤其是肝臟可預示未來。肝臟的不同部分對應了個人生活的不同方面,每部分的形態和標識都具有不同的含義。就這一認知而言,臟卜類似於看手相。幼發拉底河中游的馬裏遺址出土了數十個用於占卜的肝臟模型,都用黏土製成,年代約爲公元前兩千紀早期。其中一個模型(圖5)背面的卜辭爲:"圍城徵兆,如同基什(城名)。基什的城防被破,伊施美・達幹[⑤]的軍隊被俘。"[⑥]這顯然是一則凶兆。

① 楊熾譯:《漢穆拉比法典》,北京:高等教育出版社,1992年,第2頁。

② 詳見喻策:《試析漢謨拉比對"正義之王"形象的自我塑造——基於〈漢謨拉比法典〉序言和結語的研究》,復旦大學碩士學位論文,2021年。

③ 這五首詩歌分别爲《吉爾伽美什和阿伽》《吉爾伽美什和胡瓦瓦》《吉爾伽美什與天牛》《吉爾伽美什與冥府》和《吉爾伽美什之死》,參見歐陽曉莉著:《英雄與神祇——〈吉爾伽美什史詩〉研讀》,上海三聯書店,2021年,第8—18頁。

④ 拱玉書著:《升起來吧!像太陽一樣——解析蘇美爾史詩〈恩美卡與阿拉塔之王〉》,北京:昆侖出版社,2006年。

⑤ 伊辛王國國王 Ishme-Dagan(前1953—前1935在位)。

⑥ 盧浮宫藏品號 AO 19829,詳見 https://collections.louvre.fr/en/ark:/53355/cl010144556(2024年8月11日訪問);卜辭翻譯和髒卜概述見 Cécile Michel, "A Manuscript in the Shape of a Sheep's Liver?," in Andreas Janke ed., *Manuscript of the Month 2015.10*, SFB 950: Hamburg; http://www.csmc.uni-hamburg.de/publications/mom/46-en.html(2024年8月11日訪問)。

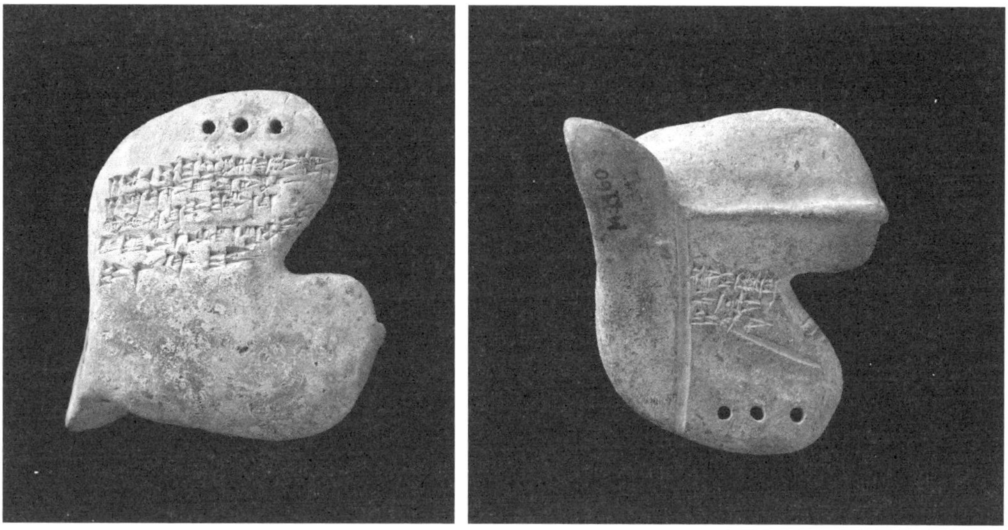

圖 5：前兩千紀早期臟卜模型的正面和背面

（盧浮宫藏品號 AO 19829，高 6.93 cm，最大寬度 6.49 cm，厚 2.38 cm，重 85 g）

兩河流域的占星文集《埃努瑪·安努·恩利爾》（*Enūma Anu Enlil*）同樣源於古巴比倫時期。它的完整版本出自公元前一千紀的新亞述帝國，記録在 70 塊泥板上。其徵兆分爲四類：第 1—22 塊泥板與月神相關（新月、月食、月暈及月亮與固定恒星間的關係）；第 23—36 塊與太陽神相關（日食、兩個或多個太陽同時被觀測到等現象）；第 37—50 塊與雷神相關（打雷、閃電、彩虹、雲的形成、地震）；第 51—70 塊與行星相關（其運動或看似静止的位置、與恒星的相對位置等）。這些日月星雲的徵兆關係著國計民生，如國王及軍隊的成敗，國家及敵人的命運，還有洪災、歉收和瘟疫的發生。以下是幾則古巴比倫時期的月食卜辭：

夜間月食：瘟疫；日間月食：經濟萎縮；晨間月食：疾病痊愈。……

月食在南，後又消失：蘇巴爾人[①]和阿卡德的覆滅。

月食在西：阿摩利特人覆滅；月食在北：阿卡德人覆滅；月食在東：蘇巴爾人覆滅。[②]

① 即 Subarians，公元前 2000 年前後活躍在兩河流域北部的一個族群。

② Francesca Rochberg, *The Heavenly Writing: Divination, Horoscopy, and Astronomy in Mesopotamian Culture*, Cambridge University Press, 2004, pp.68 – 69.

圖 6：古巴比倫時期的數學習題泥板

(耶魯大學巴比倫尼亞收藏,藏品號 YBC 07289)

與占星相對的是基於各類地表現象的占卜,如城市和房屋的各種表徵,田地、果園、河流及沼澤中的各種現象,蜥蜴、昆蟲、鳥類及其他動物的外表和行爲,甚至還包括人的睡眠、性行爲和家庭關係等。① 其他占卜方式還包括解夢、②看相、觀察人和家畜的畸形新生兒、觀察病症等。③

兩河流域的數學文獻早在公元前三千紀晚期就已出現。發展到古巴比倫時期,其種類更爲豐富,主要包括度量衡量值(容積、重量、面積、長度、深度)的列表和换算表,數表(乘法表、倒數表、平方表、平方根表、立方根表)和數學習題,總數略超一千。左圖的圓形泥板上就記録了一道數學習題(圖 6)。④ 考古學家推斷,出土這些文獻的建築在古巴比倫時期很可能作爲學堂使用,它們記録的就是該時期數學基礎教育的主要内容。⑤

五、阿瑪爾納時代：真金白銀上的銘刻

阿瑪爾納時代得名於 19 世紀晚期在埃及阿瑪爾納遺址(Amarna)發現的一批

① 相關徵兆都收集在篇首爲 *šumma ālu*(阿卡德語,“如果城市……”)的占卜文集中;參見 Francesca Rochberg, *The Heavenly Writing*, pp.79－80。整部文集包括至少 107 塊泥板,卜辭近 1 萬條。

② 解夢的卜辭共 500 條左右,已知最早的來自古巴比倫時期:“如果夢見整座城市在其身上塌垮,大聲疾呼却無人聽見：此人將有好運;如果夢見整座城市在其身上塌垮,大聲疾呼後有人聽見：此人將遭厄運”;Francesca Rochberg, *The Heavenly Writing*, pp.81－82。

③ 詳見 Francesca Rochberg, *The Heavenly Writing*, pp.87－97。其中,看相文集記録在 12 塊泥板上;死胎觀測的卜辭約 2 000 條,記録在 24 塊泥板上;記録病症觀測的泥板有 40 塊。

④ 詳見 https://cdli.mpiwg-berlin.mpg.de/artifacts/255048(2024 年 8 月 19 日訪問)。

⑤ 關於兩河流域數學文獻的簡介,參見歐陽曉莉和 Christine Proust 著:《兩河流域六十進制位值記數法早期發展的新證據及其分析》,《自然科學史研究》2015 年第 2 期,第 201—205 頁。兩河流域的數學通史見 Eleanor Robson, *Mathematics in Ancient Iraq: A Social History*, Princeton University Press, 2008;[美] 維克多・J・卡兹主編,紀志剛等譯:《東方數學選粹：埃及、美索不達米亞、中國、印度與伊斯蘭》,上海交通大學出版社,2016 年,第 63—216 頁。

檔案。這批檔案用楔形文字阿卡德語[①]書寫在泥板上,包括約 350 封埃及法老與古代近東其他國家統治者間的外交通信,繫年爲前 1360—前 1330 年左右。在此期間的埃及法老是新王國晚期第十八王朝的阿蒙霍特普三世(Amenhotep Ⅲ)、阿蒙霍特普四世(後改名爲埃赫那吞)及其兩位繼任者。書信根據内容可分兩類:絶大多數是埃及與其控制下的敘利亞—巴勒斯坦地區的附屬國的通信;還有 40 封左右是埃及與當時"大國俱樂部"其他成員國的通信,包括米坦尼(兩河流域北部偏西)、赫梯(小亞細亞中東部)、阿拉什亞(Alashiya,今塞浦路斯)、阿爾扎瓦(Arzawa,小亞細亞南部)和加喜特(兩河流域南部)。兩河流域北部的亞述王國實力壯大後也成爲該俱樂部的一員。在大國統治者的通信中,他們互相問候彼此的配偶、兒子、士兵和馬匹,討論各種禮物和專業技術人員(如醫生)的交换,還邀請對方參加如新宫殿落成這樣的重大慶典。[②] 阿瑪爾納檔案使用的楔形文字阿卡德語和泥板載體,充分證實了兩河流域在當時古代近東國際體系中首屈一指的影響力。

見於阿瑪爾納檔案的國際體系,其形成和終結的時間都遠超檔案本身所對應的數十年間。所以有學者提出了廣義的阿瑪爾納時代一説,即公元前 16—前 11 世紀,[③]筆者甚爲贊同。在阿瑪爾納時代後期,公元前 1274 年,埃及與赫梯之間爆發了著名的卡迭什(Kadesh,今敘利亞境内)之戰,參戰的埃及法老拉美西斯二世(Rameses Ⅱ,前 1279—前 1213 在位)宣稱獲勝。公元前 1259 年,他與繼任的赫梯國王哈吐什裏三世(Hattushili Ⅲ,前 1267—1237 在位)簽訂了歷史上最早的和平條約。雖然兩國分别使用赫梯語和埃及語,但它們之間的條約却是借助當時通用的外交語言——兩河流域的阿卡德語——得以完成的。

該條約目前發現了兩個版本。埃及語的版本保存在埃及,刻在卡爾納克的阿蒙神廟墻壁上和盧克索附近的拉美西斯神廟墻壁上。它源自一份赫梯語的草稿,譯爲阿卡德語後刻在銀板上,再送到埃及翻譯成當地語的版本。阿卡德語的複本

① 也稱巴比倫尼亞語(Babylonian),阿卡德語在兩河流域南部的方言。

② 該檔案的最新翻譯和評注詳見 William M. Schniedewind ed., *The El-Amarna Correspondence: A New Edition of the Cuneiform Letters from the Site of El-Amarna Based on Collations of All Extant Tablets*, Brill, 2014, translated by Anson F. Rainey;系統研究詳見孫寶國著:《阿瑪納時代東地中海世界文明共生現象研究》,北京:中國社會科學出版社,2021 年。

③ 孫寶國著:《阿瑪納時代東地中海世界文明共生現象研究》,第 6—8 頁。

泥板出土於赫梯王國所在地,埃及語的草稿譯成阿卡德語後刻在銀板上,再送往赫梯。因此,現存的埃及語版本對應原始的赫梯語版本,而現存的阿卡德語版本對應著原始的埃及語版本。① 遺憾的是,傳遞於兩國間的阿卡德語銀板已不知所終,僅在條約的開篇部分有所提及。1970 年 9 月,時任土耳其外交部長把該條約阿卡德語副本泥板的一件複製品贈送給位於紐約的聯合國總部,表達了通過和平方式解決國際争端的理念。

在這份條約中,埃及與赫梯强調在受到第三方進攻時,雙方要互相予以軍事支持,還規定要互相引渡避難者。赫梯境内出土的阿卡德語泥板保存了 19 段左右的内容,選譯如下:

第一段(埃及法老寫給赫梯國王):爲了在他們之間建立永久的偉大的和平和偉大的兄弟情誼,拉美西斯,阿蒙神的寵愛,大王,埃及國王,英雄,與哈吐什裹,大王,赫梯國王,他的兄弟,訂立**銀板條約**。

第三段(軍事互助):爲了埃及與赫梯之間永遠建立友好的兄弟友誼,我現在在我們之間永遠建立友好的兄弟友誼與和平。關於大王,埃及國王和大王,赫梯國王之間的關係,從最初以來並且永遠,神靈不允許他們之間發動戰争。拉美西斯,阿蒙神的寵愛,大王,埃及國王依照從最初以來他們的關係,這樣做是爲了促使太陽神和雷雨神爲埃及與赫梯建立的關係,這樣,他永遠不許他們之間製造戰争。

第九段(引渡避難者):如果一個男子從埃及逃了,或者兩名男子、或三名男子,他們來到哈吐什裹,大王,赫梯國王那裹,我的兄弟將抓住他們並把他們派給我,拉美西斯,阿蒙神的寵愛,大王,埃及國王——因爲拉美西斯,大王,埃及國王和哈吐什裹是兄弟。但是,他們將不會因爲他們的罪行而懲罰他們。他們將不會割去他們的舌頭或者挖去他們的眼睛。他們將不會割掉他們的耳朵或他們的脚。他們將不毀滅他們的家人,以及他們的妻子們和他們的兒子們。②

① [澳] 特雷弗·布賴斯著,蔣家瑜譯:《安納托利亞勇士——赫梯人簡史》,北京:商務印書館,2022 年,第 196—198 頁。

② 李政著:《赫梯條約研究》,北京:昆侖出版社,2006 年,第 387—392 頁。

除了文中提及的銀板條約,公元前 13 世紀也流傳至今一塊極其罕見的刻有楔形文字的金板。它長約 4 厘米,寬約 2.6 厘米,重約 9.5 克,目前藏於德國的佩加蒙博物館。[①] 銘文記録了兩河流域北部的亞述國王圖庫勒提·尼努爾塔一世(Tukulti-Ninurta Ⅰ,前 1243—前 1207 在位)重建神廟的功業:

圖庫勒提·尼努爾塔,宇宙之王,亞述之王,亞述王沙勒馬那沙爾之子:那時當女神迪尼圖(我的女主人)的神廟被我的前輩國王伊魯叔馬建成後,(至今)該神廟已經荒廢、陳舊了。我清除了它的基坑底部的殘骸。我從頭到底重建了它,(並且)存放了我的紀念銘文。假如後世哪一位王公(再次)修復了它,並且把刻有我名字的(金板)放回它的地方(神廟)。(那麼)神阿舒爾將聽到他的祈禱。[②]

筆者推測,這塊金板可能作爲奠基物(foundation deposit)在重建神廟時埋入地下。兩河流域的統治者在修建神廟或王宫時埋藏帶有銘文的奠基物,這一做法由來已久。目前發現的實物多來自公元前三千紀末的烏爾第三王朝,有代表統治者本人的金屬或石頭小雕像以及帶銘文的小石板或金屬板;雕像與板可成套或不成套出現,專門埋在地下用磚砌成的小龕中。埋藏奠基物的做法一直持續到公元前兩千紀,但在前一千紀時逐漸消失。[③]

六、新亞述時期:石刻上的帝國風雲

新亞述帝國於公元前 9 世紀初興起於兩河流域北部,到公元前 7 世紀中葉臻於極盛,首次控制了兩河流域全境和地中海東岸,並一度征服埃及,堪稱歷史上首個帝國。不同於兩河流域南部的沖積平原,兩河流域北部在地形上以山區爲主,盛産石料。銘刻的形態除了南部也常見的石碑石柱石匾外,還包括其特有的宫殿浮雕、

① 藏品號 VA As 994。

② 劉昌玉著:《德國博物館如何跨國追回文物:“流亡”半世紀的楔形文字金板》,https://m.thepaper.cn/newsDetail_forward_1389144(2024 年 8 月 5 日訪問);英文翻譯見 A. Kirk Grayson, *Assyrian Rulers of the Third and Second Millennia BC (to 1115 BC)*, Toronto Buffalo London: University of Toronto Press, 1987, pp.260－261。

③ Christina Tsouparopoulou, “Hidden Messages under the Temple: Foundation Deposits and the Restricted Presence of Writing in 3rd Millennium BCE Mesopotamia”, in Tobias Frese, Wilfried E. Keil, and Kristina Krüger eds., *Verborgen, unsichtbar, unlesbar-Zur Problematick restringierter Schriftpräsenz*, Berlin: De Gruyter, 2014, pp.17－31.

露天崖刻和大型石棺。

亞述納西帕爾(Ashur-nasirpal,前883—前859在位)是兩河流域歷史上首位大規模采用石板浮雕來裝飾王宮的國王。他在位的第五年把都城從亞述城遷到卡爾胡(Kalhu),在新都興建了西北宫。正殿墻上鋪滿了刻有浮雕的石板,場景宏大壯觀,展示了國王狩獵、發動戰争、受降和接受貢物、慶祝軍功、舉行盛大宗教儀式等各類場面。[①] 這座西北宫同時集中了數量最多的王室銘文,刻在墻上、地面上、門檻上、王位基座上以及守衛入口的人面飛牛雕像上。幾乎所有刻寫在墻上的銘文都是一篇"標準銘文"的節選,這篇銘文在整座宫殿中不同程度地重複了400多次:開篇是國王本人的長串稱號和頭銜,中間部分鋪陳了他在神祇庇佑下的軍事勝利,結尾是他建立新都的功業。[②] 開篇選譯如下:

> 亞述納西帕爾,亞述神的副手,恩利爾神和尼努爾塔神揀選之人,安努神和達幹神青睞之人,偉大諸神的毁滅性武器;强大的王,宇宙之王,亞述之王,圖庫勒提·尼努爾塔之子,(圖庫勒提·尼努爾塔是)偉大的王,强大的王,宇宙之王,亞述之王,阿達德·納拉瑞之子,(阿達德·納拉瑞是)偉大的王,强大的王,宇宙之王,亞述之王。
>
> (亞述納西帕爾)勇敢的人,憑藉其主——亞述神——的支持行事,四方王子無人能出其右;無與倫比的牧者,對戰争無所畏懼,英勇無敵如洶涌潮水,征服不順從者,統治所有民族;强大男子,踐踏敵人脖子,把所有敵人踩在脚下,粉碎叛亂者的力量;憑藉其主——偉大神靈們——的支持行事,征服所有土地,統治所有高地,收取貢賦,俘虜人質,戰無不勝。[③]

上文與前文所引的古地亞雕像銘文和《漢穆拉比法典》序言如出一轍,大肆强調了諸神如何對國王亞述那西帕爾青睞有加。當然,由於語境不同,亞述那西帕爾的這篇銘文還突出强調了他本人的赫赫戰功。

在卡爾胡的這座西北宫中還發現了四處墓葬,其中兩處都有石棺。石棺中已

---

① Paul Collins, *Assyrian Palace Sculptures*, Austin: University of Texas Press, 2009, pp.29–62.

② 全文英譯詳見 A. Kirk Grayson, *Assyrian Rulers of the Early First Millennium BC I (1114–859 BC)*, Toronto Buffalo London: University of Toronto Press, 1991, pp.268–276。

③ 漢譯出自筆者,英譯見 A. Kirk Grayson, *Assyrian Rulers of the Early First Millennium BC I*, p.275。

空無一物,但棺蓋上的銘文顯示有一名死者是國王亞述納西帕爾的妻子。①

兩河流域的崖刻通常發現在具有特定地理要素的地點,如河流源頭、山脉關口以及山頂等。最早的崖刻出現在公元前兩千紀晚期的中亞述王國。國王提格拉特·帕拉撒爾一世(Tiglath-pileser Ⅰ,前1114—前1076在位)留下兩處篇幅短小的崖刻以慶祝其軍功:一處靠近底格裏斯河的源頭,另一處位於凡湖以北。② 新亞述國王沙爾曼尼澤爾三世(Shalmaneser Ⅲ,前858—前824在位)也留下了若干處崖刻。其中一處位於今天土耳其境内,③在幼發拉底河西岸、距離水平面50米處的崖壁上。國王本人的浮雕高約1.2米,19行銘文刻寫在他的上半身,從前額直到腰部以下。銘文開篇是國王的一連串稱號和頭銜,隨後敘述他如何追逐並俘虜了敵人。

圖7: 前1千紀新亞述時期玻璃瓶

(大英博物館藏品號 BM 90952 最大高度 8.8 cm,最大厚度 1.7 cm)

在公元前兩千紀,以沙子和蘇打爲原料的玻璃製品開始大批出現,形態有容器、裝飾品和小雕像。最有名的玻璃銘刻是一個拋光的淺緑色容器(圖7),可能出自腓尼基工匠之手,同樣發現於國王亞述納西帕爾所建的西北宫。④ 上面的銘文却來自後世國王薩爾貢二世(Sargon Ⅱ,前721—705在位),宣稱該容器是薩爾貢二世王宫的財産。⑤

① Farouk N. H. Al-Rawi, "Inscriptions from the Tombs of the Queens of Assyria", in J. E. Curtis, H. McCall, D. Collon and L. al-Gailani Werr eds., *New Light on Nimrud: Proceedings of the Nimrud Conference 11th – 13th March 2002*, London: British Institute for the Study of Iraq in Association with the British Museum, 2008, pp.124 – 125.

② 前一處紀念他第三次征討名爲 Nairi 的地方,後一處位於 Melazzert,慶祝他征討 Nairi 和 Habhu 兩地;銘文詳見 A. Kirk Grayson, *Assyrian Rulers of the Early First Millennium BC I*, pp.61 – 62。

③ 具體位置在 Kenk Gorge,詳見 O. Aytuğ Aşyürek, "A Rock Relief of Shalmaneser III on the Euphrates", *Iraq* 41 (1979), pp.47 – 53。

④ 詳見 https://www.britishmuseum.org/collection/object/W_N-2070(2024年8月14日訪問)。

⑤ Grant Frame, *The Royal Inscriptions of Sargon II, King of Assyria (721 – 705)*, Winona Lake, Indiana: Eisenbrauns, 2021, p.342.

新亞述帝國的石刻在數量和種類上都達到兩河流域歷史的頂峰。國王借助北部的資源優勢,通過多種載體形態,圖文並茂地宣揚了自己在神靈恩寵下取得的赫赫戰功,彰顯了前所未有的帝國氣派。

七、從波斯到希臘化時代:楔形文字的絶響

新亞述帝國的滅亡是伊朗地區的米底人和兩河流域南部的新巴比倫王朝(前626—前539)合圍的結果,前者主要活躍在呼羅珊沿路的札格羅斯山脉中麓。公元前612年,他們一起攻入帝國都城尼尼微,摧毁了包括“亞述巴尼拔圖書館”在内的諸多王室建築和神廟;新巴比倫王朝還繼承了新亞述帝國除埃及外的大部分領土。公元前539年,波斯國王居魯士大帝(前559—前530)攻入巴比倫城,結束了新巴比倫王朝的統治,兩河流域從此成爲波斯帝國治下的行省。

從公元前626年新巴比倫王朝建立,到前484年波斯國王薛西斯一世(前485—前465)鎮壓兩河流域叛亂,其間近一個半世紀的時間被學界稱爲“長6世紀”。這一時期的兩河流域雖然經歷了本土政權的覆滅和波斯帝國的征服,但社會組織、經濟結構和文化傳統得以保持和延續,實現了長時段的發展和繁榮。楔形文字阿卡德語依然是兩河流域的主要語言,用於政府管理、神廟運作和私人經濟活動。“長6世紀”是繼烏爾第三王朝後兩河流域文獻最豐富的時期:已發表的楔形文字泥板超過24 000塊,還有更多的泥板亟待出版。這些記録經濟交易的泥板主要出自西帕爾遺址的埃巴巴爾神廟(Ebabbar,供奉太陽神沙馬什)和烏魯克遺址的埃安那神廟(Eanna,供奉女神伊施塔)。除神廟檔案外,同期還出土了大量私人文書,如巴比倫城的埃吉比(Egibi)檔案就記録了這個大家族數代人從事的經濟交易,他們的姻親也參與其中。①

波斯帝國不僅接受兩河流域繼續使用自己的語言文字,而且還借用楔形文字來記録自己的民族語言——古波斯語。從公元前三千紀晚期就在伊朗西南部使用的楔形文字埃蘭語,在波斯帝國前期也成爲官方語言的一種。大流士大帝(前521—前486)留下的著名崖刻《貝希斯敦銘文》,就用阿卡德語、埃蘭語和古波斯語

① Michael Jursa, *Neo-Babylonian Legal and Administrative Documents: Typology, Contents and Archives*, Münster: Ugarit-Verlag, 2005.

三種語言寫就。①

到了波斯帝國後期,研究兩河流域最重要的材料是一批穆拉舒(Murashu)家族的私人商業檔案。它包括近 900 塊泥板和殘片,出土於南部的尼普爾遺址,起止年代爲公元前 454—前 404 年。這個家族主要從事土地租種和借貸兩類經濟業務。②

公元前 331 年,亞歷山大大帝攻占巴比倫城,標志著兩河流域進入希臘化時代。這一時期的楔形文字泥板主要來自烏魯克:一類是實用文獻,包括約 700 份法律文書、行政管理記録和往來信件;另一類爲學術文獻,約有 750 塊泥板流傳至今。上述泥板中,部分出土於天神安努和女神伊施塔的神廟,還有部分出土於一處驅魔師的私宅。雖名爲希臘化時代,但希臘語在兩河流域的傳播非常有限,幾乎没有留下相關文獻。③

到公元前 3 世紀,兩河流域不直接參與神廟運作的居民已經停止使用楔形文字了。在公元 1 世紀,楔形文字最終消亡。

縱觀兩河流域楔形文字三千餘年的歷史,其載體的選擇取決於所記録的文體。"寫本"用未經烘焙的黏土製成的泥板作爲書寫材料,優點顯而易見:原料幾乎隨處可得,成本低廉;泥板不會腐爛、容易攜帶,還可作爲填料回收;用蘆葦筆按壓書寫,字符可塗改。所以它數量龐大,使用廣泛,滿足日常生活、經濟管理、學術教育和知識傳承的各種需求。對比鮮明的是石頭和金屬爲主要載體的"銘刻":成本相對高昂,經常需要進口(尤其對南部而言);加工有門檻,石料也難以攜帶;書寫需要特殊工具,字符無法更改。這些因素使得它備受統治者青睞,主要用於記録王室銘文,以確保其文治武功經千秋萬代而不朽。"寫本"與"銘刻"的二分貫穿於楔形文字發展歷程的始末。

---

① 詳見 https://iranicaonline.org/articles/bisotun-iii(2024 年 8 月 16 日訪問)。

② 該檔案的簡介和研究概況可參見 Xiaoli Ouyang, "The Tyrians and Their Settlement as Attested in the Murašû Archive," in Sven Günther, Wayne Horowitz, and Magnus Widell eds., *Of Rabid Dogs, Hunchbacked Oxen and Infertile Goats in Ancient Babylonia: Studies Presented to Wu Yuhong on the Occasion of His 70th Birthday*, Changchun: Institute for the History of Ancient Civilizations, 2021, pp.119 - 124。

③ Philippe Clancier, "Cuneiform Culture's Last Guardians: The Old Urban Notability of Hellenistic Uruk," in *The Oxford Handbook of Cuneiform Culture*, pp.752 - 758.

Writing Media and Genres of Mesopotamian Cuneiform

Ouyang Xiaoli, Cécile Michel

Around 3200 BCE, ancient Mesopotamia gave birth to cuneiform, the first writing system in the world. It was in use for more than three millennia until its demise in the first century CE. Cuneiform writing appears primarily on two kinds of media. One medium consists of clay tablets, which may record the administrative activities of the government, sales and other legal transactions by individuals, literary compositions and omen reports of the intelligentsia, and so on. The other medium features stone surfaces and metal objects. They tend to document the accomplishments of the king, such as temple-building, canal-digging, and military campaigns. In borrowed terms from the field of Chinese history, the two kinds of media bear texts and inscriptions respectively. Their difference in materiality and genre lasts through the history of cuneiform writing.

莎草、莎草紙和《亡靈書》

金壽福

莎草是生長在古埃及尼羅河流域尤其是尼羅河三角洲的重要植物。從史前時期開始，古埃及人便因地制宜，不遺餘力地使莎草物盡其用。除了在生活和生產方面使用和利用莎草以外，他們用莎草製造莎草紙，極大地促進了書寫文化的發展。尤其值得一提的是，莎草紙是構成《亡靈書》的重要載體；許多西方學者將《亡靈書》視爲人類歷史上最早的手抄本和最早的插圖本，並認爲這是不争的史實。本文旨在詮釋古埃及人如何借助天時地利創造了《亡靈書》，並使其成爲無論在加工和製作、性能和功效還是留傳和流傳等方面與後來的寫本迥異的手抄本。

一、莎草：尼羅河流域的典型植物

在古埃及歷史時期，尼羅河三角洲的沼澤地和水流平緩的尼羅河谷地和河水較淺的岸邊均生長莎草（sedge），這種莎草是莎草科（cyperaceae）約四五千種植物當中的一種。① 從古埃及歷史初期，荷花和燈芯草成爲象徵上埃及（今開羅以南地區）的植物，而代表下埃及（今開羅以北的三角洲地區）的植物就是莎草。② 在古埃及象形文字構詞過程中，由一個莎草莖構成的符號代表"莎草"這一植物，它的發音

---

① B. Leach and J. Tait, "Papyrus," in D. B. Redford ed., *The Oxford Encyclopedia of Ancient Egypt*, Vol.3, Oxford: Oxford University Press, 2001, p.22.

② 象形文字中有一個表達國王統一上埃及和下埃及的符號，其表達方式形象且簡單，那就是稱他"把燈芯草和莎草合在一起"，見 A. Erman and H. Grapow, *Wörterbuch der Ägyptischen Sprache*, Vol.I, Leipzig: J. C. Hinrichs'sche Buchhandlung, 1926, p.263；主司下埃及的女神瓦傑特（Wajet）的名字當中就包含莎草這個象形符號，"瓦傑特"的字面意思就是"绿色之神"，見 A. H. Gardiner, *Egyptian Grammar*, third edition, Oxford: Griffith Institute, p.560。

爲 w3d;作爲形容詞,w3d 可以表示“緑”“新鮮”“茂盛”等意思。① 在官吏們建造的墓室牆壁上的壁畫和浮雕上,不僅可以看到農民收穫莎草的場面,也可以看到官吏們在家人的陪伴下在莎草叢中蕩舟、捕魚或者獵鳥的情景。②

古希臘歷史學家希羅多德稱,埃及是尼羅河的贈禮。這句千古流傳的名言不僅贊譽尼羅河爲古埃及農民種植穀物和獲得豐收提供了腐殖質和充足的水分,而且也指喻尼羅河促成的生態系統,其中包括莎草在古埃及人生産和生活中扮演的多重角色。莎草的莖稈最高可以長到 4 米,莎草根部的周長可達 15 釐米。③ 莎草的根莖可以食用;由於莎草莖稈的外皮具有超强的韌性,它成爲製作繩子和各種籮筐、席子、草鞋的極佳原料。莎草莖稈和莖稈的外皮合在一起構成造船的材料,莎草花則被用來製作花束,作爲獻給神和死者的供品。④ 在以石頭爲主要建築材料的神廟,許多柱子特别是柱頭呈現莎草莖的形狀。學者們由此推測,在之前主要使用樹木和植物的時候,古埃及人把莎草扎成捆狀,然後用來支撑建築物。對於本文探討的主題而言,莎草最重要的價值在於它是莎草紙的唯一的原材料。⑤

二、以莎草爲原材料的莎草紙

莎草稈的内莖爲白色、多髓且海綿狀的實心,横斷面爲三角形。⑥ 以莎草爲原材料製作莎草紙的主要步驟是:第一步,先把莎草莖稈的外皮剥掉,把白色的内核切成長度約爲四十釐米、寬度大約爲三釐米的薄片;第二步,將這些薄片放在水中浸泡一段時間之後,再把它們並排接合在一起;第三步,用一塊木板均匀地敲打拼

① A. H. Gardiner, *Egyptian Grammar*, third edition, Oxford: Griffith Institute, p.480.

② R. Drenkhahn, “Papyrus”, in W. Helck and W. Westendorf eds., *Lexikon der Ägyptologie*, Vol.IV, Wiesbaden: Harrassowitz, 1982, p.667.

③ 老普林尼稱,他在埃及三角洲的沼澤地和尼羅河河岸均看到了茂盛的莎草,有的最高可達 5 米,見 Pliny HN 13.74 - 81。

④ R. Drenkhahn, “Papyrus”, in W. Helck and W. Westendorf eds., *Lexikon der Ägyptologie*, Vol.IV, Wiesbaden: Harrassowitz, 1982, p.667.

⑤ 尼羅河三角洲的面積大約 6 500 平方千米,主要植物爲莎草。R. Drenkhahn, “Papyrus”, in W. Helck and W. Westendorf eds., *Lexikon der Ägyptologie*, Vol. IV, Wiesbaden: Harrassowitz, 1982, p.667.

⑥ D. P. Ryan, “Papyrus”, *The Biblical Archaeologist*, Vol.51, 1988, p.132. 許多生長在古代西亞的蘆葦成熟時,其莖稈幾乎中空,且没有多大的韌性。這一點可能也促成了古代兩河流域的居民把泥版作爲最重要的書寫材料。

接在一起的薄片,以便被敲出來的汁液把薄片之間的接縫填平;第四步,把兩張拼接好的莎草席子重疊在一起,讓兩張席子上薄片的走向縱横交叉,然後再用一塊平整的木板或石板壓住這兩張莎草席子,直至它們完全黏合爲一張莎草紙;第五步,用類似磨石一樣的東西在紙面上反復摩擦,這樣做的目的是使光滑的表面更加適合書寫。依據莎草的産地、莎草的年齡、它收穫時的狀態以及莎草薄片取自莖稈不同的位置等差别,莎草紙的顔色和質地也有差别,比如普林尼列舉了多個莎草紙種類。①

通常,古埃及人製成的一張莎草紙,其長度約爲 40 釐米,寬度大約是 20 至 30 釐米。他們習慣把大約 20 張莎草紙接合(兩張莎草紙在接合處重疊 1 至 1.5 釐米),莎草紙上莎草薄片呈現爲横向的那一面被用來書寫,莎草薄片呈縱向的那一面則空著。古埃及人習慣於從右向左書寫,他們在書寫時把一卷莎草紙放在雙膝上,用左手把紙卷向左展開,同時用右手進行書寫,如此出現在莎草紙面上的象形文字的走向與莎草薄片的纖維脉絡保持一致。② 現代學者把有文字的那一面莎草紙稱爲正面(recto),稱另一面爲反面(verso)。古埃及人把經過拼接而成的長達數米的莎草紙卷成卷,並將莎草紙的正面向裏,反面向外。③ 在象形文字中,發音分别爲 ḏmc 和 crt 的兩個詞表示"一卷莎草紙""被書寫的莎草紙""文件"等意思。④ 在進行書寫活動的時候,古埃及書吏首先要做的是從一卷莎草紙卷裁剪所需要的長度;抑或,他們先在一卷莎草紙上書寫,然後再根據所用多少進行裁剪。

從法老時期留傳下來的莎草紙可知,有些載有宗教經文的莎草紙卷的規模非常大,最長的可達 42 米。這些經文之所以被書寫在莎草紙上,可能不是爲了經常查閱,而是爲了長期保存。相比之下,用來書寫信件、賬目、檔案、文學作品的莎草紙

① Pliny, HN 13,23,参見 R. Drenkhahn, "Papyrus", in W. Helck and W. Westendorf eds., *Lexikon der Ägyptologie*, Vol.IV, Wiesbaden: Harrassowitz, 1982, p.668.

② B. Leach and J. Tait, "Papyrus", in D. B. Redford ed., *The Oxford Encyclopedia of Ancient Egypt*, Vol.3, Oxford: Oxford University Press, 2001, p.23.

③ 在象形文字中,一卷用繩子捆在一起的莎草紙成爲許多名詞和動詞的限定符號,這些詞通常表示"知識""智慧""理解"等抽象意思,見 A. H. Gardiner, *Egyptian Grammar*, third edition, Oxford: Griffith Institute, p.533。

④ A. Erman and H. Grapow, *Wörterbuch der Ägyptischen Sprache*, Vol. V, Leipzig: J. C. Hinrichs'sche Buchhandlung, 1931, p.574.

卷的規模則很小,目的是便於把它們展開以後閲讀和參考。① 在迄今爲止發現的莎草紙當中,最早的一卷莎草紙出土於第一王朝(約公元前 2900 年)一位名叫海邁卡的官吏的墳墓中。② 這卷莎草紙被小心翼翼地放置在專門製作的木盒子裏,遺憾的是,莎草紙的紙面上並没有任何文字;很顯然,莎草紙是爲了墓主人在來世使用。關於古埃及人從什麽時候開始把莎草紙作爲書寫材料,學者們先前一直以爲,從第五王朝一位國王(約公元前 2475 年)的祭殿中出土的莎草紙是最早的實物證據。近來,考古人員在紅海沿岸發現了年代爲胡夫在位時期(公元前 2589 至前 2566 年)的港口遺址,從中出土了一名官吏寫在莎草紙上的日誌,裏面提到了胡夫金字塔的建造情況。③ 由此可以推斷,古埃及人使用莎草紙的時間可能更早。

莎草無疑是尼羅河賜給古埃及人的寶貴禮物,因爲這種植物在埃及尼羅河三角洲生長面積大且生長迅速,它們顯而易見地成爲需求量越來越大的莎草紙的原料。另外,埃及氣候乾燥,使得載有各種體裁和題材的莎草紙得以保存下來。④ 除了用來記録管理領域的信息以外,古埃及人書寫在莎草紙上的還有文學、數學、醫學等方面的作品。這些歷經天災人禍保存下來的莎草紙卷大多采用發現它們或者購買它們的西方人的名字命名。例如,"普裏斯莎草紙"(Papyrus Prisse)由法國東方學家普裏斯(É. Prisse)在盧克索獲得,它的書寫年代爲中王國時期,上面書寫了兩篇説教文,文中稱它們分别由第四王朝時期的宰相卡根姆尼(Kagemni)和第五王朝時期的宰相普塔霍特普(Ptahhotep)撰寫;第二中間期(約公元前 1555 年)載有古埃及數學知識的莎草紙被稱爲《萊因德數學莎草紙》(*Rhind Mathematical Papyrus*),因爲它由蘇格蘭古物收藏家萊因德(Alexander Henry Rhind)於 1858 年在今埃及盧克索購得;《埃貝斯莎草紙》(*Ebers Papyrus*)以購買它的德國埃及學家埃貝斯(Georg Ebers)的名字命名,它的長度超過 20 米,上面書寫了年代約爲公元前

① B. Leach and J. Tait, "Papyrus", in D. B. Redford ed., *The Oxford Encyclopedia of Ancient Egypt*, Vol.3, Oxford: Oxford University Press, 2001, pp.22 – 23.

② K. Houston, *The Book: A Cover-to-Cover Exploration of the Most Powerful Object of our Time*, New York and London: W. W. Norton & Company, 2016, pp.5 – 8.

③ P. Tallet, "Ayn Sukhna and Wadi el-Jarf: Two Newly Discovered Pharaonic Harbours on the Suez Gulf", *British Museum Studies in Ancient Egypt and Sudan*, Vol.18, pp.147 – 149.

④ N. Lewis, *Papyrus in Classical Antiquity*, Oxford: Clarendon Press.1974, p.102.

1550年時的古埃及醫學知識;《史密斯莎草紙》(*Smith Papyrus*)的成文時間大約在公元前1600年,這卷莎草紙由美國古董商史密斯(Edwin Smith)於1862年在盧克索的文物市場購得,它的長度達4.7米,上面書寫了涉及創傷性病例的診斷和治療方法,可以被稱爲古埃及外科醫生使用的治療手册。

古希臘人把産自埃及的莎草紙稱爲"papuros"或"biblos"。依據學者們所做的研究,前一個詞是對古埃及象形文字中發音爲p3-n-pr-c3的複合詞(意爲"屬於法老的")的轉寫,後一個詞則是古代城市比布魯斯的名字。① 前者强調了莎草紙的産地,而後者把重點放在莎草紙是由來自比布魯斯的商人在埃及購買然後銷往地中海各個地區的。希臘語單詞"biblos"起初特指莎草這種植物,後來開始指稱作爲書寫材料的莎草紙,最後進一步演變成爲專指猶太和基督教經文的《聖經》(*Bible*)。②

三、以莎草紙爲主要載體的《亡靈書》

1842年,德國著名埃及學家萊普修斯(Karl Richard Lepsius)整理並出版了館藏於都靈博物館、編號爲"pTurin 1791"的莎草紙。在這卷成文於托勒密王朝時期的莎草紙上,萊普修斯共確認了165篇相互獨立的經文。他給這些經文編號並輯爲一本書,名爲《基於都靈聖書體莎草紙的古埃及人亡靈書》(*Das Totenbuch der Ägypter nach dem hieroglyphischen Papyrus in Turin*)。萊普修斯使用德文的《亡靈書》(*Totenbuch*)之名以及對經文的排序均被其他國家的學者所采納(英語名爲*Book of the Dead*;法語名爲*Livre de morts*)。中文一般譯爲《亡靈書》。

古埃及人稱《亡靈書》爲"有關重見天日的經文"(r3w nw prt m hrw),這些相互獨立的經文(r3w)既不講述一個完整的故事,也並非出自一個作者之手,它們體裁不同、題材相異,其功能是引導死者通往來世。除了爲死者提供所有在通往來世路上需要的要訣以外,《亡靈書》詳細描寫了生者和死者爲戰勝死亡應當采取的措施,還從不同的角度强調了死者理應享受第二次生命的資格和理由。《亡靈書》中多數

---

① B. Leach and J. Tait, "Papyrus", in D. B. Redford ed., *The Oxford Encyclopedia of Ancient Egypt*, Vol.3, Oxford: Oxford University Press, 2001, p.22.

② 英語中的"papyrus""paper"以及"bibliography""bibliophile"均從以上兩個詞衍生出來,見N. Lewis, *Papyrus in Classical Antiquity*, Oxford: Clarendon Press.1974, pp.78–79; D. P. Ryan, "Papyrus", *The Biblical Archaeologist*, Vol.51, 1988, p.138。

經文是爲了適應第二中間期末期(約公元前 1580 年)古埃及人對新的宗教需求而撰寫的。[①] 不過,其中有相當一部分篇目是傳承下來的,這些古老的經文在古王國時期(約公元前 2370 年)被刻寫在金字塔内放置棺材的墓室牆壁上,到了中王國時期(約公元前 2055 年),這些經文又被書寫在木質棺材的内壁,現代學者把前一類經文稱爲《金字塔銘文》(Pyramid Texts),後一類爲《棺材銘文》(Coffin Texts)。[②] 迄今爲止,學者們整理出來的《亡靈書》篇數大約爲 180 篇,[③]它們之間在時間或者主題上没有連續或遞進關係,不過,有些内容大致相同的篇章被編排在一起。[④] 只有少數《亡靈書》包括 150 篇以上的經文,載有這麽多經文的莎草紙長度一般要超過 20 米。迄今爲止發現的最長的《亡靈書》莎草紙長度達 40 米。[⑤]

關於《亡靈書》的價格,拉美西斯時期一塊石板上的文字提到了有配圖時大概要花費一個德本白銀,相當於三頭驢或兩頭母牛的價錢;换一種説法,這個價格等於代爾麥迪那一個建造王陵的工匠的半年薪水,可以購買三公頃耕地。[⑥] 不過,這段簡短的文字没有提到涉及的《亡靈書》究竟包含多少篇經文,配圖是否是彩色等細節。抄寫和繪製《亡靈書》的作坊分别位於孟菲斯、底比斯等中心城市,學者們認爲,這些作坊附屬於神廟。在新王國時期,《亡靈書》的擁有者主要是男性,到了第

① 《亡靈書》的雛形出現在一位名叫門圖霍特普的王后的棺材内壁上,上面的經文使用了祭司體,横向書寫,並且一段文字構成相對獨立的"頁面",這種佈局成爲之後書寫在莎草紙上的《亡靈書》普遍采用的形式;相比之下,之前的宗教銘文通常使用聖書體,而且書寫時采用縱向,與之相反,參見 C. Geisen, *Die Totentexte des verschollenen Sarges des Königin Mentuhotep aus der 13. Dynastie: Ein Textzeuge aus der Übergangszeit von der Sargtexten zum Totenbuch*, Wiesbaden: Harrassowitz, 2004, pp.7–8。

② J. Assmann, *Death and Salvation in Ancient Egypt*, translated by D. Lorton, Ithaca: Cornell University Press, 2005, pp.247–248. 依據學者們所做的研究,大約三分之一的《棺材銘文》來自《金字塔銘文》,見 P. F. Dorman, "The Origins and Early Development of the Book of the Dead", in F. Scalf ed., *Book of the Dead. Becoming God in Ancient Egypt*, Chicago: The University of Chicago Press, 2017, p.30。

③ P. F. Dorman, "The Origins and Early Development of the Book of the Dead", in F. Scalf ed., *Book of the Dead. Becoming God in Ancient Egypt*, Chicago: The University of Chicago Press, 2017, p.29.

④ 大約有八類經文構成一組,比如保證死者在來世變形的經文;保證死者的靈魂白晝離開墓室、夜間返回墓室並與其主人團聚的經文;保證死者的心臟忠於其主人的經文,參見 G. Lapp, *The Papyrus of Nu (BM EA 10477). Catalogue of Books of the Dead in the British Museum 1*, London: British Museum Press, 1997, pp.45–48。

⑤ U. Verhoeven, *Das saitische Totenbuch der Iahtesnacht*, Bonn: Habelt, 1993, p.14.

⑥ K. M. Cooney, *The Cost of Death: The Social and Economic Value of Ancient Egyptian Funerary Art in the Ramesside Period*, Leiden: Nederlands Instituut voor het Nabije Oosten, 2007, pp.31–32.

三中間期,擁有《亡靈書》的女性逐漸增多。有些《亡靈書》是定制的,在這種情況下,購買者的名字與經文融爲一體。假如之前預定《亡靈書》的人因爲某種原因没有前來購買,那麽作坊的人就會把文字中已經寫好的名字抹掉,配圖中的形象也會被替换。① 多數《亡靈書》是預製的,因爲在文字部分,死者名字應當出現的地方仍然空著,這説明,書吏在出售這份《亡靈書》時可能忘記把購買者的名字補上;另外,有些《亡靈書》中死者的名字、職業等内容的字體顯然與正文不同。還有一種情況是,抄寫經文的書吏爲補寫日後購買者的名字留了空間;不過,這個空間不足以寫全購買者的名字,書吏只好把這個名字的一部分寫在兩行文字之間的空隙。②

以上所説的喪葬經文的載體從金字塔牆壁到棺材内壁,再從木棺到莎草紙。探究兩次變化的根本原因,可以歸納爲兩點,其一,在第二中間期,底比斯地區的居民在製作棺材的時候逐步放棄由來已久的四方形,開始讓棺材呈現人形。結果,無論是棺材外壁還是内壁,可供書寫經文和附加圖畫的空間大幅減少,而且彎型的壁面也很難配置圖文;其二,也是在第二中間期末期,關於來世的地理以及死者前往來世途中需要跨越的障礙和克服的困難,古埃及人都做了更加複雜和具體的想象。③ 棺材上可供書寫的面積減少,死者需要的經文篇幅卻增多,平整且光滑的莎草紙非常適合書寫祭司體的象形文字,這些因素綜合起來爲書寫在莎草紙上的《亡靈書》的誕生創造了條件。④ 儘管書寫材料發生了變化,經文的最重要功能並没有變,它們始終是爲了保證死者復活,並在來世獲得屬於他自己的一席之地。⑤

並没有哪一份《亡靈書》包含所有已知的經文。有些經文在《亡靈書》中出現的頻率要高一些,比如第 17 篇經文幾乎出現在所有的《亡靈書》中,這種情況説明,

① I. Munro, *Die Totenbuch-Papyri des Ehepaars Ta-scheret-en-Aset und Djed-chi aus der Bes-en-Mut-Familie*, Wiesbaden: Harrassowitz, 2011, p.4.

② H. Kockelmann, "How a Book of the Dead Manuscript was Produced", in F. Scalf ed., *Book of the Dead. Becoming God in Ancient Egypt*, Chicago: The Oriental Institute of the University of Chicago, 2017, p.73.

③ G. Miniaci, "The Iconography of the Rishi Coffins and the Legacy of the Middle Kingdom", *Journal of the American Research Center in Egypt*, Vol.46, 2010, p.53.

④ I. Munro, *Untersuchungen zu den Totenbuch-Papyri der 18. Dynastie*, London; New York: Kegan Paul, 1987, p.278.

⑤ Peter F. Dorman, "The Origins and Early Development of the Book of the Dead", in Foy Scalf ed., *Book of the Dead. Becoming God in Ancient Egypt*, Chicago: The University of Chicago Press, 2017, p.34.

《亡靈書》擁有者所處的時代和他個人的來世觀念以及抄寫經文的書吏和製作配圖的畫匠的宗教理念在經文的數量、具體篇目以及它們的順序等方面都起到了作用。經文的長短差别也很大,第17篇闡述死者在來世自由走動的資格和能力,篇幅特别長,而涉及烏薩布提的第6篇經文則很短。許多經文配有圖畫,文字和圖畫相得益彰,在很大程度上,所配圖畫非常形象,起到了文字無法達到的簡潔程度,形象生動地把要表達的意思顯現出來。現代學者把這些配圖稱爲“插圖”(vignettes)。① 古埃及人把書寫《亡靈書》的莎草紙卷起來,有時附加一張空白的莎草紙,以便它起到保護經文開頭部分的作用。他們把呈現爲一卷莎草紙的《亡靈書》放在死者的棺材内,或者放在死者木乃伊的裹屍布夾層中間。

關於《亡靈書》的形成過程,目前學界形成的共識爲,書吏和畫匠在一卷現成的莎草紙上書寫經文並配上相關的圖畫。不過也有一些例外的情況,其中包括曾經屬於阿尼的《亡靈書》,作坊裏的書吏和畫匠首先在單個的紙張上完成文字和配圖,然後再把這些紙張粘貼成一卷莎草紙。② 在製作一份《亡靈書》的時候,第一步是在選好的莎草紙上端和下端勾勒出兩至三條紅色或黄色界綫,在書寫正文的時候,很少使用輔助綫條。③ 通常情況下,用聖書體書寫的《亡靈書》,其經文呈縱向,而使用祭司體的經文呈現爲横向。④ 經文的標題、開頭和其他説明性文字用紅色書寫,經文的主體部分則采用黑色書寫。配圖基本是在書寫文字這一步驟完成之後附加上去的,這一結論很充分的證據之一便是,在一些《亡靈書》中,應當出現配圖的地方爲空白,有的地方甚至標注了應當附加什麽主題的配圖。⑤

有些經文附有説明性文字,指出相關人員應當如何使用所涉及的經文。比如,

① F. Scalf, “What is the Book of the Dead”, in F. Scalf ed., *Book of the Dead. Becoming God in Ancient Egypt*, Chicago: The University of Chicago Press, 2017, pp.22 – 23.

② F. Scalf, “What Is the Book of the Dead”, in F. Scalf ed., *Book of the Dead. Becoming God in Ancient Egypt*, Chicago: The University of Chicago Press, 2017, pp.21 – 22.

③ M. Müller-Roth and S. Töpfer, *Das Ende der Totenbuchtradition und der Übergang zum Buch vom Atmen: die Totenbücher des Monthemhat (pTübingen 2012) und der Tanedjmet (pLouvre N 3085)*, Wiesbaden: Harrassowitz, 2011, p.116.

④ H. Kockelmann, “How a Book of the Dead Manuscript was Produced”, in F. Scalf ed., *Book of the Dead. Becoming God in Ancient Egypt*, Chicago: The University of Chicago Press, 2017, p.69.

⑤ U. Verhoeven, *Das Totenbuch des Monthpriesters Nespasefy aus der Zeit Psammetichs I*, Wiesbaden: Harrassowitz, 1999, p.6.

經文第30篇乙的宗旨是防止死者的心臟在審判庭出賣自己的主人;換句話説,被置於天平一邊的死者心臟把其主人生前所犯的罪過告知審判庭的衆神,從而置其主人於死地。這篇經文有如下的附加文字:應當用緑松石雕刻一隻呈現爲心形的蜣螂,在上面鑲嵌白金和白銀。把它掛在死者的脖子上,然後對著它念誦這篇經文。不難看出,一旦死者的心臟在審判庭出賣了其主人,鑲嵌了黄金和白銀的心形蜣螂可以充當這顆背叛其主人的心臟的替代品。①

上文提到,《亡靈書》中的許多經文附有配圖,這些圖畫有時是爲了更加形象地説明用文字很難説清楚的概念,有時則是爲了更加簡潔地説明用文字無法形容的場景,或者爲了給人留下更加清晰的印象。總之,配圖不僅起到修飾作用,更加重要的是,它們能够更形象地解釋文字試圖表達的意思。②《亡靈書》中的配圖起到了與文字相輔相成的作用,更爲重要的是,它經常發揮了文字無法比擬的視鏡作用。新王國初期的《亡靈書》偶爾有配圖,只是到了第十八王朝中期,配圖才逐漸增多,且越來越多的配圖爲彩圖,少數配圖甚至添加金色塗層。③ 只有涉及重要主題的配圖才佔據莎草紙的整個寬度,其他配圖佔據的空間要小得多,一般被置於文字的上方或者文字板塊之間的空隙,它們此時確實像插圖。在製作配圖的時候,畫匠通常用紅色在紙面勾勒一個輪廓,然後再用黑色描畫詳細的圖。④ 在一份《亡靈書》中,配圖已經完成,不過應當書寫經文的頁面仍然空著,説明文字和圖畫的順序並非完全固定。在有些莎草紙上,文字部分已經完成,但是配圖尚未開始或者只是部分完成。⑤ 對於現代人來説,館藏於歐美大博物館的許多古埃及《亡靈書》之所以如此吸引人,很大程度上是因爲它們都包含很多精美的配圖。

① S. Quirke, *Going Out in Daylight: prt m hrw. The Ancient Egyptian Book of the Dead: Translation, Sources, Meanings*, London: Golden House Publications, 2013, p.100.

② I. Vallejo, *Papyrus. The Invention of Books in the Ancient World*, translated by Ch. Whittle, New York: Alfred A. Knopf, 2022, p.336.

③ 在已知的《亡靈書》中,大約一半以上附有配圖,見 H. Kockelmann, "How a Book of the Dead Manuscript was Produced", in F. Scalf ed., *Book of the Dead. Becoming God in Ancient Egypt*, Chicago: The Oriental Institute of the University of Chicago, 2017, p.69。

④ I. Munro, *The Golden Book of the Dead of Amenemhet* (*pToronto ROM 910. 85. 236. 1 – 13*), Wiesbaden: Harrassowitz, 2015, p.56.

⑤ R. Lucarelli, *The Book of the Dead of Gatseshen: Ancient Egyptian Funerary Religion in the 10th Century BC*, Leiden: Nederlands Instituut voor het Nabije Oosten, 2006, p.201.

《亡靈書》第 1 篇經文描寫和描畫了死者的葬禮: 死者業已被製作成木乃伊的屍體被置於有華蓋的木橇上,由牛或者衆人運抵墓室入口。在那裏,念經祭司一邊背誦旨在促使死者復活的經文,一邊把一個被視爲具有魔力的器械放到木乃伊的嘴邊(這個環節被稱爲"開口儀式")。死者的妻子(有時還有死者的女兒)在屍體旁哀哭。在配圖上,可以看到伊西斯和奈芙提斯兩位女神坐在棺材的兩邊,暗指死者業已變成奥西裏斯。除此之外,配圖還表現衆多搬運墓葬品的人群趕往墳墓,這些隨葬品從飲食到日用品,從枕頭到項鏈,一應俱全。①

《亡靈書》第 125 篇經文的内容是著名的來世審判。在這篇經文裏,死者在以奥西裏斯爲首的衆神面前陳述,自己生前未曾説不該説的話,也未曾做不該做的事;因爲死者一律使用否定句,學者們稱此爲古埃及人的"無罪聲明"(Declaration of Innocence)或者"否定的坦白"(Negative Confession)。死者否認的罪行當中包括偷竊、兇殺、褻瀆、雞奸等重罪,也有諸如偷聽、多嘴多舌這樣的纖芥之失。在《亡靈書》所有附圖當中,最經常出現,同時也最爲今人熟知的無疑是第 125 篇經文的配圖。在這些配圖上,可以看到衆神借助天平稱量死者心臟的畫面。在古埃及人的來世觀念裏,奥西裏斯是冥界主宰,他借助天平確定死者是否清白,最終決定他是否有資格進入來世。我們可以看到,死者由古埃及象徵公正、真理和秩序的瑪阿特女神(有時是阿努比斯或者荷魯斯)引入審判庭,中間立著用來稱量死者心臟的天平。天平一邊的秤盤上放著死者的心臟,另一邊的秤盤上是代表瑪阿特女神的一根羽毛或其小雕像。支撑天平的柱子頂端坐著狒狒,阿努比斯和荷魯斯負責稱量。如果天平兩邊保持平衡,説明死者生前無罪,在倫理道德方面具備了進入來世的條件;假如死者的心臟重於象徵公正的羽毛或瑪阿特女神的小雕像,則證明死者生前犯有罪過,他/她的心臟將被等候在天平旁邊的怪獸吃掉,從而永遠喪失了復活的可能性,怪獸被古埃及人稱爲"吞吃者"。在許多《亡靈書》中的相關配圖上,可以看到圖特——表現爲一個長著䴉頭的人——正在向奥西裏斯彙報稱量結果。奥西裏

① I. Munro, "The Significance of the Book of Dead Vignettes", in F. Scalf ed., *Book of the Dead. Becoming God in Ancient Egypt*, Chicago: The Oriental Institute of the University of Chicago, 2017, p.55.

斯前面有一隻盛開的荷花,上面端坐荷魯斯的四個兒子。① 在古埃及人的來世觀念裏,荷魯斯的四個兒子的職責分别是保護死者的四個臟器。他們出現在奥西裏斯面前,表示死者已經通過了來世審判,從奥西裏斯那裏獲得了進入來世的許可。

在曾經屬於内斯敏(Nesmin)的《亡靈書》中,第125篇經文的配圖表現他雙手各拿一根代表瑪阿特女神的羽毛,而且其脖子上還佩戴了由瑪阿特女神的小雕像構成的項鏈。羽毛和小雕像在這裏均表示内斯敏生前遵守了瑪阿特女神主張的公正原則,没有做任何女神所憎惡的事情。在稱量内斯敏心臟的畫面上方,還可以看到四十一個神分成兩排,他們的膝蓋上都放著一根羽毛;這些神(數量通常爲42)構成了陪審團,監督稱量死者心臟的整個過程;審判庭的房檐重複出現眼鏡蛇、火焰和羽毛三種圖像,暗指死者必將通過審判並贏得再生。在大多數《亡靈書》裏,配圖被置於莎草紙的上端或者處在經文的段落之間。表現來世審判的畫面是少數幾個佔據整個莎草紙頁面的主題之一。

在曾經屬於内布凱德(Nebqed)的《亡靈書》裏,有一幅配圖清晰地表現了死者的軀體與其靈魂之間在來世的分工協作。死者的屍體被製作成木乃伊,葬禮之後安卧在墳墓當中的棺材室,而死者的靈魂——古埃及人稱爲"巴"——呈現爲長著人頭的鳥;它白晝飛出墓室,夜間返回墓室,與其主人團聚。我們能看到,巴穿過長長的墓道,回到棺材所在的墓室,它的雙手(不是爪子)握著爲其主人帶回來的飲食。不僅如此,我們還看到了配圖所表現的另外一個細節:墓室裏有一把空著的椅子,暗示墓主人以巴的形狀離開了墓室,正在返回的路上。② 創作以上如此形象和逼真配圖的畫匠都没有留下自己的名字,從《亡靈書》主人的裝束——髮型、衣服的式樣、佩戴的首飾,我們可以測定相關《亡靈書》的成文年代,能够大致了解當時埃及人的時尚和佔據主導地位的來世觀念。③

① W. H. Peck, "The Papyrus of Nes-Min: An Egyptian Book of the Dead", *Bulletin of the Detroit Institute of Arts*, Vol.74, 2000, p.27.

② I. Munro, "The Significance of the Book of Dead Vignettes", in F. Scalf ed., *Book of the Dead. Becoming God in Ancient Egypt*, Chicago: The Oriental Institute of the University of Chicago, 2017, p.50.

③ I. Munro, "The Significance of the Book of Dead Vignettes", in F. Scalf ed., *Book of the Dead. Becoming God in Ancient Egypt*, Chicago: The Oriental Institute of the University of Chicago, 2017, p.53.

另外,不少《亡靈書》以具有重要象徵意義的配圖結尾。在阿尼的《亡靈書》中,作爲尾聲的配圖展現了阿尼的墳墓處在哈托女神保護下的意境。陪伴哈托的另外一位神靈是伊普特(Ipet),她是與分娩和生育相關的女神。整個畫面的寓意顯而易見:阿尼安卧在由哈托保護的墓室裏,在伊普特女神的幫助下,他必將獲得新生。在曾經屬於阿蒙内海特(Amenemhet)的《亡靈書》,其結尾處同樣是一幅配圖;阿蒙内海特端坐在一把椅子上,他把荷花放在嘴邊,寓意是他將像荷花一樣不斷地重複生命。①

四、古埃及莎草紙和《亡靈書》對後世的影響

前文提到,古埃及《亡靈書》不僅是人類歷史上最早的手抄本,也是最早的插圖本,而且還是彩圖本。② 莎草紙作爲書寫材料和《亡靈書》作爲圖文並茂的手抄本,它們的影響後來擴大到整個地中海地區。埃及第二十六王朝時期(約公元前660年),普薩美提克一世允許希臘人在尼羅河三角洲建造城市,以便促進貿易往來,這座城市名爲瑙克拉提斯(Naucratis)。此後,希臘與埃及的貿易日益密切,埃及向外輸出的重要商品便是莎草紙。生活在愛琴海地區和小亞細亞的希臘人逐漸把莎草紙作爲書寫材料。有證據顯示,伯利克裹生活的年代,在希臘人的世界裏莎草紙仍然比較稀少和昂貴,配有圖畫的插圖本更是少之又少。③

公元前306年,亞歷山大的舊部將托勒密在埃及建立政權,定都亞歷山大裏亞。托勒密一世及其兒子托勒密二世在亞歷山大裏亞大興土木,建造了包括繆斯館在内的衆多文化建築,這座位於地中海南岸的城市也逐漸成爲整個地中海地區的文化和科學中心;據稱,亞歷山大裏亞的圖書館擁有約50萬册書(50萬卷莎草紙卷),其中有相當一部分配有圖畫。館藏於盧浮宫的一份希臘語莎草紙上配有天文圖表,它的繪製年代大約爲公元前2世紀。④ 耐人尋味的是,這幅圖畫具有很多古埃

① I. Munro, "The Significance of the Book of Dead Vignettes", in F. Scalf ed., *Book of the Dead. Becoming God in Ancient Egypt*, Chicago: The Oriental Institute of the University of Chicago, 2017, p.62.

② K. Weitzmann, *Ancient Book Illustration*, Cambridge, Massachusetts: Harvard University Press, 1959, p.1.

③ F. G. Kenyon, *Books and Readers in Ancient Greece and Rome*, Oxford: Oxford University Press, 1932, p.20.

④ K. Weitzmann, *Ancient Book Illustration*, Cambridge, Massachusetts: Harvard University Press, 1959, pp.3-6.

及因素,甚至讓人聯想到《亡靈書》中的配圖: 在表現奧里昂星座的時候,①畫匠繪製了一幅表現奧西裏斯的形象;而在黄道十二宫圖上,太陽表現爲一隻蜣螂(古埃及人來世觀念中象徵生命回圈)。②

僅舉兩個小例子就足以説明,古埃及人發明的莎草紙和《亡靈書》開創的插圖本對希臘人産生了深遠的影響。生活於公元 5 至 6 世紀的羅馬作家卡希歐多爾羅斯(Cassiodorus)用如下的一段話總結了莎草紙發揮的巨大作用:"發明莎草紙之前,智者的説教無法記録,古人的思想得不到保存。設想一下,一個作家怎麽能够迅速地在粗糙的樹皮上書寫? 心靈的火花遭遇不相匹配的書寫材料之後湮滅,思想的力量因爲得不到宣泄變得冰冷……這就是人類初期的狀態。直到人們發明了莎草紙,美麗的辭藻便有了棲身之處……它是如此平滑,又如此連續不斷;一種緑色植物的白色内核,它使得我們的靈魂有了豐碩的果實,在需要的時候又能够時時查閲它們。莎草紙忠實地記録了人類所有的言行。"③許多學者認爲,荷馬的兩部史詩,其篇幅長達 48 卷,儘管無法證明公元前 7 世紀的希臘人已經使用莎草紙,但是,如果没有這種載體,兩部史詩便無法保存下來。在阿裏斯托芬的《蛙》(成文時間約爲公元前 405 年),有一句臺詞爲"如今人手一本書",儘管有些誇張,莎草紙構成的書的重要性是不争的事實,演説辭在雅典公共生活中扮演的重要角色也是一個間接的證據。④

在歐洲潮濕的氣候環境中,莎草紙只能保存幾十年,超過幾百年的莎草紙非常罕見。古希臘人和古羅馬人從埃及引進的莎草紙基本都没有了蹤影。與此形成鮮明對比的是,埃及的土地適合莎草生長,而埃及乾燥的氣候又有助於莎草紙的長期保存。1870 年代,埃及政府決定在法尤姆地區擴大耕地。托勒密王朝時期和羅馬

---

① 奥里昂(Orion)指獵户座。古埃及人認爲,獵户座在清晨時分被冥界吞并,但它具有重新升入天空的能力。在來世想象中,死去的國王——後來推及普通人——以獵户座的形狀進入冥界。由於獵户座與天狼星之間的關係,該星座的出没也與尼羅河水位的漲落,即奥西裏斯的死而復活聯繫在一起。

② K. Weitzmann, *Ancient Book Illustration*, Cambridge, Massachusetts: Harvard University Press, 1959, p.6.

③ E. Whitney, "Paradise Restored: The Mechanical Arts from Antiquity through the Thirteenth Century", *Transactions of the American Philosophical Society*, Vol.80, 1990, p.67.

④ R. Thomas, *Oral Tradition and Written Record in Classical Athens*, Cambridge: Cambridge University Press, 1989, pp.32–33.

帝國時期希臘移民的聚落成爲被開墾的對象。在俄克喜林庫斯(距離開羅約 160 千米)等古代城鎮遺址,從建築廢墟和垃圾堆出土了大量希臘語莎草紙,上面的文字不僅有米南德的戲劇,還有歐幾裏得的《幾何原本》以及《托馬斯福音書》的片段。僅維也納國立圖書館就購得了超過 70 000 份莎草紙。[①] 這些在埃及土地重見天日的莎草紙隨後促成了一門嶄新的學科——紙草學(papyrology)——的誕生。希臘人的書寫文化之後如何影響和規範了中世紀及後來的書本,早已超出了本文的討論範圍,不過之間的傳承關係卻不言而喻。

五、結　　語

可以説,莎草與古埃及人生活的方方面面息息相關。他們居住的房屋最初用莎草建造,用來穿越尼羅河或者在尼羅河上航行的船隻也是用莎草製造,他們在生產和建築活動中必需的繩子是用莎草的外皮編織的。除此之外,莎草生長的沼澤地是他們養育和養殖禽類的地方,同時也是上層人士在閒暇時間爲了捕魚和獵鳥經常光顧的樂園。對於古埃及人來説,莎草既是物質食糧,也是精神食糧。莎草根可以食用,莎草莖稈構成了他們烹煮食物的燒柴。而更爲重要的是,用莎草製造的莎草紙承載了他們死後獲得永恒的第二次生命所必需的《亡靈書》。從這個意義上説,莎草和莎草紙與古埃及人休戚相關。

Papyrus, Papyri, and the Book of the Dead

Jin Shoufu

Papyrus was a typical plant that grew along the Nile Valley and especially in the Nile Delta in ancient Egypt. Besides using the plant in their everyday life and production, ancient Egyptians invented a very unusual writing material, also called

① B. Leach and J. Tait, "Papyrus", in D. B. Redford ed., *The Oxford Encyclopedia of Ancient Egypt*, Vol.3, Oxford: Oxford University Press, 2001, p.23.

papyrus, which helped to record and transmit extensive medical, mathematical, and literary works. Most important of all, the earliest religious manuscript (the *Book of the Dead*) in the world came into being thanks to this special carrier. This article first describes the development the *Book of the Dead*, the harmonious interplay between the texts and the vignettes inside the book, and finally points out the fact that papyrus as a writing material and the *Book of the Dead* as the earliest illustrated manuscript had a significant impact on later generations.

敦煌寫本中的小册

——基於尺寸的分析*

馮　婧

引　言

敦煌藏經洞存留了大量的中世文獻,還保存了中古寫本的物質形態。寫本有其物質實體,如同考古物件一般,其尺寸、裝幀、紙張、行款等亦承載了珍貴的歷史信息。通過考察敦煌寫本的物質形態,我們可回溯其功能和用途,更多維度地觀察中古社會及歷史。

藏經洞發現的書籍形態豐富多樣,包括卷子本、經折本、貝葉本、册子本等。卷子本,是由連續粘貼的紙張構成的長卷;經折本,則是將連續粘貼的紙張構成的長卷如手風琴般折疊,形成一册。因其形態,在西方這種形制被生動地稱爲"concertina"(手風琴)、"accordéon"(手風琴)或"paravent"(屏風)。[①] 貝葉本,則是一疊摞起的長貝葉,葉中穿孔,穿繩連綴,這種形制起源於印度。敦煌藏經洞發現

* 本文係國家社會科學基金青年項目"敦煌册子本所見絲綢之路中古書籍史研究"(24CZS026)階段性成果。

① 如,《法國國家圖書館藏敦煌漢文寫本目録》中若注明"accordéon",則是經折本而非翻頁的册子本,例如P.3759(M. Soymié et al., *Catalogue des manuscrits chinois de Touen-houang: Fonds Pelliot chinois de la Bibliothèque nationale IV*, Paris: École française d'Extrême-Orient, 1991, pp.248 - 249)。《法國國家圖書館藏敦煌藏文寫本注記目録》中若注明"paravent",亦指經折本而非册子本,如 P. t. 42 [M. Lalou, *Inventaire des manuscrits tibétains de Touen-houang conservés à la Bibliothèque nationale* (*Fonds Pelliot tibétain*), vol. I, Paris: Librairie d'Amérique et d'Orient, Adrien-Maisonneuve, 1939, pp.13 - 14]。法國國家圖書館數據庫 Gallica 發布的法藏敦煌寫本彩圖,其與舊黑白圖版的拍攝方式有所不同。在拍攝經折本時,黑白圖版拍攝的是其完全展開的形態;而彩圖是將經折本折起拍攝,單看照片易讓人誤會其爲翻頁的册子本。故在判斷寫本形態時,仍需核查以上兩種法文敍録及黑白圖版,不可單憑彩色照片判斷其是册子本、經折本還是貝葉本。

的貝葉本則是紙製的。册子本,是以從中對折的紙張爲基本單位,將對折的紙張在中折處粘貼或縫綴形成一册的書籍形制。

還有一種形制,是將卷子高度的紙(一般 25—30 cm 高)在右緣粘貼或棍夾後綁定,如 S.6349+P.4924①、P.2046、P.2490、P.2547、P.2859、P.3017、P.3035 等。儘管這種形制與册子本一樣是翻頁書,然册子本的製作需經過紙張的折疊與剪裁,②其裝幀處在紙張中折處而非紙的右緣。册子本尺寸亦多在 25×16 cm 以下,③最常見的尺寸是 13—16×9—12 cm(詳下),較上面提到的單邊粘貼、縫綴的書籍形制尺寸要小得多。兩者在裝幀、内部形態及尺寸上都大不相同,是兩種書籍形態,不可混爲一談。

在敦煌藏經洞發現的各種書籍形制中,卷子本的尺寸總體偏大,卷高一般 25 至 30 cm,是一種不太便携、不便查閱的形制。而大多數册子本則爲約 13—16×9—12 cm 的尺寸,可供持有人隨身携帶、隨時翻閱。當然,並不是所有卷軸裝都不便携帶,有一小部分卷子卷高僅 15 cm,其上多爲短小的佛經、禮懺文、和戒文,便利信衆持誦及受戒弟子習誦。亦不是所有册子都是小尺寸,一部分册子本的高度超過 20 cm 乃至達到 30 cm。册子的形態讓它們便於翻閱,然過高的尺寸則較難隨身携帶,這些大尺寸的册子更可能是備於案頭之書。從形制可推測寫本的功能及使用環境,而寫本尺寸亦是需考量的因素之一。鑒於此,本文統計了 360 份敦煌藏經洞發現的册子本的尺寸,嘗試結合其文獻内容觀察不同題材的册子本的使用環境。

一、敦煌册子本的尺寸

藏經洞發現的册子本年代主要集中在 9、10 世紀,即敦煌的歸義軍時期。其承載了品類豐富的文獻,包含佛典、書儀、蒙書、類書、占書、醫書、文學作品等。册

① 本文以加號"+"表示可直接綴合;以省略號"……"連接表示屬同一寫本但不能直接綴合。S.6349+P.4924 綴合見《S.6349 與 P.4924〈易三備〉寫卷綴合整理研究》,《文獻》2006 年第 1 期,第 47—54 頁。

② 折疊、剪裁的過程見 J-P. Drège, "Les cahiers des manuscrits de Touen-houang", in M.Soymié, ed., *Contributions aux études sur Touen-houang*, Génève: Librairie Droz, 1979, pp.20–25。

③ 本文册子本的尺寸高度在前,寬度在後,以"高×寬 cm"表示。尺寸爲一葉的尺寸,非對開葉的尺寸。本文中的尺寸均爲約數,因爲多數册子本的邊緣是不規整的,其製作者常將册子的邊緣裁斜。測量高度時,取靠近書脊一側還是靠近葉緣一側,測量寬度時取上緣還是下緣,得到的數據會略有不同。

子本中的文獻大多已被系統整理;册子本的裝幀,亦有諸多研究成果。美國學者太史文(Stephen F. Teiser)、英國學者高奕睿(Imre Galambos)及中國學者榮新江則曾分别從宗教史、寫本文化、知識傳播史的角度討論册子本的製作背景與使用環境。①

藏經洞發現的册子本從裝幀上可分爲兩類:(1)紙葉對折,形成一個折葉。折葉中折處的外側抹上漿糊,與另一折葉中折處外側相粘。如此逐一粘接累加,形成一册。這種裝幀,或稱爲"粘葉裝"。(2)多張紙摞起後從中對折,形成一帖。帖的中折處刺孔縫綴,帖與帖之間用繩綫連綴成册。這種裝幀或稱爲"縫綴裝"。在敦煌册子本中,這兩種裝幀的數量最多。還有一些特殊裝幀的册子,也存在一册中混合使用粘葉裝和縫綴裝的情況,變體多樣,②在此不一一列舉。

關於册子本的尺寸,戴仁(Jean-Pierre Drège)在1979年發表的《敦煌的册子本》一文中,曾總結了敦煌册子本所見6種折疊、裁剪紙張製作册子的模式。在不同的折疊、裁剪的模式下,製成的册子尺寸從5×5 cm至30×23 cm不等。③戴仁的研究基於當時已發表的敦煌寫本的數據,以英藏、法藏敦煌寫本爲主,亦未暇對册子本的尺寸進行更爲細緻的分析。40年後的今天,更多收藏單位圖版的發表與敦煌寫本的數字化爲我們推進相關課題提供了更爲完備的條件。

---

① 關於敦煌册子本的研究,僅舉數要:J-P. Drège, "Les cahiers des manuscrits de Touen-houang", pp.17-28; S. F. Teiser, *The Scripture on the Ten Kings and the Making of Purgatory in Medieval Chinese Buddhism*, Honolulu: University of Hawai'i Press, 1994, pp.93-101;杜偉生:《敦煌古書縫繢裝和粘葉裝》,《中國古籍修復與裝裱技術圖解》,北京圖書館出版社,2003年,第451—459頁;李致忠:《敦煌遺書中的裝幀形式與書史研究中的裝幀形制》,《文獻》2004年第2期,第75—97頁;方廣錩:《談粘葉裝》,《方廣錩敦煌遺書散論》,上海古籍出版社,2010年,第154—183頁;J-P. Drège, "Les codices", in J-P. Drège and C. Moretti, eds., *La fabrique du lisible: La mise en texte des manuscrits de la Chine ancienne et médiévale*, Paris: Collège de France, Institut des hautes études chinoises, 2014, pp.373-376;方廣錩:《從敦煌遺書談中國紙質寫本的裝幀》,《文獻》2018年第1期,第14—22頁;I. Galambos, *Dunhuang Manuscript Culture: End of the First Millennium*, Berlin: de Gruyter, 2020, pp.24-66;馮婧:《敦煌的縫綴裝册子與外來寫本文化》,《域外漢籍研究集刊》第23輯,中華書局,2022年,第83—103頁;Jing Feng, *Producing and Using Codices in Tenth Century Dunhuang*, Ph.D. Dissertation, University of Cambridge, 2022;吕曉芳:《敦煌册子本縫綴形式初探——以英藏和法藏敦煌文獻爲中心》,《古籍保護研究》第12輯,2024年,第70—103頁;榮新江:《便携的方册——中古知識傳播的新途徑》,《敦煌吐魯番研究》第23卷,上海古籍出版社,2024年,第131—141頁。

② 詳見Jing Feng, *Producing and Using Codices in Tenth Century Dunhuang*, pp.80-96。

③ J-P. Drège, "Les cahiers des manuscrits de Touen-houang", pp.20-25.

就尺寸數據而言,英藏、法藏敦煌寫本有《法國國家圖書館藏敦煌漢文寫本目録》[①]《法國國家圖書館藏敦煌藏文寫本注記目録》[②]《英國博物館藏敦煌漢文寫本注記目録》[③]《英國圖書館藏敦煌漢文非佛教文獻殘卷目録(S.6981－13624)》[④]等可依。國際敦煌項目網站及法國國家圖書館數據庫上亦有寫本尺寸數據,[⑤]還補充了紙質目録的缺失,如一直未能出版的《法國國家圖書館藏伯希和藏品的敦煌漢文寫本目録》第2卷P.2501－P.3000的尺寸。而國内各館藏敦煌寫本的影印發表,基本附有尺寸數據。[⑥] 日本的一些重要收藏,如杏雨書屋、書道博物館藏品,亦標明尺寸。[⑦] 如今尺寸缺失最多的是俄藏敦煌寫本: 孟列夫主編的《俄羅斯科學院東方研究所聖彼得堡分所藏敦煌漢文寫卷敍録》兩卷僅涵蓋了至Дx.2800的尺寸數據,[⑧] 1992至2001年出版的《俄藏敦煌文獻》圖版不附比例尺。[⑨] 本人曾於2019年在聖

① J. Gernet and Wu Chi-yu, eds., *Catalogue des manuscrits chinois de Touen-houang* (*Fonds Pelliot chinois*), vol.I, Paris: Bibliothèque Nationale, 1970; M. Soymié et al., *Catalogue des manuscrits chinois de Touen-houang: Fonds Pelliot chinois de la Bibliothèque Nationale*, vol. III, Paris: Fondation Singer-Polignac, 1983; M. Soymié et al., *Catalogue des manuscrits chinois de Touen-houang: Fonds Pelliot chinois de la Bibliothèque Nationale*, vol. IV, Paris: École française d'Extrême-Orient, 1991; M. Soymié et al., *Catalogue des manuscrits chinois de Touen-houang: Fonds Pelliot chinois de la Bibliothèque Nationale*, vol.V, Paris: École française d'Extrême-Orient, 1995; Françoise Wang-toutain, *Catalogue des manuscrits chinois de Touen-houang: Fragments chinois du Fonds Pelliot tibétain de la Bibliothèque Nationale de France*, Paris: École française d'Extrême-Orient, 2001.

② M. Lalou, *Inventaire des manuscrits tibétains de Touen-houang conservés à la Bibliothèque Nationale* (*Fonds Pelliot tibétain*), vol. I, Paris: Librairie d'Amérique et d'Orient, Adrien-Maisonneuve, 1939; idem, *Inventaire des manuscrits tibétains de Touen-houang conservés à la Bibliothèque nationale* (*Fonds Pelliot tibétain*), vol.II, Paris: Bibliothèque nationale, 1950; idem, *Inventaire des manuscrits tibétains de Touen-houang conservés à la Bibliothèque nationale* (*Fonds Pelliot tibétain*), vol.III, Paris: Bibliothèque nationale, 1961.

③ Lionel Giles, *Descriptive Catalogue of the Chinese Manuscripts from Tunhuang in the British Museum*, London: Trustees of the British Museum, 1957.

④ 榮新江編著:《英國圖書館藏敦煌漢文非佛教文獻殘卷目録(S.6981—13624)》,臺北: 新文豐出版公司,1994年。

⑤ IDP國際敦煌項目網站: https://idp.bl.uk/;法國國家圖書館數據庫Gallica: https://gallica.bnf.fr/accueil/fr/content/accueil-fr? mode=desktop。

⑥ 如中國國家圖書館編:《國家圖書館藏敦煌遺書》,北京圖書館出版社,2005—2013年;段文傑主編:《甘肅藏敦煌文獻》,蘭州: 甘肅人民出版社,1999年。

⑦ 如吉川忠夫編:《敦煌秘笈》,武田科學振興財团,2009—2013年;磯部彰編:《臺東區立書道博物館所藏中村不折舊蔵禹域墨書集成》,東京: 二玄社,2005年。

⑧ 孟列夫主編:《俄藏敦煌漢文寫卷敍録》,上海古籍出版社,1999年。

⑨ 俄羅斯科學院東方研究所聖彼得堡分所、俄羅斯科學出版社東方文學部、上海古籍出版社編:《俄藏敦煌文獻》,上海古籍出版社,1992—2001年。

彼得堡測量過部分册子本原件的尺寸,其後由於流行病的世界性爆發、戰争等原因,實物調查被迫中止;研究所保藏員協助測量了一些原件,通過與其他收藏的寫本綴合亦可確定一些册子的尺寸,然俄藏册子本的數據仍有缺失。

統計册子本的尺寸,還有一些情況需加以甄别:(1)尺寸記録體例不統一。某些藏品中尺寸數據有時高度在前,有時寬度在前,需對照圖版統一更正爲高度在前、寬度在後。(2)對開葉折疊後的尺寸才是册子原本的尺寸。若編目者記録的是其平攤後的尺寸,則需將寬度除2,方爲原册尺寸。(3)有時編目者會將册子每葉的寬度相加,記録相加後的寬度。這種寬度數據對於紙面接續的經折本是有意義的,讀者可知曉其展開後的紙面寬度;而於册子本則意味不明,還需將寬度除以葉數,方能得到原册的册寬。(4)一部分非漢文的册子需根據其書寫、閲讀方向判斷寫本的擺放方向,進而確定其高度與寬度。若尊重胡語的閲讀習慣,一些册子則是上下翻而非左右翻,其裝訂處位於册子頂部而不是册子右側。如P.t.44藏文《蓮華生大師迎本尊金剛橛十萬頌續部入藏記》,①册子的擺放方向應與册内藏文水平書寫的方向一致,②如此擺放後其裝訂處位於册子頂部,書口朝下,是上下翻的册子。因此,其尺寸爲7.5×10 cm而非10×7.5 cm。P.2029于闐語《妙法蓮華經綱要》《出生無邊門陀羅尼》亦是相同的情況,③于闐語水平書寫,依書寫方向擺放後,其尺寸是12.6×20 cm而不是20×12.6 cm。又如P.3509回鶻語《善惡兩王子故事》,④回鶻

① 相關研究見F. A. Bischoff and C. Hartman, "Padmasambhava's Invention of the *phur-bu* Ms. Pelliot tibétain 44", in *Études tibétaines dédiées à la mémoire de Marcelle Lalou*, Paris: Librairie d'Amérique et d'Orient, 1971, pp.11–28;羅秉芬:《西藏佛教密宗本尊金剛橛的來歷——伯希和藏文手卷44號譯注》,羅炤等《藏學研究文選:祝賀王森先生從事藏學研究工作五十周年》,拉薩:西藏人民出版社,1989年,第61—76頁;C. Cantwell and R. Mayer, *Early Tibetan Documents on Phur pa from Dunhuang*, Wien: Verlag der Österreichischen Akademie der Wissenschaften, 2008, pp.41–67。

② 需注意的是,此册封皮裁剪自于闐王尉遲達摩(Viśa' Dharma)致曹延禄的某封書信(Tsuguhito Takeuchi, "Sociolinguistic Implications of the Use of Tibetan in East Turkestan from the End of Tibetan Domination through the Tangut Period (9th–12th c.)," in Desmond Durkin-Meisterernst et al., eds., *Turfan Revisited: The First Century of Research into the Arts and Cultures of the Silk Road*. Berlin: Reimer, 2004, pp.341–348),是廢棄文書重複利用,其上書寫方向與册内正文的方向不一致。册子的擺放方向應仍以册内正文爲準。

③ 最新研究見範晶晶:《對〈出生無邊門陀羅尼經〉于闐語本與漢譯本的考察》,《敦煌吐魯番研究》第23卷,上海古籍出版社,2024年,第175—198頁。

④ 相關研究見James Hamilton, *Le conte bouddhique du bon et du mauvais prince en version ouïgoure*, Paris: Klincksieck, 1971.

語縱向閱讀，册子的擺放方向亦應遵從回鶻語的語文習慣。依此原則擺放後，此册亦是上下翻的册子，尺寸爲 14.5×11 cm 而非 11×14.5 cm。

以上(1)(2)(3)的情況，亦説明寫本圖版附比例尺的重要性。若圖版無比例尺，則難以核查敍録和數據庫中人工記録的尺寸數據。一些圖録的比例尺不在寫本照片中，不是與寫本照片一同拍攝的，而是出版時補加在圖版附近的。這種補加的比例尺需編輯、整理小組多加注意、調整，以符合原卷尺寸。

經過數據的搜集、甄别，本人將 360 份册子本及册子脱葉的尺寸匯總至圖 1，每一個灰點即表示一份册子，y 軸表示册子的高度，x 軸表示册子的寬度。這 360 册包含了英、法、俄、日、中國藏可獲取尺寸數據、葉面無嚴重缺損的册子本及册子脱葉，涵蓋漢文、藏文、于闐語、突厥如尼文的册子；去除尺寸數據存疑及俄藏中根據行款估算尺寸的册子；不重複統計可綴合的册子。

圖 1 中可見灰點聚集最密的區域是 13~16×9~12 cm，此爲敦煌册子本最常見的尺寸範圍。其次，在 13—15×14—15 cm 及 20—24×14—16 cm 有一定數量的聚集，

圖 1：敦煌藏經洞册子本的尺寸分佈

前者是開本偏方的册子,後者是偏高的册子。圖 1 其餘的位置灰點都較爲稀疏:高度超過 25 cm、寬度超過 16 cm 的册子數量明顯減少;尺寸最大的一批册子散落在右上角,高度超過 30 cm,寬度超過 20 cm;最小的一批册子集中在左下角,尺寸僅 5×5 cm 上下。圖 1 中還可看出高型册子(高大於寬)的數量遠多於寬形册子(寬大於高)。這些寬形册子多是藏文書寫,亦有少量漢文書寫的寬形册子。① 漢文的册子本主要是高型册子,寬形册子較少。

二、佛教相關的册子

册子本最常見的尺寸是 13—17×9—12 cm,這是一種相當便携的尺寸。這個尺寸範圍的册子,抄寫的主要是較短的佛典及僞經,如《金剛般若波羅蜜經》《般若波羅蜜多心經》《妙法蓮華經觀世音菩薩普門品》《佛説延壽命經》《佛説地藏菩薩經》《佛説續命經》《佛説摩利支天經》《佛説父母恩重經》《佛母經》《佛説閻羅王授記四衆預修生七往生浄土經》《佛説天地八陽神咒經》等。多數佛經册子尺寸是 15×11 cm 上下。其中,數量最多的是《金剛般若波羅蜜經》。册子本的《金剛般若波羅蜜經》經前多有誦經前儀,如奉請八金剛文、啓請文等,其後又附真言。一部分册子本還有信衆抄經題記,如八十老人所書題記。②

還有不少極小的册子,僅一掌大小,如 P.3761《佛説閻羅王授記四衆預修生七往生浄土經》(5.3×4.9 cm)、BD10905+BD9302+上圖 103+BD10904+BD10899③《佛頂尊勝陀羅尼經》(5.9×5.9 cm)、Stein painting 209《佛説續命經》(6.5×6.4 cm)、Дx.1765《般若波羅蜜多心經》(7.5×7.5 cm)、Дx.2769《般若波羅蜜多心經》(8.5×7 cm)、BD10906+BD10903④《佛説延壽命經》(10×7 cm)、S.9529《金剛般若波羅蜜經》(10.5×8.3 cm)、Дx.2660《妙法蓮華經觀世音菩薩普門品》(10×8.5 cm)、S.5442

---

① 如天祐二年(905)抄寫的《金剛般若波羅蜜經》S.5444(11×15.5 cm)及 S.5443+S.5534(11.3×16 cm)、P.4809《千字文》(4.2×7.1 cm)、Дx.2333B 遺書樣文(11×15.5 cm)、P.3866《涉道詩》(15×21.7 cm)、P.3929《沙州敦煌古迹廿詠》《古賢集》(15.3×20 cm)。

② 八十老人諸題記見羅慕君:《敦煌〈金剛經〉八十老人抄本考》,《古籍研究》第 66 卷,2017 年,第 101—130 頁。

③ 綴合見張涌泉、羅慕君:《敦煌〈佛頂尊勝陀羅尼經〉〈藥師經〉殘卷綴合總目》,2018 年 1 月 7 日,網絡發表:https://mp.weixin.qq.com/s/Ugc-6al-Mh5eG42OIatq7A。

④ 綴合見中國國家圖書館編《國家圖書館藏敦煌遺書》第 108 册,北京圖書館出版社,2009 年,條記目録第 61 頁。

《妙法蓮華經觀世音菩薩普門品》(9.5×10 cm)、S.5446《金剛般若波羅蜜經》(10.5×12 cm)、P.2922《佛説善惡因果經》(11.9×7.4 cm)、S.5672《佛説地藏菩薩經》(11.5×9.8 cm)及 P.2935(P.t.1262)漢藏對音《妙法蓮華經觀世音菩薩普門品》(13×7 cm)。①

以上這些含短佛經的小册應是信衆、僧人所抄,供持誦之用。其小巧的尺寸不僅便利持有者携帶念誦,或還有護身符的作用。

除了單個佛經,也有相當數量的册子是多經文合抄。牧田諦亮較早注意到同一寫本連續抄寫多種經文的現象,他稱這種寫本爲"連寫經"。② 其後,太史文、穆瑞明(Christine Mollier)、Amanda Goodman、高奕睿、Sam van Schaik 等學者對這類寫本展開了個案研究。③ 敦煌册子本中的"連寫經"數量衆多,兹舉數例:

P.3759,首尾完整,尺寸僅 5.1×4.7 cm,封皮覆有藍色平紋絹。④ 册中合抄《天地八陽神咒經》《佛説摩利支天菩薩陀羅尼經》《佛説解百生怨家陀羅尼經咒》。册末題記:"戊子年(988)潤(閏)五月十六日,⑤於弟子某甲持誦《八陽經》,書寫《磨(摩)利支天經》。日誦三遍,日日持經,念戒依(衣)食,字(自)然日日家興。"

P.3824,首尾完整,尺寸 14.6×10.6 cm,合抄《妙法蓮華經觀世音菩薩普門品》《金剛般若波羅蜜經》《佛説解百生怨家陀羅尼經》《般若波羅蜜多心經》《佛説摩利支天經》《佛説延壽命經》《十空讚文》《出家讚文》及陀羅尼。册末有辛未年四月十

① 參高田時雄:《敦煌資料による中國語史の研究:九・十世紀の河西方言》,東京:創文社,1988 年,第 33 頁。

② 牧田諦亮:《中國佛教における疑経研究序説——敦煌出土疑經類をめぐって》,《東方學報》第 35 册,1964 年,第 366 頁;牧田諦亮:《疑経研究》,京都大學人文科學研究所,1976 年,第 39 頁。

③ S. F. Teiser, *The Scripture on the Ten Kings*, pp.95–99, 135, 136–137; C. Mollier, *Buddhism and Taoism Face to Face: Scripture, Ritual, and Iconographic Exchange in Medieval China*, Honolulu: University of Hawai'i Press, 2008, p.16; A. Goodman, *The Ritual Instructions for Altar Methods (Tanfa yize): Prolegomenon to the Study of a Chinese Esoteric Buddhist Ritual Compendium from Late-Medieval Dunhuang*, Ph.D. Dissertation, University of California, Berkeley, 2013, pp.32–34, 38–39; Sam van Schaik, "Manuscripts and Practices: Investigating the Tibetan Chan Compendium (P. Tib. 116)", in M. Friedrich and C. Schwarke, eds., *One-Volume Libraries: Composite and Multiple-Text Manuscripts*, Berlin: de Gruyter, 2016, pp.287–304; I. Galambos, "Multiple-Text Manuscripts in Medieval China", in A. Bausi, M. Friedrich and M. Maniaci, eds., *The Emergence of Multiple-Text Manuscripts*, Berlin/Boston: de Gruyter, 2019, pp.37–59; I. Galambos, Dunhuang Manuscript Culture, pp.23–84.

④ 織物名稱與編織細節參趙豐主編:《敦煌絲綢藝術全集・法藏卷》,上海:東華大學出版社,2010 年,第 152 頁。

⑤ 題記中的"戊子"年爲 988 而非 868、928 年。參藤枝晃《敦煌曆日譜》,《東方學報》第 45 册,1973 年,第 431 頁。

二日三界寺僧永長題記。

P.3932,首尾完整,尺寸 12×7.4 cm,封皮覆有紫紅花卉紋綾,①册首有白描夫婦供養人扉畫。册中抄《妙法蓮華經觀世音菩薩普門品》《般若波羅蜜多心經》《佛説續命經》《佛説地藏菩薩經》《佛説解百生怨家陀羅尼經》《慈氏真言》《净口業真言》。

S.5646,首尾完整,尺寸 14×11 cm,前爲持誦《金剛般若波羅蜜經》前儀、白描八金剛像、白描四菩薩像,後抄《金剛般若波羅蜜經》《佛説摩利支天菩薩陀羅尼經》《佛説齋法清净經》。册末題記:“於時大宋乾德七年(即北宋開寶二年,969)己巳歲四月十五日,大乘賢者兼當學禪録何江通發心敬寫大小經三策子計九卷。晝夜念誦,一心供養,故記之耳。”

S.5535,首尾完整,尺寸 17.3×11 cm,封皮覆有赭紅麻布。册中合抄《妙法蓮華經觀世音菩薩普門品》《般若波羅蜜多心經》《佛説續命經》《佛説地藏菩薩經》。②

EO3566 殘存二葉,尺寸 14×11 cm,屬同册。第 1 葉殘留《佛説父母恩重經》;第 2 葉一面是彩繪摩利支天像,另一面是供養人衙前正十將氾延定題記,載其“達到于闐國,發心敬寫《觀音經》一卷、《摩利支天經》一卷、《父母恩重經》一卷”,願亡過父母“神生净土,勿溺三塗”,願闔家延年益壽,遠行路上無虞。③ 儘管是殘葉,通過題記可知此册曾抄有《妙法蓮華經觀世音菩薩普門品》《佛説摩利支天經》《佛説父母恩重經》。

Дх.962+S.5531,尺寸 12×7.5 cm,首尾俱全,然册中佚失多葉。④ 此册合抄《妙法蓮華經觀世音菩薩普門品》《佛説解百生怨家陀羅尼經》《佛説地藏菩薩經》《佛説天請問經》《佛説續命經》《佛説摩利支天經》《佛説延壽命經》《少乘三科》《佛説閻羅王授記四衆預修生七往生净土經》《般若波羅蜜多心經》。册末題記:“庚辰年十二月廿日。”

---

① 織物名稱與編織細節參趙豐主編《敦煌絲綢藝術全集·法藏卷》,第 153 頁。

② 《佛説地藏菩薩經》後還有題名“佛説八陽神咒經一卷”,僅書標題,經文未抄。

③ 題記圖版及録文見秋山光和、J. Giès 編《西域美術ギメ美術館ペリオ・コレクションⅡ》,東京:講談社,1995 年,第 332 頁。

④ 此册的綴合及形態的復原,見馮婧《敦煌册子本的綴合與復原——以佛經册子爲例》,《文獻》2024 年第 6 期,第 80—81 頁。

甘博 16，首尾俱全，尺寸 14.8×10.3 cm，合抄《勸善經》《佛説地藏菩薩經》《佛説摩利支天經》《佛説延壽命經》《佛説續命經》《佛説觀世音經》《佛説大威德熾盛光如來吉祥陀羅尼經》。

羽 387，尺寸 21.9×9.4 cm，首尾俱全，然册中佚失多葉。現存有《般若波羅蜜多心經》《佛説天請問經》《佛説護身命經》《妙法蓮華經觀世音菩薩普門品》《最妙定勝經》。

以上例子可見，合抄的經文仍是常見的短經文。從 P.3759、EO3566 的題記及 P.3932 的供養人扉畫可看出，①一些多經文合抄的册子與信衆供養及持誦行爲息息相關。三界寺僧永長抄寫的 P.3824，經文與《十空讚文》《出家讚文》合抄；類似的情況還見於 S.5539，合抄《妙法蓮華經觀世音菩薩普門品》《出家讚文》《十空讚文》。P.3824 和 S.5539 應是僧人誦經唱讚之本。另外，敦煌册子本前後多殘，目前存留的僅有單個經文但前後有殘失的册子有可能原本含多個經文。因此，多經文合抄的册子的實際數量會比我們目前可見的數量更多。

佛經册子中，亦有少數尺寸較大、高度超過 20 cm 乃至接近 30 cm 的，如 Дx.2578《金剛般若波羅蜜經》（21×15 cm）、P.3398－1《金剛般若波羅蜜經》（21.5×15.1 cm）、S.5602《佛説善惡因果經》（23.4×15.4 cm）、Φ174《妙法蓮華經觀世音菩薩普門品》（23.5×15 cm）、S.5458《妙法蓮華經觀世音菩薩普門品》《佛説善惡因果經》《般若波羅蜜多心經》《佛説地藏菩薩經》《佛説天請問經》（23.5×7 cm）、P.3921《佛説菩薩本業經》《大乘頂王經》（26×9.6 cm）、BD9592+BD9862+BD9235②《佛説無量大慈教經》《佛説善惡因果經》（27.3×11.5 cm）、上博 48（30.5×10.4 cm）③。

其中，Дx.2578、P.3398－1《金剛般若波羅蜜經》的大尺寸是特例，敦煌藏經洞發

① 關於敦煌册子本中的圖像，見 J-P. Drège, "Du texte à l'image: Les manuscrits illustrés," in J-P. Drège, ed., *Images de Dunhuang: Dessins et peintures sur papier des fonds Pelliot et Stein*, Paris: École française d'Extrême-Orient, 1999, pp.105－159; I. Galambos, *Dunhuang Manuscript Culture*, pp.37－66；馮婧：《敦煌佛典册子的寫本學研究》，《出土文獻》2025 年第 3 期待刊。

② 綴合見張小艷《敦煌疑僞經四種殘卷綴合研究》，《敦煌研究》2016 年第 1 期，第 69—70 頁。

③ 上博 48 是 40 餘份佛經、讚文、啓請文、祭文、真言的合抄本。其中有智嚴《十二時普勸四衆依教修行》，末有同光二年（924）三月廿三日智嚴題記；又有《後唐清泰四年（937）曹元深祭神文》，清泰僅三年，實爲後晉天福二年。此册抄成的年代在此文年代後。參上海古籍出版社、上海博物館編：《上海博物館藏敦煌吐魯番文獻》第 2 册，上海古籍出版社，1993 年，敍録 9—13 頁；榮新江書評，《敦煌吐魯番研究》第 1 輯，1995 年，第 374—375 頁。

現的《金剛般若波羅蜜經》册子高度一般不超過 16 cm。與《金剛般若波羅蜜經》册子本的小尺寸不同的是,一些《梁朝傅大士頌金剛經》的册子開本較大,如 BD8884+BD11477[①](22×7.7 cm)、S.5605(22×10 cm)、S.3906……S.5521(24.9×18.5 cm)。《妙法蓮華經觀世音菩薩普門品》的册子多是小尺寸,而其上圖下文的插圖本則尺寸偏大,如 S.6983(18×10 cm)、S.5642(21.5×15 cm)[②]、P.4100(23×14.8 cm),這或是爲了容納插圖而選用了較大的尺寸。

P.3904 是《般若波羅蜜多心經》及《觀世音經》的注本,亦是一本大尺寸的册子(21.5×7.7 cm)。其與上文 P.3921《佛説菩薩本業經》《大乘頂王經》(26×9.6 cm)及 P.3913《壇法儀則》(28.5×10.1 cm)物質形態上相近:(1)尺寸較一般册子偏大偏高,長寬比接近 3,屬於藏經洞發現的册子本中瘦高的一批。(2)抄寫工整,不似下層信衆抄寫。(3)紙張簾紋疏朗,紙質厚重硬朗,質量較同時期纖維不勻、厚度不一的紙張好。(4)均爲縫綴裝,均爲 8 葉一帖(即 4 對開葉一帖)。(5)有 8 個縫綴孔,縫綴孔間距均等,這説明刺孔穿繩前裝幀者已預先測量。(6)册子前有多頁留白,當爲預留。[③]

這些特徵表明這三本册子不是隨意抄寫的,其從紙張選用、裝幀至抄寫都較爲用心;且物質形態上的相似似乎在暗示這三本册子是在同一環境、同一地點中製作、抄寫的。從書寫風格及文獻内容看,其抄寫者與持有者不似下層信衆,而是書寫、閲讀水準更高的僧人群體。P.3913 册背還有“此是願受册子,不得亂人犯者”一句,强調其爲册子的所有者,他人不得侵佔。願受一名,見於 P.3423《後唐丙戌年(926)五月七日沙州乾元寺新登戒僧次第曆》、P.3431《後唐丙戌年(926)五月七日沙州乾元寺新登戒僧次第曆》、P.2250v《後唐清泰三年(936)六月沙州河西都僧統儭司儭狀》。其在 P.3423 及 P.3431 中剛剛登戒,P.2250v 中已是金光明寺的正式僧人。

① 綴合及復原見趙鑫曄:《敦煌册頁裝〈金剛經〉的整理和研究》,《文津學志》第 11 輯,2018 年,第 371 頁;馮婧《敦煌册子本的綴合與復原——以佛經册子爲例》,《文獻》2024 年第 6 期,第 79 頁。

② 這兩份也是多經文的合抄本,S.6983 後接抄《佛説地藏菩薩經》,S.5642 後接抄《佛説父母恩重經》。

③ 參馮婧《敦煌册子本所見絲綢之路上的寫本流動——以寫本紙張特徵爲綫索》,《中國典籍與文化》2024 年第 4 期,第 12—14 頁。

值得注意的是，禪籍册子多是大尺寸，如 P.3099《佛説楞伽經禪門悉談章》(29.7×21.4 cm)及三種《六祖壇經》(S.5475，27×11 cm；敦博 77，32.2×11.7 cm；旅博本，27.4×14.3 cm)。S.5475 的書脊上還書有“寶□乘文書”。書脊書字在敦煌發現的册子本中極其罕見，遺憾字迹模糊，尚不能確定這是持有者題記還是與册子内容相關。在書脊而不是封皮上書字，或與這本册子的收藏環境相關。其或曾與多本册子疊放在一起，書脊朝外，在書脊上寫字是爲方便搜尋。當然，也有小尺寸的禪籍册子，如 S.5619《無心論》《頓悟無生般若頌》(14.5×10.3 cm)。選用較小尺寸的册子，當是與這兩篇文獻較短的篇幅及適合誦讀的性質有關。

敦煌册子本中，禪籍的數量較少，而密教文獻的册子數量可觀。有不少尺寸較小的真言密咒册子，如 BD9278《大佛頂尊勝出字心咒》(14.6×9.8 cm)、BD9835《諸星母陀羅尼咒》(15.3×9 cm)、S.5500(13×12.2 cm，與 S.5501 屬同册)、P.3834(14×10.5 cm，含某無題真言、《釋迦牟尼佛真言》《日光菩薩真言》《月光菩薩真言》《彌勒佛真言》《毗沙門天王真言》)、P.3912(15.4×10 cm，含《佛説摩利支天陀羅尼咒經》《浄口真言》《佛説五字真言》《千手千眼觀世音菩薩廣大圜滿無礙大悲心陀羅尼》《觀音菩薩最勝妙香丸法》)、S.5586(16.7×11.5 cm，含《觀世音菩薩秘密藏無障礙如意心轉心輪陀羅尼》《一切佛心陀羅尼》《金剛般若心中真言》)。這些册子的持有者或爲密教僧，其中的密咒真言亦賦予了册子護衛驅邪的功能。

敦煌册子本中亦有非漢文的佛典、陀羅尼及密教經典，多書於小尺寸的册子，如 P.2029 于闐語《妙法蓮華經綱要》《出生無邊門陀羅尼》(12.6×20 cm)、P.t.43 藏文《天地八陽神咒經》《聖千手千眼觀自在菩薩無礙大悲心廣大圓滿陀羅尼》(12.5×15 cm)、[1]IOL Tib J 351+P.t.572 藏文《妙法蓮華經觀世音菩薩普門品》及陀羅尼(15×15.5 cm)。[2] 一些藏文陀羅尼接抄在漢文文獻之後，如 P.3836……P.3137(P.t.47)(15.6×7 cm)，其前爲曲子詞，後接抄藏文《白傘蓋經陀羅尼》、漢文《如意輪陀羅尼咒》、漢文《佛説大辯邪正經》及藏文陀羅尼。

① 王啓龍主編：《法國國家圖書館藏敦煌藏文文獻目録解題全編》第 1 册，桂林：廣西師範大學出版社，2021 年，第 75 頁。

② J. Dalton and Sam van Schaik, *Tibetan Tantric Manuscripts from Dunhuang: A Descriptive Catalogue of the Stein Collection at the British Library*, Leiden/Boston: Brill, 2006, pp.77－79.

册子 P. 3861 (P. t. 85) 則是漢文、藏文、于闐語兼有。其尺寸較大(22. 2×15.7 cm),首尾俱全。封面鈐有一墨印、一朱印(文曰“□□樞密□印”)。[①] 册首爲三行于闐語發願文,五頁空白後書六條藏文陀羅尼,其後是漢文《金剛廿八戒》《散食法》《三窠法義》《金剛大總持大摧碎陀羅尼真言》,均有朱筆圈點及明確的分級符號。册末是四段藏文陀羅尼,第一段的藏文佛名、神名還附有其漢文名稱。田中良昭曾指出此册爲密教僧的受持本。[②]

類似的文本構成還見於册子本 IOL Tib J 530 和 IOL Tib J 76。IOL Tib J 530 尺寸 15.8×11.5 cm,首尾俱全,含漢文七言闕題詩(五月鉢國不亂名)[③]、《布薩文》、《小乘三科》、《成就大威力不可説盡若有餘金剛咒》、藏文音寫梵語及漢語真言。[④] IOL Tib J 76 尺寸 15.3×21.9 cm,首尾俱全,全册由藏文寫成,含《聖者義成太子經》、《燃燈文》、《如意輪咒》、問答體佛教文獻及梵藏對照密教語彙。此册封底上爲《聖者義成太子經》起首重抄,應是爲練習書寫、記誦經文而重抄。值得注意的是,册子的正背封皮顔色皆暗,Sam van Schaik 推測這是僧人在燃燈燃香的空間中反復讀誦此寫本造成的,僧人手上或許還沾染了燈油,在翻閲時沾染了封皮。[⑤] P. 3861 (P.t.85)、IOL Tib J 76、IOL Tib J 530 皆含儀式文本、問答體佛教文獻、真言密咒,且涉及術語的對譯,是僧人修習、念誦的本子。

在藏文寫本中,有一批僧人修行、度亡所用儀軌册子,如 P.t.251+P.t.245(13×15 cm)[⑥]、

① 森安孝夫《河西帰義軍節度使の朱印とその編年》,《内陸アジア言語の研究》15,2000 年,第 118 頁。

② P.3861(P.t.85)相關研究參田中良昭《敦煌禪宗文獻の研究》,東京:大東出版社,1983 年,第 365—388 頁;M. Soymié et al., *Catalogue des manuscrits chinois de Touen-houang: Fonds Pelliot chinois de la Bibliothèque nationale IV*, pp.343－344; H. H. Sørensen, “Tibetan Tantra and Chinese Esoteric Buddhism in the Melting Pot: A Study of a Chinese Recension of the Twenty-Eight Vajra Precepts,” *BuddhistRoad Paper* 2.2, 2019, pp.3－33。

③ 此詩又見 P.4525,略有異文(徐俊《敦煌詩集殘卷輯考》,北京:中華書局,2000 年,第 830—831 頁)。

④ Louis de la Vallée Poussin, *Catalogue of the Tibetan Manuscripts from Tun-huang in the India Office Library*, Oxford: Oxford University Press, 1962, p.258; J. Dalton and Sam van Schaik, *Tibetan Tantric Manuscripts from Dunhuang*, p.246.

⑤ IOL Tib J 76 相關研究參 J. Dalton and Sam van Schaik, *Tibetan Tantric Manuscripts from Dunhuang*, pp.1－5; Sam van Schaik, “Infrared, Prayers and Booklets” (July 10, 2007), https://earlytibet.com/2007/07/10/infrared-prayers-and-booklets/。

⑥ 參才讓《P.T.245 號密宗超度儀軌之譯解》,《中國藏學》2017 年第 2 期,第 66—77 頁。

IOL Tib J 421(13×14 cm)、IOL Tib J 420(14.5×13.5 cm)、P.t.37(13.5×15 cm)①、S.12243(5.5×11 cm)②、P.t.282(16.5×14 cm)③、P.t.253(9.8×11 cm)④、P.t.324+IOL Tib J 437(12.4×16 cm)⑤。這些儀軌手册不僅尺寸較小,頗爲便携,且多是寬大於高的寬形册子。

一部分藏文密咒、儀軌册子則更爲極端,其册高不超過 9 cm,寬高比卻大於 2,即寬度是高度的兩倍以上。這些册子包括: P.t.70(7.5×14.75 cm,寬高比: 2.05)、P.t.309(8.5×21 cm,寬高比: 2.47)、P.t.310(8.8×20 cm,寬高比: 2.27)、IOL Tib J 401(8×19.4 cm,寬高比: 2.43)、IOL Tib J 510(5.8×13.8 cm,寬高比: 2.37)。P.t.70 抄有藏文陀羅尼及漢文真言;P.t.309 爲殘佛經;⑥P.t.310 爲獻供祈願儀軌;⑦IOL Tib J 510 爲密咒雜集,封皮上還貼有曼陀羅剪紙裝飾(圖 2)。⑧ IOL Tib J 401

① P.t.37 册末還有白描人物天神圖。對 IOL Tib J 421《調伏三毒》、IOL Tib J 420《調伏三毒》、P.t.37《調伏三毒》《開示浄治惡趣壇城四門》《爲亡者開示天界浄土道》《寶篋》《回向》《開示來世之經》的研究,見 Yoshiro Imaeda, "Note preliminaire sur la formule OM MANI PADME HUM dans les manuscrits tibetains de Touen-houang", in Michel Soymié, ed., *Contributions aux études sur Touen-houang*, Génève: Librairie Droz, 1979, pp.71 - 76; J. Dalton and Sam van Schaik, *Tibetan Tantric Manuscripts from Dunhuang*, pp.163 - 166; 才讓《菩提遺珠: 敦煌藏文佛教文獻的整理與解讀》,上海古籍出版社,2016 年,第 536—577 頁; Sam van Schaik, "The Uses of Implements are Different: Reflections on the Functions of Tibetan Manuscripts", in O. Almogi, ed., *Tibetan Manuscript and Xylograph Traditions: The Written Word and Its Media within the Tibetan Culture Sphere*, Hamburg: Department of Indian and Tibetan Studies, Universität Hamburg, 2016, pp.224 - 226。

② 參 Sam van Schaik, "Buddhism and *Bon* IV: What is *bon* anyway?" (August 24, 2009), https://earlytibet.com/2009/08/24/buddhism-and-bon-iv/; idem, "The Uses of Implements are Different," pp.236 - 238; idem, "The Naming of Tibetan Religion: *Bon* and *Chos* in the Tibetan Imperial Period", *The Journal of the International Association for Bon Research*, vol.1, 2023, pp.251 - 253。Sam van Schaik 强調此小册有護身符的功用。

③ M. Lalou, *Inventaire des manuscrits tibétains de Touen-houang conservés à la Bibliothèque nationale* (*Fonds Pelliot tibétain*), vol.I, p.76.

④ 王啓龍主編:《法國國家圖書館藏敦煌藏文文獻目録解題全編》第 1 册,第 360—361 頁。

⑤ 參 J. Dalton and Sam van Schaik, *Tibetan Tantric Manuscripts from Dunhuang*, pp. 182 - 184; J. Dalton, "Mahāyoga Ritual Interests at Dunhuang: A Translation and Study of the Codex IOL Tib J 437/Pelliot tibétain 324", in Yoshiro Imaeda, M. Kapstein, and Tsuguhito Takeuchi, eds., *New Studies of the Old Tibetan Documents: Philology, History and Religion*, Tokyo: Research Institute for Languages and Cultures of Asia and Africa, 2011, pp.293 - 313。

⑥ 王啓龍主編:《法國國家圖書館藏敦煌藏文文獻目録解題全編》第 2 册,桂林: 廣西師範大學出版社,2021 年,第 427—428 頁。

⑦ 王啓龍主編:《法國國家圖書館藏敦煌藏文文獻目録解題全編》第 2 册,第 428—429 頁。

⑧ Louis de la Vallée Poussin, *Catalogue of the Tibetan Manuscripts from Tun-huang in the India Office Library*, p.167.

爲儀軌書,封皮上有大字藏文:“此是比丘慧光(Bhikṣu Prajñāprabhā)的儀軌手冊。”①若將這些册子翻開攤平,它們的寬度將達到 27 至 42 cm,而高度仍在 9 cm 以下,像是細長的貝葉。這種特徵在 IOL Tib J 401 中更爲明顯。其由 14 張對開葉綁成一帖,最中間的對開葉右側有一孔並飾有紅圈,即是貝葉的形態(圖 3)。藏文避開孔洞書寫,説明書寫之前此書葉已穿孔。書手應是重複利用了未書寫的紙貝葉,綁成册子。以上這些尺寸極寬、極細長的册子,展現了吐蕃寫本文化對册子本形態的影響。

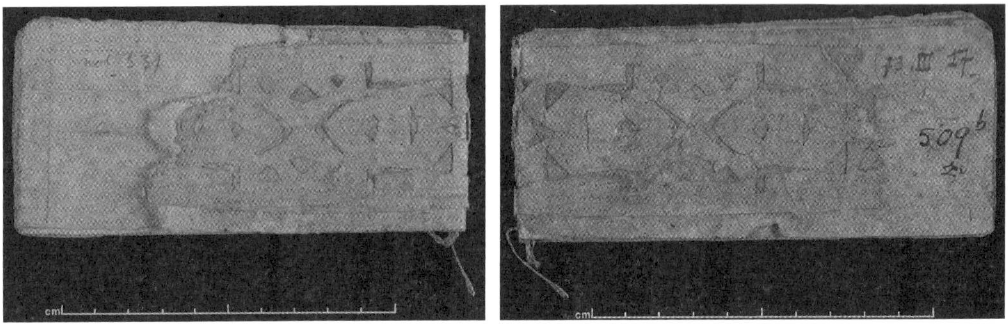

圖 2: IOL Tib J 510 的前後封皮

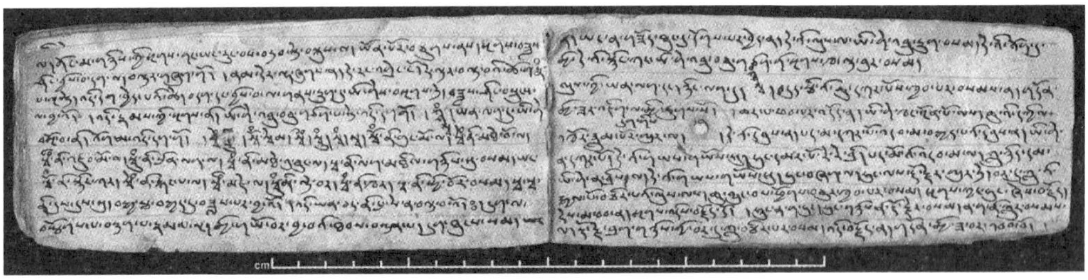

圖 3: IOL Tib J 401 中的穿孔

值得一提的是,漢文 BD9513+BD10885《施諸餓鬼飲食及水法》《最上乘法觀行法》及同樣是密教典籍的 P.3913《壇法儀則》的形態亦具有貝葉本的特徵。BD9513+BD10885 尺寸 31.2×11.2 cm,高寬比爲 2.8,接近 3.0,意即高度是寬度的近

① 參 J. Dalton and Sam van Schaik, *Tibetan Tantric Manuscripts from Dunhuang*, pp.236－237; Sam van Schaik, “A Tibetan Book of Spells” (February 19, 2009), https://earlytibet.com/2009/02/19/a-tibetan-book-of-spells/; idem, “A Tibetan Book of Spells,” in Agnieszka Helman-Waßny and C. Ramble, eds., *Bon and Naxi Manuscripts*, Berlin: de Gruyter, 2023, pp.15－33.

三倍,形態瘦高細長。若將册子旋轉 90 度横放,尺寸比例近似貝葉本。P.3913《壇法儀則》的尺寸爲 28.5×10.1 cm,高寬比 2.8,每葉中部偏下的位置皆有一孔(圖 4)。册子旋轉 90 度後,其形態及尺寸比例非常接近貝葉本。這體現了吐蕃寫本文化對漢文寫本在物質形態上的影響。

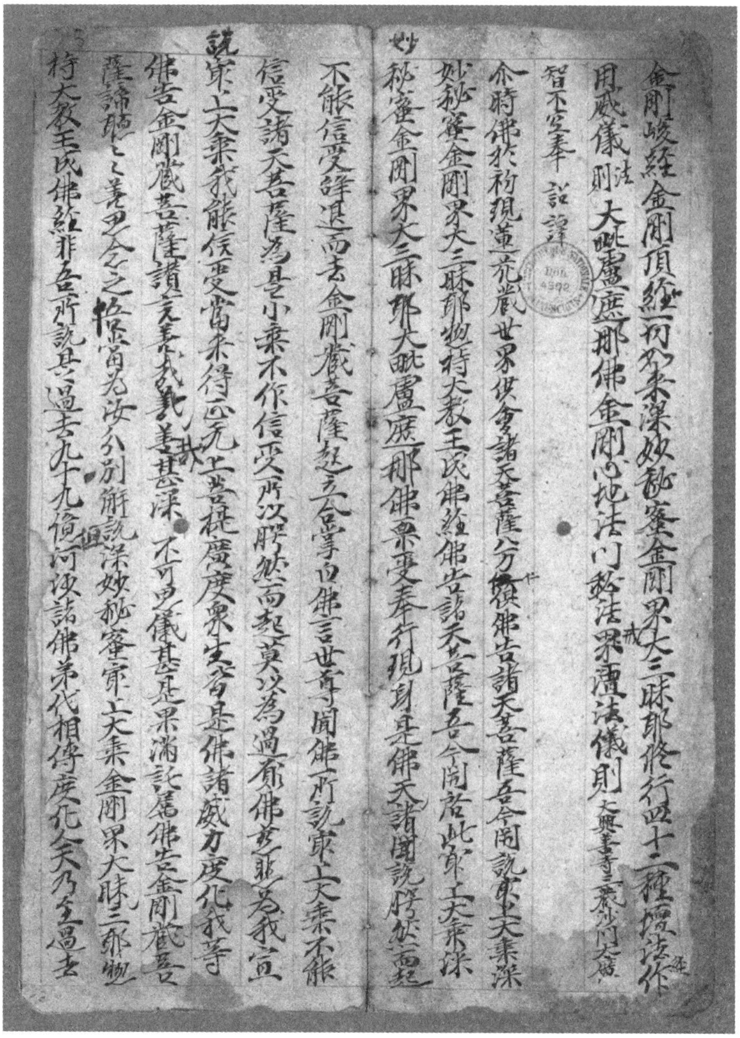

圖 4: P.3913 文獻形態

敦煌册子本中還有 S.5457、Дx.1008《和戒文》,爲受戒弟子的習誦本,尺寸僅 14×10.5 cm 上下。有群體共修時使用的禮懺文,如羽 683(14.5×10.3 cm)、S.5633(14.3×14.3 cm),尺寸亦便携。

三、世俗文獻的册子

敦煌藏經洞發現的册子本中,有相當數量的世俗文獻,包括蒙書、講唱文學、詩文詞曲、類書、字書、書儀、醫籍、兵書、占書、地理文書等。

蒙書册子的尺寸一般較小,册高多不超過 15 cm,學郎可隨身携帶,隨時記誦。其中,數量最多的是《千字文》,如 P.4809(4.2×7.1 cm)、S.5592(13.7×14 cm)、S.5454(14.1×10.5 cm)、P.3626(14×12 cm)、P.3062(15.3×11 cm)、S.5471(14.7×11.5 cm,注本)。除《千字文》外,還有 S.5431《開蒙要訓》(15×10 cm)、S.5584《開蒙要訓》(15×11 cm)、S.5463《開蒙要訓》《諸雜字》(14.9×10.5 cm)、羽 693《諸雜字》(14.5×9.8 cm)、S.5755《雜鈔》(13.8×14.5 cm)、S.5785《天地開闢已來帝王紀》(14.3×10.2 cm)。其中,P.4809 爲尺寸極小的袖珍本。

亦有少數蒙書册子尺寸偏大,如 P.4877(23.8×13.5 cm)、敦研 95(22.7×15.8 cm),兩册皆爲注本《蒙求》。《蒙求》原文四字一句,簡明易誦,而其注文篇幅較長。① 其注本應是備於案頭學習之用,而非隨身携帶念誦,因此可選用較大開本的册子抄寫。亦有尺寸較大的學習材料合抄本,如 S.5658+P.3906。此册尺寸 29.3×14 cm,含《雜鈔》、《碎金》、詩歌曲辭、書儀等,題記顯示其由伎術院學郎知慈惠鄉書手吕盈於天福七年(942)手書。此册書寫工整,非學郎習字之作,而是有意抄成的學習資料集。其尺寸頗大,應是置於案頭學習、參考而非隨身携帶。

講唱文學、詩文歌辭的册子小尺寸便携的亦多,高度多不超過 16 cm,如 S.5588《勸善文》(15.5×9.5 cm)②、P.4051《前漢劉家太子傳》(14.5×15 cm)、S.5547《前漢劉家太子傳》(14.5×10.3 cm)、S.5439《捉季布傳文》(14.5×10.5 cm)、S.5440《捉季布傳文》(16×12 cm)、S.5437《漢將王陵變》(14×13 cm)、D188《漢將王陵變》(15.2×10.5 cm)、Дх.1225《太子成道變文》(15×10 cm)、S.5564《十恩德》(7.3×6.5 cm)、S.5687《十恩德》(14×14.2 cm)、S.5689《佛母讚》(14×9.2 cm)、S.5466《佛母讚》

---

① 録文參鄭阿財、朱鳳玉:《敦煌蒙書研究》,蘭州:甘肅教育出版社,2002 年,第 232—241 頁。

② S.5588 最新研究見鄭阿財《敦煌寫本 S.5588 文本補正及内容性新探——兼論佛教勸善文到儒釋家教蒙書編撰的發展》,《敦煌吐魯番文獻與中國古代史研究學術研討會會議論文集》,2024 年 6 月 28 日—7 月 1 日,第 18—30 頁。

(16.3×12.6 cm)、Дx.2333A《五臺山讚》(11×8 cm)、S.5473+Дx.1358《佛母讚》《五臺山讚》《十空讚》(14.5×9.7 cm)、P.4560+P.4647《五更轉》《孝順樂讚》《五臺山讚》《十惡業》《悉達太子逾城念佛讚》(15.2×7.3 cm)、S.5474《王梵志詩》(三卷本,14.5×10.6 cm)、P.3833《王梵志詩(三卷本)》《孔子項託相問書》(15×14.5 cm)、S.5529+Дx.1356+Дx.2451《孔子項託相問書》《五更轉》(14×9.4 cm)、S.5476《秦婦吟》(14.5×10.2 cm)、P.3836……P.3137(P.t.47)曲子詞叢鈔(15.6×7 cm)、P.3911(15×10.5 cm)曲子詞叢鈔、P.2492+Дx.3865① 詩文叢鈔(15.6×11 cm)、P.3821 詩文曲辭叢鈔(15.9×11.1 cm)、Дx.6176 詩文叢鈔等。

詩文册子中,有兩份開本略寬,一份是 P.3866《涉道詩》,尺寸 15×21.7 cm;一份是 P.3929《沙州敦煌古迹廿詠》《古賢集》,尺寸 15.3×20 cm。有趣的是,P.3866 中有一道豎直折痕,P.3929 中有三道豎直折痕。依折痕折疊後,P.3866 的尺寸變成了約 15×11 cm,P.3929 的尺寸變成了約 15.3×5 cm。可見此二册儘管尺寸較寬,其持有者通過折疊將其寬度縮小,以便隨身携帶、誦讀。

需要指出的是,一些詩文、歌辭的册子尺寸較大,高度超過 20 cm 甚至達到 30 cm,如 S.5692《釋氏歌偈銘叢鈔》《亡名和尚絶學箴》《禪門秘決》②(21.3×7.1 cm)、P.4878《張祜詩集》(21.7×14.8 cm)、S.5796《王梵志詩》(三卷本,31.1×11 cm)、P.4094《王梵志詩》(一卷本)、《夫子勸世詞》(31×22.7 cm)及 P.3994 曲子詞叢鈔(20.1×13.8 cm)。這些册子皆抄寫工整,行款疏朗,其大尺寸不太便於隨身携帶,抄成後應是於案頭閱讀。S.5692 甚至以朱筆畫細欄,十分用心。P.4094 則有整齊的朱筆點讀,《王梵志詩》後的題記載其爲節度押衙樊文昇於後漢乾祐二年(949)奉命所抄,説明這是一份正式的抄本。

敦煌發現的類書、字書、書儀、禮儀、醫書、占書册子,亦有不少尺寸較大,這與它們工具書、手册的性質有關。册子的形制更便於翻閲尋檢;而較大的尺寸亦能容納更多文本,同時能采用更疏朗的行款,提升閲讀的舒適度,便利檢索。作爲工具

① 綴合見徐俊《敦煌詩集殘卷輯考》,第 21—23 頁。

② 此號下含 3 張對開葉,中折處有 12 孔,爲縫綴裝散葉。徐俊將其重新整理成册。見徐俊《敦煌寫本〈山僧歌〉綴合與斯 5692 蝴蝶裝册的還原》,《中國典籍與文化論叢》第 2 輯,北京:中華書局,1994 年,第 72—80 頁;徐俊《敦煌詩集殘卷輯考》,第 636—641 頁。

書,多數時候不需隨身攜帶,可抄於大尺寸的册子上,置於案頭備查。

敦煌的類書册子,最常見的是《籯金》,如 S.5604(19×15 cm)、P.4873(21×15.5 cm)、P.3363(22.6×15.7 cm)、P.3907(25.5×14.7 cm)以及 P.3650A……P.3650B《籯金》略出本(28.5×21.5 cm)。其他類書還有 S.5615《勵忠節鈔》(20.3×14.5 cm)、P.2524《語對》(29.8×22.2 cm)、P.3661 不知名類書(23×15.8 cm)等。其中,不乏抄寫精美、行款齊整、以大小字及分級符號區分層次的册子,如 P.4873、P.3907、P.2524、P.3776。結合它們的大尺寸,可知這些册子是置於案頭備查的參考書。字書 P.3776《雜集時用要字》①(23×15.7 cm)和韻書 P.5006《韻關辯清濁明鏡》(20.5×14.8 cm)亦尺寸偏大,且抄寫工整、行款舒朗、層次清晰,其功能與使用環境應與上文的大尺寸類書册子類似。亦有一些類書册子,書寫粗拙,應是學郎習書而成,如 Дx.11654《略出籯金》②。

敦煌藏經洞發現的書儀册子,亦多抄寫整齊,這與其文範的功能相對應。尺寸較大者,有 P.4050+S.5613《吉凶書儀》(18.4×14.2 cm)③、S.5636《新集書儀》(19×14 cm)、S.5472《朋友書儀》(21.3×14.2 cm)、P.4699《新集書儀》(21.5×14.5 cm)、S.5643《雜相賀語》(23×16 cm)、P.3931《靈武節度使表狀集》(23.5×15.3 cm)、S.5575《僧徒書儀》(23.6×15.4 cm)、P.4092《新集雜别紙》(29.5×10.5 cm)、S.5623《新集雜别紙》(31.5×11.5 cm)、P.4093《甘棠集》(30×11 cm)。亦有一些高度不超過 15 cm、小尺寸的書儀,如 P.3449+P.3864《刺史書儀》(13.5×8.2 cm)、P.3451bis《記室備要》(13.8×10.5 cm)、S.5606《會稽鎮上使銜狀文範》(15×11.5 cm)、Дx.1698(10×10.5 cm)、P.3625(14.5×15 cm)。趙和平曾指出,五代時敦煌的表狀箋啓類書儀有不少在内地撰成,他推測其中的册子本是在内地抄録,後由官員使節帶回沙州歸義軍。④ 榮新江認爲書儀册子多是官員出行或遷轉時携帶的備用之本,以便在行旅中隨時起草文書。⑤

---

① 張涌泉:《敦煌經部文獻合集》第 8 册,北京:中華書局,第 4190—4199 頁。

② 參曹丹:《俄藏敦煌寫本 Дx.11654〈略出籯金〉研究》,《敦煌研究》2023 年第 6 期,第 94—103 頁。

③ 與 Дx.1458、Дx.1467、Дx.3814、Дx.3849、Дx.3870、Дx.3875、Дx.3902、Дx.3905、Дx.3917 屬同册。

④ 趙和平:《後唐時代甘州回鶻表本及相關漢文文獻的初步研究——以 P.3931 號寫本爲中心》,周一良、趙和平:《唐五代書儀研究》,北京:中國社會科學出版社,1995 年,第 242—244 頁。上文所涉書儀,亦參考此書及趙和平輯校《敦煌表狀箋啓書儀輯校》,南京:江蘇古籍出版社,1997 年。

⑤ 榮新江:《便携的方册——中古知識傳播的新途徑》,第 132—135 頁。

同爲文範，契約樣文册子則多是小尺寸，如 S.5647（7.8×7.1 cm）、S.5700（11×7.3 cm）、S.5583（14.5×9.5 cm）①、Дx.2333B（11×15.5 cm）、Дx.11038、Дx.12012②。可想見立約雙方對面平章，當面商量好後書契人便拿出這種文様小册子，原地起草契約。

還有一批尺寸偏小的齋文及齋儀，高度多不超過 16 cm，如 S.5599（13.5×10.4 cm）、P.3819……P.3825（13.6×10.5 cm）、BD9156（14.6×11.8 cm）、S.5639+S.5640（15.5×11 cm）、S.5638（13×13.4 cm）、S.5573（14.5×13.5 cm）、S.5561（14.7×15 cm）等。亦有尺寸較大、高度超過 20 cm 的齋儀，如 P.3494（21.2×15.4 cm）、S.5616（24×14.5 cm）、P.3149（29.9×21.3 cm）。大尺寸的齋儀或是作爲範本置於案頭，供起草齋文時參考；小尺寸的齋文則可帶至齋會宣講；小尺寸的齋儀亦便於攜帶，僧人可隨時參考、練習。

册子本中的禮俗手册尺寸一般偏大，如 P.2967《喪禮服制度》（18.9×14.4 cm）。此册朱書服名，墨書正文，書寫工整，配有絰冠衽裳之圖。P.3451 bis pièce 1《下女夫詞》（18.8×14.7 cm）、Дx.3860《下女夫詞》、P.3909《今時禮書本》（20.7×14.5 cm）書寫工整、鮮有錯訛，也是正式的禮儀手册。而 Дx.2654+Дx.11049+Дx.12834③《下女夫詞》用詞有範本特徵，字體稍拙劣，又與《開蒙要訓》合抄，當爲學郎所抄。④

敦煌發現的醫方册子，尺寸亦偏大，如 S.5435（17×15 cm）、P.4038（與羽 43 屬同册，17.7×14.5 cm）、P.3930+P.5549⑤（23.2×16 cm）。P.4038 第 1 葉、第 4 葉的葉緣外側貼有小簽，上分别書“四”“五”，或是爲便於檢索内容而標。

P.4064 兵書《將軍論》（22×13.3 cm）亦是大尺寸的册子。另有 P.4837（28.2×17 cm），現爲兩張殘葉。黑白圖版顯示這兩葉原是相粘成册，法國國家圖書館後將

① 以上三種英藏契約樣文册子，參沙知録校《敦煌契約文書輯校》，南京：江蘇古籍出版社，1998 年，第 53—54，301—302，362—367，460—465，498—501，531—534 頁。

② 以上三種俄藏契約樣文册子，參乜小紅《俄藏敦煌契約文書研究》，上海古籍出版社，第 188—189，200—203，206—229，236—241，243—250 頁。

③ 綴合見宋雪春《〈俄藏敦煌文獻〉中四件〈下女夫詞〉殘片的綴合》，《敦煌研究》2012 年第 6 期，第 85—87 頁。

④ 關於敦煌本《下女夫詞》的製作、使用環境及功能，見宋雪春《敦煌本〈下女夫詞〉的寫本考察及相關問題研究》，《敦煌學輯刊》2012 年第 4 期，第 74—83 頁。

⑤ 綴合見沈樹農《四組敦煌醫藥殘卷的綴合》，《日本醫史學雜誌》第 56 卷，2010 年；沈樹農編：《敦煌吐魯番醫藥文獻新輯校》，北京：高等教育出版社，2016 年，第 184 頁。

其拆解爲分離的兩葉。[①] 其一葉上是八陣相關的兵書,[②]另一葉上是兵事相關的雜方,[③]兩者内容上有所關聯。

數術占卜文獻的册子有小尺寸的,如 S.5686《李老君周易十二錢蔔法》(14.7×9.7 cm)、Дх.1258+Дх.3162+Дх.1259+Дх.4253+Дх.1289……Дх.2977+Дх.5193I+Дх.6761+Дх.3165……Дх.3829《天牢鬼鏡並推得病日法》(13×10 cm[④])、P.3838《推九曜行年法》《推九宫行年法》(14.8×10.5 cm)、P.3908《新集周公解夢書》(16.7×12.5 cm)、P.3865《黄帝宅經》(16×13.5 cm)。這些册子的尺寸便利隨身携帶、隨時查閲。而更多的占書册子高度超過了 20 cm,應是案頭備查之用,如 P.4711《六十甲子納音性行法》(21×14 cm)、P.3398－2《周公卜法》《推十二時人命相屬法》《推人十二時耳鳴熱足癢手掌癢等法》(20.5×15.3 cm)、P.4048《靈棋卜法》(21.2×15 cm)、P.2905《推擇日法》《五兆經法要决》(22.1×15.4 cm)、S.5900《新集周公解夢書》(24.5×13[⑤] cm)、P.3064《星占書》(28.5×12 cm)、P.4071(P.t.839)《符天十一曜見生課》(30.5×13.5 cm)。S.5614《懸象西秦五州占》《摩醯首羅卜》《逆刺占》《占周公八天出行擇日吉凶法》(30×21.5 cm)後還接抄醫籍《五藏論》《平脉略例》。

藏經洞還存留了非漢文的占卜小册,如藏文 IOL Tib J 739(12.5×15 cm)和突厥如尼文 Or.8212/161(13.1×8.1 cm)。Or.8212/161《占卜書》(*Ïrq bitig*)或書於摩尼教的寺院,儘管其文獻内容與摩尼教不相關。[⑥]

---

① 此寫本原先的樣態,見 Gallica 黑白圖版：https://gallica.bnf.fr/ark：/12148/btv1b10097613w/f2.item.r=pelliot%20chinois%204064;此寫本現狀,見 Gallica 彩色照片：https://gallica.bnf.fr/ark：/12148/btv1b8300208t.r=Pelliot%20chinois%204837? rk=21459;2。

② 參潘超:《敦煌文獻 P.4837A〈八陣〉(擬)及相關問題研究》,《敦煌研究》2012 年第 6 期,第 88—96 頁。

③ 沈樹農、温雯婷:《中醫術語"方"的形成與演化——基於漢代簡帛與隋唐醫書的考察》,《出土文獻綜合研究輯刊》第 16 輯,2022 年,第 117—119 頁。

④ 此册上緣略殘,原高應大於 13 cm。

⑤ 此册右側略殘,原寬應大於 13 cm。

⑥ 相關研究見哈密屯著、吴其昱譯:《沙州古突厥文占卜書 irq bitig 後記》,《敦煌學》第 1 輯,1974 年,第 96—106 頁;楊富學:《敦煌本突厥文 Irq 書跋》,《北京圖書館館刊》1997 年第 4 期,第 104—105 頁;P. Zieme, "The Manichaean Turkish Texts of the Stein Collection at the British Library," *Journal of the Royal Asiatic Society* 20.3, 2010, pp.255－266;芮跋辭、胡鴻:《古突厥文寫本〈占卜書〉新探:以寫本形態與文本關係爲中心》,《唐研究》第 16 卷,2010 年,第 359—368 頁;I. Galambos, "The Bilingual Manuscript with the *Irk Bitig*", in M. Clarke and M. Ní Mhaonaigh, eds., *Medieval Multilingual Manuscripts: Cases Studies from Ireland to Japan*, Berlin: de Gruyter, 2022, pp.83－97。

四、結　論

本文以尺寸爲維度,梳理敦煌藏經洞發現的各類文獻的册子本的尺寸傾向,嘗試考察這批寫本的功能及其使用環境。在佛教相關的册子中,短佛經、連寫經及一部分真言密咒的册子尺寸偏小,便於隨身携帶、隨時受持,這些小册子亦有護身符的功能。禪籍,尤其是《六祖壇經》,有使用大尺寸册子的傾向。一部分密教典籍及儀軌的尺寸極寬或極高,近似貝葉本的尺寸比例,這體現了吐蕃寫本文化的影響。世俗文獻中,蒙書、變文、歌辭、契約樣文的册子尺寸總體偏小,較爲便携。類書、醫籍、禮俗手册尺寸一般較大,多是置於案頭備查。詩文、書儀、占卜册子有不少大尺寸的,亦有一部分册子尺寸較小,不同尺寸的背後或有不同的製作背景與使用環境。還有一些寫於册子本的文獻,本文未暇在尺寸的框架下論及,如地理書、經録等,以及一些尺寸缺失的俄藏寫本。

本文歸納的是整體的情況,並非每一本册子都符合以上規律。例如,少數短佛經、連寫經會使用大尺寸的册子本抄寫;類書册子亦有小尺寸的。類似題材的寫本會有不同的尺寸,這恰恰説明寫本製作、使用環境的多樣性。若要準確理解某一寫本的製作背景及其功能,需對寫本進行整體考察,觀察其文獻内容、形制、書寫、紙張、尺寸等各個方面。本文對册子本尺寸的統計與分析,僅是其中一個維度;然這一維度是必要的觀察視角,能爲我們理解相關問題提供額外的信息。

除了册子本,其他寫本形制的尺寸亦有待統計與考察,如經折本、貝葉本、卷子本。數據統計能在一定程度上反映寫本尺寸的整體傾向,亦能讓特殊、離散的個體更爲顯眼,更容易被觀察到。對於寫本尺寸整體分佈與特殊個例的分析,能爲寫本學、書籍史研究補充更多重要信息。

致謝: 本文撰寫過程中,得到高奕睿(Imre Galambos)教授、榮新江教授、史睿副研究員、沈琛副教授、英國圖書館 Mélodie Doumy、Han-Lin Hsieh、法國國家圖書館 Nathalie Monnet、俄羅斯科學院東方文獻研究所(聖彼得堡)Irina Popova、Alla Sizova 及"法藏敦煌文獻重新整理研究與編目"讀書班成員的幫助。謹此致謝。

Dimensions of Codices Recovered from the Dunhuang Library Cave

Feng Jing

This paper studies the dimensions of codices recovered from the Dunhuang library cave, based on data collected from 360 codices and folios of codices currently kept in the United Kingdom, France, Russia, Japan and China. The database not only covers Chinese codices, but also includes codices written in Tibetan, Khotanese and Runic Turkish. The result shows that 13 – 16×9 – 12 cm is the most prevalent dimension. Codices containing short scriptures and dhāraṇīs generally have portable size, enabling them to be carried on the body and recited on various occasions. These codices may also have had talismanic function. On the other hand, Chan texts, especially the *Liuzu tanjing*, favour larger size. Some codices containing tantric texts and rituals are extremely wide or tall, resembling the long-stretched folios of pothis. This indicates the influence of Tibetan manuscript culture. Codices of primers, transformation texts, popular songs, contract models are relatively small, while encyclopaedias, medical books and etiquette manuals, as reference books, are generally large. As for collections of poems, letter models and divination books, while quite a few are of large dimensions, some of them are still small-sized codices. The difference in the dimensions may have resulted from different situations of their production and use.

敦煌吐魯番寫本書籍的東西往來

榮新江

一、問題的提出

書籍是絲綢之路上流動的一類物品。書籍作爲某些宗教信仰和文化思想的載體,往往隨著傳教士或求法僧的移動而流向不同的地方,而宗教視抄經爲一種功德,所以宗教經典也作爲一種商品而傳抄流通。一旦一座城市建立了官府的學校或教會的寺院、教堂,那麼圖書館也會隨之建立,補充館藏也推動了圖書的流動。有些文化都會還有其他各種公私收藏單位和個人,也是吸納其他地方的圖書流向本地收藏的一種動力。

在唐朝佔據東亞廣闊領域的時代,書籍的流通相對容易。安史之亂後,唐朝勢力退出河西走廊和塔里木盆地,青藏高原的吐蕃王國和蒙古高原的回鶻汗國曾一度控制較大的區域,推動了佛教、摩尼教典籍的流動。到了公元 9 世紀中葉,唐、吐蕃、回鶻三大勢力都退出河西走廊和西域,不同民族的地方勢力興起,絲綢之路的交通受到一定程度的阻礙。9 世紀末、10 世紀初,經過一番争鬥,逐漸形成沙州歸義軍(851—1036 年)、甘州回鶻(9 世紀後半—1028 年)、西州回鶻(866—1283 年)、于闐王國(9 世紀中—1006 年)等地方政權,而中國北方則興起了契丹(遼,907—1125 年)、金(1115—1234 年)和西夏(982—1227 年)。在葱嶺以西地區,9 世紀已降阿拉伯帝國阿巴斯王朝(750—1258 年)開始瓦解,其領域内陸續建立了薩曼王朝(Samanides, 874—999 年)、哥疾甯王朝(Ghaznavids, 975—1187)、哈喇汗王朝(Karakhanides, 940—1213 年)、塞爾柱王朝(Seljukides, 1037—1194 年)、花拉子模國(Khorezmshâh,約 1077—1231 年)、喀喇契丹(Qara-Khitaï, 1124—1218 年)等。

在這樣紛紜複雜的割據狀態下,書籍的流通是否受到阻礙甚至斷絶了呢?從現存的零星記載中我們可以獲知,這些佔據不同地段絲綢之路的勢力,仍然要從絲綢之路上攫取貿易帶來的利潤,因此都没有阻斷絲路的往來,因此書籍仍然與其他商品一起流通。儘管不同政權對不同宗教的偏愛可能阻止另外一些信仰的傳播,但還没有一統天下。

由於敦煌、吐魯番留下了不少屬於 9—13 世紀的書籍材料,可以讓我們觀察這段時間裏東西方書籍的流傳情況。

二、敦煌文獻記載的寫本書籍往來

公元 848 年敦煌張議潮率衆趕走吐蕃守將,以瓜、沙等州奉獻唐朝。唐朝隨即在 851 年設立歸義軍,以張議潮爲節度使。此時正是唐朝重興佛法之時,敦煌地區所存佛典有些爲中原所缺。863 年,歸義軍轄下的西涼地區的僧法信,曾稟承本道節度使張議潮之意,把西明寺學僧乘恩的著述《百法論疏》并《鈔》進獻給懿宗,經長安兩街三學大德等詳定,可以行用。《宋高僧傳》卷六《唐京師西明寺乘恩傳》有詳細記載:

> 釋乘恩,不知何許人也。肇從志學,知遍尋師。凡厠黌堂,必窮義路。常訓門人曰:"好學近乎智,力行近乎仁。仁智稍成,是殊名同實。趨菩薩地,若下坂之走丸耳。"恩樂人爲學,不忘講導。及天寶末,關中版蕩,因避地姑臧。旅泊之間,嗟彼密邇羌虜之封,極尚經論之學。恩化其内衆,勉其成功。深染華風,悉登義府。自是重撰《百法論疏》并《鈔》,行於西土。其《疏》祖慈恩而宗潞府,大抵同而少聞異。終後弟子傳布。迨咸通四年三月中,西涼僧法信精研此道,稟本道節度使張義潮表進恩之著述。敕令兩街三學大德等詳定,實堪行用。敕依,其僧賜紫衣,充本道大德焉。①

乘恩原是長安西明寺僧人,天寶末年,因避安史之亂,旅行至河西武威,在那裏講學。他的《百法論疏》"祖慈恩而宗潞府"。"慈恩"和"潞府"分别指長安大慈恩寺

---

① 《宋高僧傳》,范祥雍點校本,北京:中華書局,1987 年,第 128 頁。《大宋僧史略》卷下"德號附"條、"賜僧紫衣"條記載略同。

的窺基和義忠師徒二人，他們是傳承玄奘所創立的唯識宗的巨匠。[①] 乘恩的著作既然與長安兩位大師的義旨"大抵同而少聞異"，因此很快受到咸通朝兩街佛教三學大德們的肯定，奉敕行用。

866 年，張議潮又借懿宗延慶節生日的機會，向朝廷進貢甘峻山青骹鷹四聯、馬二匹、吐蕃女子二人，並派僧曇延進獻《大乘百法門明論》等佛典。《舊唐書》卷一九上《懿宗紀》記載：

> 咸通七年七月，沙州節度使張義潮進甘峻山青骹鷹四聯、延慶節馬二匹、吐蕃女子二人。僧曇延進《大乘百法門明論》等。[②]

《册府元龜》卷一六九《帝王部·納貢獻門》記載略同，唯所進書名爲《明門論》，可正《舊唐書》傳寫之誤。《大乘百法明門論》是玄奘翻譯的一部小論書，爲唯識宗的根本經典之一。曇延所進奉的書籍不止《明門論》，惜其他未得其詳。然而，我們知道敦煌吐蕃統治初期有高僧曇曠，就是唯識學大師。他也出身於長安西明寺，著有《大乘百法明門論開宗義記》和《大乘百法明門論開宗義決》，兩書現存敦煌寫本多種[③]。我們不難想象，曇延會把這兩種書和《明門論》一起送到京師。

咸通年間張議潮送經疏給唐朝廷，無疑是對唐朝復興佛法的貢獻，也説明在歸義軍建立以後，河西地區和長安的佛典開始有了流通，從敦煌文獻可以知道，不少内地經典傳到敦煌。

這裏舉 S.2659 寫本的例子。這個寫本一面寫有《摩尼教下部贊》與《僧羯磨》卷上，另一面抄有《大唐西域記》卷一、《往生禮贊文》、《十二光禮懺文》。[④]《大唐西域記》顯然是利用作廢的摩尼教的《下部贊》來抄寫的，與其他幾種佛教實用文獻一樣，都是同一人所寫，頂欄，字體不佳，從内容到形式，顯然都不是正規圖書。寫本後有題記一行：

> 往西天求法沙門智嚴《西傳記》寫下一卷。

"西傳記"顯然是指所抄的《大唐西域記》，所以這些文本是這位智嚴所寫。S.5981

---

① 《宋高僧傳》卷四《唐京兆大慈恩寺窺基傳》《唐京兆大慈恩寺義忠傳》，第 63—66、77—78 頁。
② 《舊唐書》卷一九上《懿宗紀》，北京：中華書局，1975 年，第 660 頁。
③ 參看上山大峻《敦煌佛教之研究》，京都：法藏館，1990 年，第 17—83 頁。
④ 有關該卷的簡況和圖版，見向達輯《大唐西域記古本三種》，北京：中華書局，第 1981 年；《英藏敦煌文獻（漢文佛經以外部分）》第 4 卷，成都：四川人民出版社，1991 年，第 143—176 頁。

有這位智嚴在沙州巡禮莫高窟等聖迹後留下的題記,據以知他是鄜州(今陝西富縣)開元寺觀音院主,號臨壇持律大德,在同光二年(924)三月初,往印度求法,到達沙州。①

又上海博物館藏第48號册子本第28篇《十二時普勸四衆依教修行》題記:

> 時當同光二載三月廿三日,東方漢國鄜州觀音院僧智嚴,俗姓張氏,往西天求法,行至沙州,依龍光(興)寺憩歇一兩月說法,將此《十二時》來留教衆,後歸西天去輾轉寫取流傳者也。②

可知他俗姓張,其往西天取經路過敦煌時,把所作《十二時普勸四衆依教修行》的文本留給敦煌信衆。我們推測S.2659《大唐西域記》卷一寫本,應當就是他作爲旅行指南從關中帶到敦煌,最後留在敦煌的。這給我們一個典籍從中原傳到敦煌的生動例證。

敦煌文書P.5538背第9—87行保留了一段用梵文和于闐文雙語對照寫的會話練習簿,共171個短語或詞彙,都是先寫梵文,然後接著寫于闐文的翻譯,現摘引若干段落如下:

> A.4 [你從]何處來?
> 5 [我從]瞿薩旦那(于闐)國來。
> 6 [你從]印度何時來?。
> 7 已有兩年。
> 8 [你]在瞿薩旦那國住何處?
> 9 寄住在一所寺院。
> B.13 今者你將何往?
> 14 我將前往中國。
> 15 在中國做何事?
> 16 我將前往參拜文殊師利菩薩。

① 榮新江:《敦煌文獻所見晚唐五代宋初的中印文化交往》,李錚、蔣忠新主編:《季羡林教授八十華誕紀念論文集》下册,南昌:江西人民出版社,1991年,第956—957頁。

② 上海古籍出版社、上海博物館編《上海博物館藏敦煌吐魯番文獻》第2册,上海古籍出版社,1993年,第39—40頁。參看榮新江書評,載季羡林等主編:《敦煌吐魯番研究》第1卷,北京大學出版社,1995年,第374—375頁。

17 你何時回到此地?

18 我將巡禮全中國,然後回還。

C.26 [你]是否有書籍?

27 有。

28 什麽書? 經、論、律還是金剛乘[文獻]? 這些書屬於哪一類?

29 [你]喜愛哪部書?

30 喜愛金剛乘,教授[此部經典]。①

這應當是一個從印度經于闐到中原五臺山來巡禮的梵僧使用的會話手册,他的母語是梵文,所以先寫出梵文可能要説的句子,然後讓懂于闐語的人寫出于闐文。因爲兩者都用婆羅謎字母拼寫,所以他可以看著梵文的意思,來念于闐語,這樣在經過于闐、敦煌等通行于闐語的地方,他可以介紹自己的來由、住所、目的以及相關的一些情況。這裏特别提到他携帶有印度的佛典,特别是金剛乘類的文獻。

我們没有見到這位印度僧人携來的金剛乘文獻,但我們有幸在敦煌藏經洞保存的于闐語文獻中,找到確定從于闐帶到敦煌的一部完整的《佛本生贊》(*Jātakastava*)。此件編號 Ch.00274(新編 IOL Khot 74/3 號),貝葉本,共 39 葉,正背書,每面 4 行。用晚期于闐語書寫,詩體,每四行一個詩節,共 169 詩節,分成 51 個本生故事。這部詩集的序言稱:

> 微臣(指功德主張金山)以敬信慈愛之心,敬請娑摩若(Sāmanyā)寺三藏法師 Vedyaśīlā, 法師有如阿闍梨提婆(Ācāryadeva),精於文辭有如水中漁夫:"而今尊者以愛菩提之心屈尊爲我轉譯,並將此功德善念奉與尉遲蘇羅(Viśa' Śūra)大王;並願此國疾病不起,災禍盡消。"②

從内容來看,這部《佛本生贊》合集所述本生故事大多數都有梵、藏、漢文的對應本,但也有少量不見於他本,所以全書並非翻譯,而是于闐人的編纂之作。據序言,合集的編譯者是于闐的娑摩若(Sāmanyā)寺三藏法師 Vedyaśīlā。此寺即法顯《佛國

① H. W. Bailey, "Hvatanica III", *Bulletin of the School of Oriental Studies*, IX.3, 1938, pp.528-529;熊本裕《西域旅行者用サンスクリット=コータン語會話練習帳》,《西南アジア研究》No.28,1988 年,第 58—61 頁。

② M. J. Dresden, "Jātakastava or 'Praise of the Buddha's Former Births'", *Transactions of the American Philosophical Society* NS. 45: 5, 1955, p.422.

記》的“王新寺”、玄奘《大唐西域記》的“娑摩若僧伽藍”,藏文《于闐國授記》的Sum-nya寺。[①] 張金山是于闐王國的大臣,曾出使敦煌,此本或即由他本人携至敦煌。這是于闐語佛典從于闐本土傳到敦煌的最好例證,其實在敦煌藏經洞發現的于闐語佛典、醫書、文學作品中,應當還有一些是從于闐帶來的,而不是在敦煌本地抄寫的。

三、吐魯番文獻所記的寫本書籍往來

關於西州回鶻與東西方寫本書籍的流通,也有一些材料可以説明。

現藏於英國博物館的一件敦煌文書Ch.00207號,正面是《宋乾德四年(966)歸義軍節度使曹元忠夫婦修功德記》,現摘抄有關部分文字如下:

> 大宋乾德四年歲次丙寅五月九日,敕歸義軍節度使特進檢校太師兼中書令托西大王曹元忠,與敕授涼國夫人潯陽翟氏,因爲齋月,届此仙岩。……兼請僧俗數人,選簡二十四個,□□□大王窟内,抄寫《大佛名經》文,一十七寺之中,每寺各施一部。内擿一部,發遣西州。所欠《佛名》,誓願寫畢。[②]

這裏明確記載了沙州歸義軍節度使曹元忠(947—974年執政)在請人抄寫《佛名經》時,特别爲西州回鶻抄寫一部,並遣使送去,以補西州《大藏經》所欠《佛名》。這説明西州回鶻曾經有過向沙州乞經的活動,因此沙州官府了解西州經藏欠缺《佛名經》的情況。這是漢文佛典由敦煌傳到吐魯番的一個最好例證。

德國探險隊在吐魯番交河故城發現的一件回鶻語佛典寫本(T II Y 21),[③]由百濟康義比定爲《法華玄贊》的譯本。[④] 在這件回鶻文寫本的第一葉,寫著一句與本文

① 張廣達、榮新江:《于闐佛寺志》,原載《世界宗教研究》1986年第3期;此據作者《于闐史叢考(增訂本)》,北京:中國人民大學出版社,2008年,第232—233頁。

② 全卷圖版見R. Whitfield, *The Art of Central Asia. The Stein Collection in the British Museum*, *II*, Tokyo: Kodansha, 1983, fig. 84;英譯文見A. Waley, *A Catalogue of Paintings Recovered from Tun-huang by Sir Aurel Stein*, London: The Trustees of the British Museum and of the Government of India, 1931, pp.316-319。録文見金榮華:《敦煌寫卷拾遺》,《大陸雜誌》第66卷第1期,1983年,第10頁。

③ W. Bang und A. von Gabain, “Aus buddhistischen Schriften”, (*Türkische Turfan Texte V*), *SPAW* 1931, pp.20-36.

④ 百濟康義《ウイグル譯〈法蓮華經玄贊〉(1)》,《佛教學研究》第36號,1980年,第49—65頁。

内容無關的話：bo šačiu bägdä-si ol"此是沙州之紙"，[①]説明這個回鶻文寫本用敦煌來的紙書寫。百濟氏還進一步推測，《法華玄贊》的譯者很可能就是把漢文《金光明最勝王經》《大慈恩寺三藏法師傳》等書譯成回鶻文的高僧、出身别失八里（北庭）的勝光闍梨都統（Šïngqo Säli Tutung），[②]其活躍的年代，據考在10世紀末到11世紀初[③]，則這個《法華玄贊》的寫本應當大致同時。吐魯番還發現過利用原本是敦煌的官文書《端拱三年（990）沙州户口受田簿》的背面，來書寫回鶻語佛典的情形，[④]這説明西州回鶻也從敦煌輸入紙張，用來抄寫佛典。

至於西州回鶻與西方、特别是葱嶺以西地區的聯繫，過去我們知道的不多。《宋會要輯稿・蕃夷》記龜茲回鶻"其宰相着大食國錦綵之衣"。[⑤]此時龜茲回鶻附屬於西州回鶻王國，這表明西州回鶻與西方大食國的物質文化交往。穆斯林作家加爾迪齊《記述的裝飾》（1050年完成）曾記載九姓烏古斯（西州回鶻）時説："可汗住在宫裏，住在不高的房屋裏，（地上）鋪著毛氈，建築物外用穆斯林織品蒙面，中國錦緞鋪在毛氈面上。"[⑥]説明高昌回鶻可汗宫廷中，也使用穆斯林的織品。

近年來在吉田豊教授等人的努力下，從吐魯番出土文書中找到一些零星的記録，讓掩埋的歷史逐漸表露出來。根據吉田豊的解讀，吐魯番出土德藏Ch/U 6879號粟特語文書是9—10世紀的一份帳單，記録了提供給摩尼教教團的選民及更低一級教會成員的棉布支出，其中提到"三匹焉耆（Ark）出産的棉布""……粟特

① Bang und von Gabain, "Aus buddhistischen Schriften", pp.20–21.

② 百濟康義：《〈妙法蓮華經玄贊〉のウイグル譯斷片》，護雅夫編：《内陸アヅア・西アヅアの社會そ文化》，東京：山川出版社，1983年，第200—210頁；K. Kudara, "Uigurische fragmente eines kommentars zum *Saddharmapuṇḍarika-Sūtra*", in J. P. Laut und K. Röhrborn, eds., *Der türkische Buddhismus in der japanischen Forschung*, Wiesbaden: Harrassowitz, 1988, pp.50–51。

③ P. Zieme, "Sïngqu Säli Tutung, Übersetzer buddhistischer Schriften ins Uigurische", *Tractata Altaica*, Wiesbaden: Harrassowitz, 1976, pp.767–775.

④ T. Thilo, "Fragmente chinesischer Haushaltsregister aus Dunhuang in der Berliner Turfan-Sammlung", *Mitteilungen des Instituts für Orientforschung*, XIV, 1968, pp.303–313; T. Yamamoto and Y. Dohi, *Tun-huang and Turfan Documents concerning Social and Economic History, II Census Registers* (*B*), Tokyo: The Toyo Bunko, 1984, pp.155–157.

⑤ 《宋會要輯稿》卷一九七《蕃夷》，北京：中華書局，1957年，第7720頁。

⑥ 巴托爾德撰，王小甫譯：《加爾迪齊著〈記述的裝飾〉摘要》，王小甫：《邊塞内外：王小甫學術文存》，北京：東方出版社，2016年，第586頁。

(Sogdiana)出産的棉布"等,表明當時供給高昌地區的摩尼教徒的棉布有的來自天山南路的焉耆地區,有的來自遥遠的中亞的粟特地區。①

吐魯番出土德藏 Ch/U 3917 回鶻語文書提到,一位具有高級教階的摩尼教法師 Mar Yigi Bulaq 的代理人從事奴隸販賣等方面的貿易,這個商人集團以西州爲中心,建立了包括天山南道的焉耆(Argi)、龜兹(Küsän)和天山北麓的樣磨(Yaghma)、怛邏斯(Talas)在内的貿易網路,時代大概在西州回鶻王國早期或盛期(9—11 世紀)。② 可見,西州回鶻摩尼教團的貿易範圍,已經伸到西部天山地區,與當地的突厥部族進行奴隸貿易,而同時期中亞的哥疾甯王朝也在大規模從事絲路上的奴隸買賣。

正是高昌回鶻與葱嶺以西伊斯蘭世界的貿易往來,所以才有穆斯林生産的織物在吐魯番地區發現。大谷探險隊曾在吐魯番發現兩件織物,上面有藝術體的阿拉伯文和伊斯蘭圖案。③

在承載思想文化的書籍交流方面,也有一些新的材料證明高昌回鶻與河中地區的往來。

現存旅順博物館的 LM20－1552－23 與德藏吐魯番出土的 So 11500、So 20226 粟特語殘片原屬同一封書信,明確提到了 Samar[kand](撒馬爾罕),内容應當是摩尼教徒從粟特地區的中心城市撒馬爾罕寄給高昌回鶻可汗的一封信。④

德藏的兩件用新波斯語書寫的摩尼教書信,過去恒寧(W. B. Henning)和宗德

① Yutaka Yoshida, "Relation between Sogdiana and Turfan during the 10th－11th centuries as reflected in Manichaean Sogdian texts",李肖主編:《絲綢之路研究》第 1 輯,北京: 三聯書店,2017 年,第 114—117 頁。

② 有關這件文書的翻譯與研究,見 P. Zieme, "Drei neue uigurische Sklavendokumente", *Altorientalische Forschungen*, 5, 1977, pp.145－170;森安孝夫:《ウイグル=マニ教史關係史料集成》,《近畿大學國際人文科學研究所紀要》(平成 26 年度版),大阪: 近畿大學,2015 年,第 111—113 頁;Takao Moriyasu, *Corpus of the Old Uighur Letters from the Eastern Silk Road*, Turnhout: Brepols, 2019, pp.171－174。

③ K. Sakamoto, "Two Fragments of Luxury Cloth Discovered in Turfan: Evidence of Textile Circulation from West to East", in D. Durkin-Meisterernst et al., eds., *Turfan Revisited: The First Century of Research into the Arts and Cultures of the Silk Road*, Berlin: Reimer, 2004, pp.297－302.

④ Y. Yoshida, *Three Manichaean Sogdian Letters unearthed in Bäzäklik, Turfan*, Kyoto: Rinsen Book Co., 2019, pp. 37－38; Adam Benkato, *Studies on the Sogdian Epistolary Tradition*, Turnhout: Brepols, 2018, p.29.

曼(W. Sundermann)都把它們定在880年以前,①吉田豊則從内容和正背文書關係等方面,論證其爲高昌摩尼教大多數文獻歸屬的年代10世紀。其中所記的内容應當解讀爲,名爲Māhdād的慕闍從撒馬爾罕來到高昌,以替代名爲Mihrīzad的慕闍。②

1980年吐魯番柏孜克里克石窟出土了三封粟特文書信,其中兩封(編號A和B)是以高昌爲中心的摩尼教教團下屬的拂多誕(aftāδān)寄給駐錫高昌城的教團最高領袖慕闍(možak)的。這位名爲馬爾·阿魯亞曼·普夫耳(Mār Aryāmān Puhr)的慕闍,是當時高昌回鶻王國内最高的摩尼教教團領袖,按照摩尼教教團制度,全天下摩尼教教團只有十二個慕闍,即《摩尼光佛教法儀略》中所説摩尼教教階"五級儀"的"十二慕闍,譯云承法教道者"。③ 其中第二封信(編號B)寄自一個叫作Tūdh的城市(*twδ-kδ*),吉田豊認爲可以比定爲988年阿拉伯學者納迪姆(al-Nadīm)編寫的阿拉伯語詞典《群書類述》(*Kitab al-Fihrist*,百科津逮)中的Tūnkath(*twnkθ*),該城位於撒馬爾罕附近,是10世紀中亞摩尼教徒比較集中聚集的地方。這封應當寫於11世紀初葉的書信表明,中亞撒馬爾罕的摩尼教會是屬於以高昌爲中心的摩尼教團的,該教團的領袖慕闍平時駐錫在高昌城中心的寺院(編號K),位於回鶻可汗宫城(編號E,今稱可汗堡)的南邊。高昌城正北的柏孜克里克石窟(寧戎窟寺)是回鶻王家供養的寺院,其中也有專爲摩尼教慕闍供養的洞窟,而這些書信就是在慕闍到寧戎窟做法事的時候留下的。④

---

① W. B. Henning, "Neue Materialien zur Geschichte des Manichäismus", *ZDMG*, 1936, pp.1–18; W. Sundermann, "Probleme der Interpretation manichäisch-soghdischer Briefe", in J. Harmatta, ed., *From Hecataeus to al-Huwārizmī*, Budapest: Akadémiai Kiadó, 1984, pp.289–316; idem., "Eine Re-Edition zweier manichäisch-soghdischer Briefe", *Iranian Languages and Texts from Iran and Turan, Ronald E. Emmerick Memorial Volume*, Wiesbaden: Harrassowitz, 2007, pp.403–422; D. Durkin-Meisterernst, "Was Manichaeism a Merchant Religion?", in Academia Turfanica and Turfan Museum, eds., *Journal of Turfan Studies. Essays on Ancient Coins and Silk. Selected Papers, the Fourth International Conferences on Turfan Studies*, Shanghai: Shanghai Classics, 2015, pp.245–256.

② Y. Yoshida, *Three Manichaean Sogdian Letters unearthed in Bäzäklik, Turfan*, pp.38–41.

③ 《摩尼光佛教法儀略》釋文,林悟殊《摩尼教及其東漸》附録,臺北:淑馨出版社,1997年,第285頁。

④ Yoshida, "Relation between Sogdiana and Turfan during the 10th–11th centuries as reflected in Manichaean Sogdian texts", pp.120–123; Y. Yoshida, *Three Manichaean Sogdian Letters unearthed in Bäzäklik, Turfan*, pp.34–36.

這封撒馬爾罕摩尼教法師拂多誕 Mānī Wahman 在齋月中向大法師慕闍問候的信件中,充滿了虔誠的套語,尤爲珍貴的是,他描述了在年終和年初的齋月裏當地摩尼教徒的宗教生活情景,他們有的"詠唱了四首讚美詩,反復朗讀和歌唱了二十條教規和三百首詩歌,拜讀了神聖的教典《夏普夫爾岡》(*Shābuhragān*)";有的則是"用粟特語兩次詠唱了名爲《無失》(*Without-fault*)的讚美詩,反復朗讀和歌唱了四十條教規和三百首歌",[①]這反映了粟特地區與高昌地區摩尼教徒應當有著相同的宗教生活,兩地教團之間的交流頻繁而細緻。

四、吐魯番發現的西方書籍

值得注意的是,上述的材料中提到了數量頗爲可觀的各種摩尼的著作、讚美詩、教規等等,暗示這些文獻在兩地之間可能也存在著交流。比如《夏普夫爾岡》就在吐魯番發現過中古波斯語和粟特語文本。[②]

吉田豐教授還由此推測,吐魯番出土的一些中古波斯語、新波斯語的摩尼教文獻,很可能就是從撒馬爾罕帶到高昌的。如斯坦因在 K 寺所獲 Kao. 0111 (Or.12452D/3)號中古波斯語文書,正面存 2 行文字,有插圖;背面殘存 11 行文字,來自原本爲雙欄抄寫的一葉。[③] 因爲質地爲皮革(即皮紙),所以斯坦因推測這件寫本來自西方。[④] 吉田豐則推測這個殘片來自撒馬爾罕。[⑤]

厄爾蘇拉(U. Sims-Williams)指出,吐魯番還出土了兩件用皮紙書寫的摩尼教文獻,一件是柏林亞洲藝術博物館藏 M178(MIK III 4990)粟特語摩尼教宇宙論文

① 吉田豐《粟特文考釋》,新疆吐魯番地區文物局編《吐魯番新出摩尼教文獻研究》,北京:文物出版社,2000 年,第 3—199 頁;Y. Yoshida, *Three Manichaean Sogdian Letters unearthed in Bäzäklik, Turfan*, pp.156 - 188。

② D. N. MacKenzie, "Mani's Šābuhragān I-II", *BSOAS*, XLII - 3, 1979, pp.500 - 534; XLIII - 2, 1980, pp.288 - 310; M. Hutter, *Manis Kosmogonische Šābuhragān-Texte: Edition, kommentar und literaturgeschichtliche Einordnung der manichäisch-mittelpersischen Handschriften M98/99 I und M7980 - 7984* (Studies in Oriental Religions 21), Wiesbaden: Harrassowitz, 1992.

③ Z. Gulásci, U. Sims-Williams, and W. Sundermann, "An Illustrated Parchment Folio from a Middle Persian Manichaean Codex in the Collection of the British Library, Or.12452D/3 (Kao.0111)", *Journal of Inner Asian Art and Archaeology*, I, 2006, pp.149 - 155.

④ A. Stein, *Innermost Asia*, Oxford, 1928, p.594.

⑤ Yoshida, "Relation between Sogdiana and Turfan during the 10th - 11th centuries as reflected in Manichaean Sogdian texts", pp.123 - 124.

獻,爲一張對開葉;[1]一件是柏林-布萊登堡科學院藏 M1224 巴克特里亞語摩尼教文獻。[2] 此外,她還指出吐魯番出土有三件皮紙殘片(MIK III 6268、6267、7048),是裝訂書的封面(圖 1),也應當來自摩尼教文本。古樂慈(Z. Gulásci)詳細解説了這三件封皮與摩尼教册子本書籍紙葉的關係。[3] 一般來講,既然封面是從西方傳過來的,那裏面原本的紙葉或皮紙書寫的書籍本體也應當是從西方傳來的,只是目前這些書葉已經遺失,或者我們還没有把它們鑒定出來。

圖 1: MIK III 6268 殘片

按西方的册子本(Codex)一般用羊皮紙製作,在公元 85 年第一次出現,到 3、4 世紀就已經普及,5 世紀時册子本在西方已經完全取代了卷軸。册子本的製作方式,是在文稿繕寫好後,對折或三折而成一本書帖,所以文字書寫在兩面。册子本

① W. B. Henning, "A Sogdian Fragment of Manichaean Cosmogony", *BSOAS*, XII, 1948, pp.306 – 318; M. Boyce, A *Catalogue of the Iranian Manuscripts in Manichaean Script in the German Turfan Collection* (Deutsche Akademie der Wissenschaften zu Berlin, Institut für Orientforschung. Veröffentlichung Nr. 45), Berlin: Akademie Verlag, 1960. p.143.

② M. Boyce, *A Catalogue of the Iranian Manuscripts in Manichaean Script in the German Turfan Collection*, p.69.

③ Z. Gulásci, *Manichaean Art in Berlin Collections*, Corpus Fontium Manichaeorum: Series Archaeologica et Iconographica I, Turnhour: Brepols, 2001, pp.156 – 159.

往往加有封面,以保護文本。爲方便查閲,在書葉上添加編碼,以便快速查找相關内容。西方册子本的流行與基督教的傳播有關。[①] 吐魯番出土的摩尼教、基督教寫本更爲接近東方敘利亞教會的寫本樣貌,我們可以通過希契(W. H. P. Hatch)編《敘利亞文寫本編年圖録》中,看到自公元 411 年到 16 世紀末的各種寫本圖像,[②]可以作爲我們審視吐魯番寫本的比照物。

事實上,我們今天看到的吐魯番出土的用摩尼文書寫的中古波斯語和帕提亞語摩尼教經典文獻,其書籍形式都是西方的傳統。[③] 這些文獻一般都是册子本形式,雙面書寫,一頁上有的寫單欄,有的分雙欄,還有的分四欄書寫。書的題目往往用朱筆美術字寫在天頭上,整個抄本都非常精緻,出自專業書手之手,還有的寫本配有精美的插圖。我們舉一些典型的例子。

M1001－1031 號殘片與 M308、M6120 同屬一個文書,都是散文體的中古波斯語摩尼教宇宙論,册子本形式,正背書寫,每頁分四欄或三欄,大多數爲四欄。[④]

M2 的第 1 部分是中古波斯語摩尼教教會史著作,内容包括傳法大師阿達(Adda)前往西方、另一位大師阿莫(Ammo)前往東方傳教的記録。[⑤] 第 2 部分是帕提亞語散文體摩尼教著作,册子本形式,正背書寫,每頁分兩欄,每欄 37 行,天頭有美術字標題。原寫本已經遺失,在哥廷根收藏有品質良好的照片。

---

① 關於西方册子本的起源和演變,參看 C. H. 羅伯茨(Roberts)與 T. C. 斯基特(Skeat)合著《册子本起源考》(*The Birth of the Codex*),倫敦: 英國學術院,1983 年;高峰楓中譯本,北京大學出版社,2015 年,並請參看本書中譯本導言。關於册子本的詳細情形,參看 E. Kwakkel, *Books before Print*, Leeds: Arc Humanities Press, 2018。

② W. H. P. Hatch, *An Album of Dated Syriac Manuscripts*, Boston: The American Academy of Arts and Sciences, 1946.

③ 戴仁關注到吐魯番出土景教和摩尼教的册子本形態,推測册子本在漢文世界的出現或與摩尼教或基督教的東傳有關(J-P. Drège, "Les codices", in J-P. Drège and C. Moretti, eds, *La fabrique du lisible: La mise en texte des manuscrits de la Chine ancienne et médiévale*, Paris: Collège de France, Institut des hautes études chinoises, 2014, p.376; idem., "Dunhuang and Two Revolutions in the History of the Chinese Book", in Huaiyu Chen and Xinjiang Rong, eds., *Great Journeys across the Pamir Mountains: A Festschrift in Honor of Zhang Guangda on his Eighty-fifth Birthday*, Leiden; Boston: Brill, 2018, pp.27－28)。馮婧提示了吐魯番出土景教和摩尼教册子本的非漢文化屬性,但没有深究其來源,見所撰《敦煌的縫綴裝册子與外來寫本文化》,《域外漢籍研究集刊》第 23 輯,北京: 中華書局,2022 年,第 90—94 頁。

④ W. Sundermann, *Mittelpersische und parthische kosmogonische und Parabeltexte der Manichäer* (*BTT* IV), Berlin: Akademie-Verlag, 1973.

⑤ W. Sundermann, *Mitteliranischen manichäische Texte kirchengeschichtlichen Inhalts* (*BTT* XI), Berlin: Akademie-Verlag, 1981.

M4 正面是帕提亞語摩尼教讚美詩，存讚美組詩的開頭部分，包括《身體與靈魂讚美詩》，册子本形式，一頁大小是 15×12.5 cm（圖 2）。一頁單欄書寫，每頁 23 行，册子對開的兩頁内容相互連接，中間有上下兩個裝訂孔清晰可見。① 背面是中古波斯語摩尼教讚美詩殘文，存向天使禱告祈願的讚美詩，格式與正面完全相同②。

圖 2：M4

M40 是帕提亞語摩尼的詩篇，册子本，兩面書寫，下部殘，正背各 11 行。天頭有標題，標題有紅色圖案和點綫裝飾，正文兩側也有紅色欄綫。③

① M. Boyce, *A Catalogue of the Iranian Manuscripts in Manichaean Script in the German Turfan Collection*, p.2; W. Sundermann, *Iranian Manichaen Turfan texts in early publications (1904–1934) Photo edition* (Corpus Inscriptionum Iranicarum. Supplementary Series, Vol.III), London: School of Oriental and African Studies, 1996, pls.7–8.

② M. Boyce, *A Catalogue of the Iranian Manuscripts in Manichaean Script in the German Turfan Collection*, p.2; W. Sundermann, *Iranian Manichaen Turfan texts in early publications (1904–1934) Photo edition* pls.9–10.

③ D. Durkin-Meisterernst and E. Morano, *Mani's Psalms. Middle Persian, Parthian and Sogdian texts in the Turfan Collection* (*BTT* 27), Turnhout, Belgium: Brepols, 2010.

這些摩尼教經典的書寫和裝幀形式也完全是西方的書籍制度,與同時代高昌佛教徒的卷軸裝寫經不同,因此也是來自西方的傳統。這些書籍形式與中國傳統的卷軸式書籍很不一樣,可以肯定是來自西方。但因爲紙張没有經過檢測,也很少有同時代西方的紙張可以印證,所以它們實際在哪裏寫成尚難得知。根據我在柏林等地目驗此類書籍寫本的印象,這些中古波斯語、帕提亞語摩尼教典籍都是用上等的紙張書寫的,簾紋十分均勻,完全不同於當時高昌回鶻一般文書所用紙張。有些伊朗語專家認爲這種好紙來自中原,但我們從高昌東邊的敦煌歸義軍所用寫經和官私文書中,也難見到這樣好的紙,所以這些紙張很可能來自西方。我們知道撒馬爾罕是怛羅斯之戰後的伊斯蘭世界建立的第一個造紙場的地方,這裏有製造紙張的傳統,從 8 世紀下半到 10 世紀,已經有幾百年的經驗,可以出産上等好紙。不過這一問題還需要對照原件來做物質性的分析,才能最後得出確切的結論。

在吐魯番的摩尼教文獻中,也的確有一些是利用漢語佛典的背面來書寫的,如 M111 正面是漢語佛典,後來的摩尼教信徒把漢語佛典上下對折,做成一個册子本,每頁單欄書寫,一頁寫中古波斯語或帕提亞語和粟特語摩尼教術語對照表,①另一頁用摩尼文-回鶻文寫摩尼教讚美詩。② 這種文本寫有粟特語、特别是回鶻語,應當是比較晚出的寫本,顯然是高昌當地所寫。還有些寫本還保留著原始編號,是出土於吐峪溝的摩尼教文獻,如 M7351,原編號是 T II T a,可知出自吐峪溝石窟。現在編爲背面而實爲正面的漢文部分寫的是漢語《妙法蓮華經》卷四,楷書精寫,應當是唐朝時期的寫經,比摩尼教文獻要早。但這個卷子被攔腰截斷,用背面(現編作正面)寫中古波斯語傳教士就職讚美詩,文字分幾組,分别爲多種筆迹書

---

① M. Boyce, *A Catalogue of the Iranian Manuscripts in Manichaean Script in the German Turfan Collection*, p.10; D. Weber, ed., *Iranian Manichaean Turfan texts in publications since 1934. Photo Edition* (Corpus Inscriptionum Iranicarum. Supplementary Series Vol. IV), London: School of Oriental and African Studies, 2000, pls.22 – 23.

② M. Boyce, *A Catalogue of the Iranian Manuscripts in Manichaean Script in the German Turfan Collection*, p.10; W. Sundermann, *Ein manichäisch-soghdisches Parabelbuch* (*BTT* XV), Berlin: Akademie-Verlag, 1985, pp.58 – 60, pl. XXXIV; J. Wilkens, *Alttürkische Handschriften.* Teil 8: Manichäisch-türkische Texte der Berliner Turfansammlung, Stuttgart: F. Steiner Verlag, 2000, pp.303 – 304.

寫而成，間隔不一。① 這顯然是後期的文本，與早期摩尼教書籍寫本不同。宗德曼（W. Sundermann）曾系統考察過德藏吐魯番摩尼教文本的整體情況，他指出，與高昌城中編作 α 遺址的摩尼寺出土早期摩尼教文獻相比，吐峪溝出土的摩尼教文獻應當都是 840 年後回鶻佔領高昌以後的產物，有些是利用漢文佛典背面書寫，由此推測這些文獻甚至晚到 1000 年以後。②

吐魯番發現的東方敘利亞基督教（中國稱景教）的寫本中，也有來自西方的書籍寫本。整理其中敘利亞寫本的亨特（Erica C. D. Hunter）博士認爲，編號爲 B－26（MIK Ⅲ 45）的《禮拜儀軌書》（*Ḥuḏrā*，直譯爲"輪"），册子本，原本有 200 頁，現存 61 頁，頁邊的穿繩還保留著。從内容和字體等方面綜合來看，應當是一本來自西方的寫本書籍，據紙張的測年結果，當抄於 771—884 年。亨特認爲，從敘利亞東方教會的傳播歷史來推測，這個可能來自中亞的木鹿（Merv），從公元 6 世紀開始，這裏就是敘利亞東方教會的最東邊的教區，也是向東傳播的跳板。③

吐魯番出土還有不少敘利亞語基督教寫本，也是册子本裝，④寫本形式與西方傳統相同，與中國傳統相異，這其中也應當有從西方傳入的文本。至於敘利亞文書寫的粟特語、回鶻語基督教文獻，則可能是當地信徒所寫。

總之，公元 9—13 世紀，雖然絲綢之路沿綫分裂成多個政權，彼此之間也不乏征戰，但絲綢之路上人員、商品，乃至書籍的流通並没有斷絶。我們從敦煌、吐魯番文書中找到一些例證來加以説明，但還有不少工作需要今後繼續努力。

① M. Boyce, *A Catalogue of the Iranian Manuscripts in Manichaean Script in the German Turfan Collection*, p.131.

② W. Sundermann, "Completion and Correction of Archaeological Work by Philological Means: the case of the Turfan Texts", in P. Bernard et F. Grenet, eds., *Histoire et cultes de l'Asie centrale préislamique*, Paris: Éditions du Centre national de la recherche scientifique, 1991, pp.286－288.

③ E. C. D. Hunter and J. F. Coakley, eds., *A Syriac service-book from Turfan. Museum für Asiatische Kunst, Berlin MS MIK III 45* (*BTT* XXXIX), Turnhout: Brepols, 2017, pp.11－16.

④ 我們可以通過下述目録了解這些寫本的具體情況：E. C. D. Hunter and M. Dickens, eds., *Syrische Handschriften, Teil 2. Texte der Berliner Turfansammlung. Syriac texts from the Berlin Turfan Collection*, Stuttgart: F. Steiner Verlag, 2014。

Travels of Dunhuang and Turfan Manuscript Books between East and West

Rong Xinjiang

Although the ninth to thirteenth centuries witnessed the fragmentation of the Silk Road into multiple regimes, the political division did not disrupt the flow of people, goods, and books. Dunhuang manuscripts recovered from the Library Cave record the exchange of books between Dunhuang and the Central Plains, India, and Khotan. Manuscripts excavated from Turfan reflect the travels of books between the Xizhou Uighurs and Dunhuang, Sogdiana, and other places, and some of the Turfan manuscripts are proven to be brought from the West. Manichaean and Nestorian manuscripts found in Turfan are mostly codices, which are different from Chinese traditional books. It is certain that the codex, as a book form, originates from the West.

Unrolling a Shabby Scroll: A Unique Version of the Sanskrit *Dharmaśarīra-sūtra*

— Reedition and Reappraisal of Pelliot* Fragments divers D.A.G

Chen Ruixuan 陳瑞翾

Zhang Shuning 張舒寧

Introduction

With more fragments related to the tradition of the *Dharmaśarīra-sūtra*① being uncovered, there is a need to bring the long-forgotten manuscript, Pelliot Fragments divers D.A.G, to the attention of the scholarly world. The fading interest in Pelliot's

---

* For critical comments on several drafts of the present paper, the authors are indebted to Dieter Maue (Cölbe-Schwarzenborn), Jens-Uwe Hartmann (Munich), and Mauro Maggi (Florence). Many of their suggestions are accepted below, and explicitly acknowledged in case of significant improvements and/or ideas. Special thanks go to Yang Miao 楊淼 (Munich), who assisted with the editing of the figures published in this paper. The usual disclaimers apply.

① For an overview of various groups of manuscripts of the *Dharmaśarīra-sūtra*, see Jingjing Fan et al., "Three More Leaves of the Sanskrit-Uighur Bilingual *Dharmaśarīrasūtra* in Brāhmī Script", *Acta Orientalia Academiae Scientiarum Hungaricae*, 71.3, 2018, pp.286 – 295. Pelliot Fragments divers D.A.G is in the same group with SHT 596, Or. 15015/301 and SHT 893, transmitted along the Northern Silk Road; see Jingjing Fan et al., "Three More Leaves of the Sanskrit-Uighur Bilingual *Dharmaśarīrasūtra* in Brāhmī Script", p.288. For a detailed research of SHT 596, see Heinrich Stönner, "Zentralasiatische Sanskrittexte in Brāhmīschrift aus Idikutšahri, Chinesisch-Turkistān. I.", *Sitzungsberichte der Königlich Preussischen Akademie der Wissenschaften XLIV*, 1904, pp.1282 – 1290. The transliteration of Or. 15015/301 and SHT 893 are published in BLSF III.1, pp.535 – 536 and SHT III, pp.141 – 142. Since SHT 596 is well-preserved, it is possible and natural to compare it with Pelliot Fragments divers D.A.G. See Textual Structure below for more details.

finds led to a lack of immediate systematic classification and identification of these Sanskrit manuscripts brought back from China. Only a few scholars had explored some Sanskrit manuscripts from the Pelliot Collection until the mid-20th century.① Nevertheless, Pelliot Fragments divers D.A.G was not unknown at all. Quite to the contrary, it drew much attention for bearing on one side the *Karmavācanā* in "a new aberrant form of Khotanese" as described by Sten Konow,② thereby providing valuable information on what is now known as Tumshuqese.③ Konow was the pioneering scholar who published the first transliteration and preliminary research of the Tumshuqese side of the manuscript. After Konow, other experts, including Harold W. Bailey and Ronald E. Emmerick, made significant improvements on the interpretation of the Tumshquese text.④ However, in contrast to the Tumshuqese side, the Sanskrit side of the manuscript

① Pauly made a brief summary of the publications related to Pelliot Sanskrit manuscripts; see Bernard Pauly, "Fragments Sanskrit de Haute Asie (Mission Pelliot)", *Journal Asiatique* 253, 1965, pp.115-120. For more updated information, see Jens-Uwe Hartmann and Klaus Wille, "Die nordturkistanischen Sanskrit-Handschriften der Sammlung Pelliot (Funde buddhistischer Sanskrit-Handschriften, IV)", Heinz Bechert et al. (eds.), *Untersuchungen zur buddhistischen Literatur II, Gustav Roth zum 80. Geburtstag gewidmet* (Sanskrit-Wörterbuch der buddhistischen Texte aus den Turfan-Funden, Beiheft 8), Göttingen: Vandenhoeck & Ruprecht, 1997, pp.131-182; Jens-Uwe Hartmann and Klaus Wille, "The Central Asian Sanskrit Fragments in the Pelliot Collection (Paris)", Paul Harrison and Jens-Uwe Hartmann (eds.), *From Birch Bark to Digital Data: Recent Advances in Buddhist Manuscript Research — Papers Presented at the Conference Indic Buddhist Manuscripts: The State of the Field, Stanford, June 15-19 2009*, Wien: Verlag der Österreichischen Akademie der Wissenschaften, 2014, pp.213-222.

② Sten Konow, "Note sur une nouvelle forme aberrante du khotanais", *Journal Asiatique*, 233, 1941-42, pp.83-104. Konow characterized the language as "une nouvelle forme aberrante du khotanais" as is shown in the title.

③ On the historical name of this language, see Rong Xinjiang, "The Name of the So-called 'Tumshuqese' Language", *Bulletin of the Asia Institute* (New Series), 19, 2005, pp.119-127.

④ See Konow, "Note sur une nouvelle forme aberrante du khotanais"; H. W. Bailey, "The Tumshuq *Karmavācanā*", *Bulletin of the School of Oriental and African Studies, University of London*, 13.3, 1950, pp.649-670; Ronald E. Emmerick, *The Tumshuqese Karmavācanā Text* (Akademie der Wissenschaften und der Literatur: Abhandlungen der Geistes-und sozialwissenschaftlichen Klasse, Jahrgang 1985, Nr. 2), Stuttgart: Franz Steiner Verlag Wiesbaden GmbH, 1985. See also P. O. Skjærvø, "On the Tumshuqese 'Karmavācanā' Text", *The Journal of the Royal Asiatic Society of Great Britain and Ireland*, 1, 1987, pp.77-90; Klaus T. Schmidt, "Ein Beitrag des Tocharischen zur Entzifferung des Tumšuqsakischen", *Altorientalische Forschungen*, 15.2, 1988, pp.306-314.

had remained unidentified① until it was identified as the *Dharmaśarīra-sūtra* by Jens-Uwe Hartmann and Klaus Wille in their catalog of the Central Asian Sanskrit manuscripts of the Pelliot Collection.②

In the following sections, we will present our transliteration and reconstruction of the Sanskrit *Dharmaśarīra-sūtra* in this manuscript with a philological commentary and an English translation. In addition, we will highlight some cultural aspects of the manuscript with a special focus on its materiality and format. By way of an introduction, it may be necessary to first offer some basic information about this manuscript and outline our method of piecing together its fragments.

The dimensions of this manuscript, as recorded by Konow, are 6.1 cm × 49.7 cm.③ Obviously, the manuscript had originally been in scroll format, and was at some point broken into two halves of almost equal size (Figure 1).④ Paleographically, both sides of the manuscript are written in Northern Turkestan Brāhmī Type a.⑤

According to Konow, Pelliot Fragments divers D.A.G came from Toqquz-saray in the region of Tumshuq.⑥ But it is now officially attributed to "Pelliot Fragments divers Douldour-âqour" under the sub-collection "Pelliot divers" in the Bibliothèque nationale de France (BnF).⑦ After the microfilming of the manuscripts of the Pelliot Collection

① Konow ("Note sur une nouvelle forme aberrante du khotanais", p.84) briefly referred to it as "une dhāraṇī sanskrite"; on this reference see also below p.89, fn.1.

② Hartmann and Wille, "Die nordturkistanischen Sanskrit-Handschriften der Sammlung Pelliot (Funde buddhistischer Sanskrit-Handschriften, IV)", pp.167–168.

③ Konow, "Note sur une nouvelle forme aberrante du khotanais", p.84. The measurements, taken by Doug Hitch from the facsimile, are different from Konow's: 4. 2 cm × 44.1 cm; see Hitch's unpublished draft, "Tumshuqese Transcriptions" (completed 1985, digitized 2008), k.ii.

④ Konow, "Note sur une nouvelle forme aberrante du khotanais", p.84. However, the possibility of the manuscript being broken into more than two pieces should not be ruled out on the basis of the analysis of the contents of the two texts contained therein and a careful examination of all the photographs available. See Commentary [6], [7] and Appendix for detailed discussion.

⑤ See Lore Sander, *Paläographisches zu den Sanskrithandschriften der Berliner Turfansammlung*, Wiesbaden: Franz Steiner Verlag GmbH, 1968, Tafel 29ff.

⑥ Konow, "Note sur une nouvelle forme aberrante du khotanais", p.83.

⑦ Clearly, the shelf-mark "Pelliot Fragments divers D.A.G" encodes the basic information of the present manuscript, with "D. A." standing for the toponym "Douldour-âqour" and G denoting (轉下頁)

came to an end in 1980, vestiges of manuscripts from various sources were subsumed under "Pelliot divers".① For some reason, this sub-collection was not recorded by Inokuchi Taijun 井ノ口泰淳 in his catalog which is totally based on the microfilms from BnF. Yet, it does appear in Hartmann and Wille's catalog, in which the present manuscript is registered under the title "Pelliot Fragments divers D. A. G".② However, "Douldour-âqour" is a dubious label, since there is every indication that the Tumshuq region is the real findspot of this manuscript. From Paul Pelliot himself and Jean Filliozat, who had started working on the Sanskrit and Tocharian manuscripts of the Pelliot Collection in 1938,③

(接上頁)this particular manuscript. Pelliot Fragments divers D.A.G also has an older call-number P 410, which was probably allotted to the manuscript during the second classification of the Pelliot Sanskrit Collection after World War I. According to Pauly ("Fragments Sanskrit de Haute Asie [Mission Pelliot]", p. 120), during the process of the second classification, numbers were assigned to the manuscripts one after the other mechanically, without any scientific value ("sans aucune valeur scientifique, consista à numéroter mécaniquement les fragments les uns après les autre"). The call-number P 410 seems to comform to the procedure described by Pauly. However, Pauly ("Fragments Sanskrit de Haute Asie [Mission Pelliot]", p.120) also mentioned that those numbers were written in blue pencil on round labels, which is not the case with the current state of the manuscript. A guess is that the original round label was discarded when the BnF altered the method of storage — the manuscripts were first kept between the glass sheets, then cellulose acetate sheets, and finally mounted in passe-partout; see Hartmann and Wille, "The Central Asian Sanskrit Fragments in the Pelliot Collection (Paris)", pp.213–214. Hence, a new label might have been attached at some point. For more discussion on the findspot, see below. The arrangement of the Pelliot Collection is available online; see https://archivesetmanuscrits. bnf. fr/pageCollections. html? col = 1 (accessed March 2025), also cf. Annie Berthier (ed.), *Manuscrits, xylographes, estampages: les collections orientales du départment des Manuscrits*, Paris: Bibliothèque nationale de France, 2000, pp.91–110.

① Monique Cohen, "Pelliot divers", Annie Berthier (ed.), *Manuscrits, xylographes, estampages*, Paris: Bibliothèque nationale de France, 2000, p.110. The information is also accessible through the website: https://archivesetmanuscrits. bnf. fr/ark: /12148/cc1123922 (accessed March 2025). The Pelliot Collection was still under reclassification during the 1980s; see Ogihara Hirotoshi and Ching Chao-jung, "Miscellany on the Tumshuqese Documents (III): Words Relating to Cereals", Gerardo Barbera et al. (eds.), *Siddham: Studies in Iranian philology in honour of Mauro Maggi*, Wiesbaden: Ludwig Reichert Verlag, 2024, pp.308–309.

② Hartmann and Wille, "Die nordturkistanischen Sanskrit-Handschriften der Sammlung Pelliot (Funde buddhistischer Sanskrit-Handschriften, IV)", pp.167–168. For more overview on Inokuchi's work, Hartmann and Wille, "Die nordturkistanischen Sanskrit-Handschriften der Sammlung Pelliot (Funde buddhistischer Sanskrit-Handschriften, IV)", p. 134; Hartmann and Wille, "The Central Asian Sanskrit Fragments in the Pelliot Collection (Paris)", p.213.

③ Jean Filliozat, *Fragments de textes koutchéens de médecine et de magie: texte, parallèles sanskrits et tibétains, traduction et glossaire*, Paris: Adrien-Maisonneuve, 1948, p. 7; Pauly, "Fragments Sanskrit de Haute Asie (Mission Pelliot)", p.120.

Konow received the information about the dimensions of the fragment, findspot, etc., in addition to a preliminary transliteration of the Tumshuqese text.① Therefore, Konow's attribution of this manuscript to the site of Toqquz-saray, in all likelihood, went back to Pelliot and Filliozat, and thus should carry more weight than the later label.

One can even dig up more details from Pelliot's diary in terms of the findspot of the manuscript. A description in Pelliot's diary on the 14th of November in 1904 is reminiscent of manuscript G: "While clearing this 'banquette', we came across a small manuscript scroll written in Brāhmī, presumably containing prayers."② If "the small manuscript scroll written in Brāhmī" refers to manuscript G, then its findspot can be linked to a specific "banquette" at the site of Toqquz-saray. Having access to more sources than Pelliot's diary, Louis Hambis and others confirmed this deduction.③

Therefore, it is reasonable to assume that the manuscript had been discovered in the Tumshuq region at the site of Toqquz-saray, but was classified probably by librarians as "Pelliot Fragments divers Douldour-âqour", as is the case with miscellaneous non-Chinese fragments from Kucha, when the Pelliot Collection was re-catalogued in the late 20th century.④ In the meantime, one must be aware that, in the

① Konow, "Note sur une nouvelle forme aberrante du khotanais", p.83.

② Paul Pelliot. Jérôme Ghesquière (ed.). *Carnets de route: 1906–1908*, Paris: Les Indes Savantes, 2008, p.83: "En déblayant cette banquette, nous avons trouvé par une heureuse chance un petit rouleau manuscrit écrit en brahmî, et qui contient vraisemblablement des prières."

③ To be more precise, they explicitly identified the findspot as banquette U in the courtyard of complex A at the site of Toqquz-saray; see Louis Hambis, "Les établissements de la région de Toumchouq", Madeleine Paul-David et al. (eds.), *Mission Paul Pelliot: documents archéologiques publiés sous les auspices de l'Académie des inscriptions et belles-lettres*, *II. Toumchouq*, Paris: Adrien Maisonneuve, 1964, pp.111–112.

④ See Ogihara and Ching, "Miscellany on the Tumshuqese documents (III)", pp.308–309. Also, according to Ogihara and Ching ("Miscellany on the Tumshuqese documents (III)", pp.308–309.), the recataloging might have taken place in the 1980s. This can be supported to some extent by the catalog of the exhibition "Trésors de Chine et de Haute Asie." In this exhibition, held at Galerie Mansart in 1979, to celebrate the centenary of Pelliot's birth, Pelliot Fragments divers D.A.G was on display, exemplifying the multilingual culture of Xinjiang, and was assigned to "Pelliot divers" but under a different label, i.e., "Pelliot divers, Toumchouq". Therefore, at least in 1979, (轉下頁)

case of portable manuscripts such as the present one, the primary findspot is not necessarily the provenance, namely, where the manuscript was first produced.①

If one compares two sets of photographs of the Tumshuqese side taken in different periods of time — one taken before Pelliot's death and published in Konow's paper (Figure 1), the other presumably much later by BnF (Figure 2), it becomes clear that the manuscript's condition deteriorated to a remarkable extent over the decades; this is especially the case with its first quarter, which was still more or less complete in the older photograph and is now in tatters (see Figure 4, with the *akṣara*s in the old photograph supplemented). Unfortunately, Konow seems to have only had the Tumshuqese side photographed,② so no picture of the Sanskrit side in a better state is available at present. Aiming to restore the first quarter of the manuscript, we rely on the two different sets of photographs of the Tumshuqese side, putting the mismatched pieces into their correct place using Photoshop CS, in order to find the correct location of the Sanskrit side (Figure 5).③ For the rest of the text, since SHT 596 is the best-preserved manuscript that has been published so far, the parallel in it is particularly

---

(接上頁)the manuscript was not classified as "Pelliot Fragment divers Douldour-âqour"; see Marie-Rose Séguy, *Trésors de Chine et de Haute Asie: Centième anniversaire de Paul Pelliot*, Paris: Bibliothèque Nationale, 1979, p.51 and the website https://editions.bnf.fr/tr%C3%A9sors-de-chine-et-de-haute-asie-centi%C3%A8me-anniversaire-de-paul-pelliot(accessed March 2025).

Moreover, Pelliot Fragment divers D.A. D, another manuscript in Tumshuqese, may have also been found at the site of Toqquz-saray rather than "Douldour-âqour", as suggested in Ogihara and Ching, "Miscellany on the Tumshuqese documents (III)", p.308. In addition, Ching provides one more example for such false classifications: a Tocharian B manuscript (PK DA M507.32/PK Cp 32), which is most likely to have been found elsewhere but ended up with D.A. as the recorded findspot; see Ching Chao-jung, *Tuhuoluo yu shisu wenxian yu gudai Qiuci lishi*, Beijing: Peking University Press, 2017, p.398, with reference to Pelliot Fragments divers D.A.G in fn.1.

① Konow conjectured that this manuscript might have originally been brought from Kucha to Tumshuq; see Konow, "Note sur une nouvelle forme aberrante du khotanais", p. 98. See Features and Functionality below for further discussion on the provenance of the scroll.

② Dieter Maue (p.c.) kindly informs us that the original photographs cannot be found in the estates of Konow and Bailey, or in the archives of the *Journal Asiatique*.

③ However, this approach of restoration cannot be applied indiscriminately when reconstructing the text in manuscript G, because the old photograph published by Konow may not represent the original state of the manuscript in some points; see below Commentary [6] and [7].

helpful in the reconstruction of the part enumerating Buddhist *termini*.①

Rewardingly, through the aforesaid restoration process, a more complete picture of the Sanskrit side carrying the *Dharmaśarīra-sūtra* has emerged, and an edited version is shown below. We present our edition first in the form of a transliteration and a reconstruction that are juxtaposed in two columns, with a convention before them. Then, some specific textual problems are elucidated in a philological commentary, followed by an English translation. Finally, some remarks on the textual structure, codicological features, and functionality of the manuscript conclude the main body of this article.

Convention

<table>
<tr><th colspan="3">Symbols and Sigla</th></tr>
<tr><td colspan="2">( )</td><td>restored akṣara(s) or part thereof</td></tr>
<tr><td colspan="2">[ ]</td><td>damaged/uncertain akṣara(s) or part thereof</td></tr>
<tr><td colspan="2">+</td><td>lost akṣara</td></tr>
<tr><td colspan="2">..</td><td>illegible akṣara</td></tr>
<tr><td colspan="2">.</td><td>illegible/lost part of an akṣara</td></tr>
<tr><td colspan="2">...</td><td>lost akṣaras with an indeterminate number</td></tr>
<tr><th colspan="3">Punctuation and Secondary Marks</th></tr>
<tr><td rowspan="2">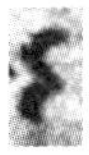</td><td>ḥ</td><td>visarga</td></tr>
<tr><td>|</td><td>visarga-daṇḍa②</td></tr>
<tr><td>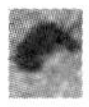</td><td>·</td><td>punctuation dot</td></tr>
</table>

① For a brief introduction of the parallel texts of Pelliot Fragments divers D.A.G, see above p.79, fn.1. For a comparison of the structure of SHT 596, which is almost intact, with that of Pelliot Fragments divers D.A.G; see Textual Structure below.

② Noriyuki Kudo, "Remarks on the Orthography of the Kāśyapaparivarta Manuscripts: 'Visarga-daṇḍa' in Verses", Shoun Hino and Toshihiro Wada (eds.), *Three Mountains and Seven Rivers: Prof. Musashi Tachikawa's Felicitation Volume*, Delhi: Motilal Banarsidass, 2004, pp.73 – 95, discusses the multiple possibilities of reading the visarga-like mark, namely, as visarga (nothing else), visarga-daṇḍa (i.e., purely denoting daṇḍa or punctuation mark), (轉下頁)

Transliteration and Reconstruction

	Transliteration	Reconstruction
0	…	…
1	… + + +	… (evaṃ ma-
2	+ [ś]rutam (eka)- + +	yā) śrutam (ekasmiṃ sa)-

(接上頁) and visarga-cum-daṇḍa (i.e., both visarga and daṇḍa). Kudo is not the first scholar to have noticed such ambiguity of the visarga-like mark. Louis de La Vallée Poussin, as early as 1911, had noticed that both visarga and punctuation could be denoted by one and the same mark; see Louis de La Vallée-Poussin, "Documents Sanscrits de la Seconde Collection M. A. Stein", *The Journal of the Royal Asiatic Society of Great Britain and Ireland*, 1911, p.764, n.1. This phenomenon was also noticed by Dieter Schlingloff in *Yogalehrbuch*, where the visarga-like mark is inserted not only at the end of the sentence, inside a verse, and after a semantically complete part of a sentence, but also inside a sentence as punctuation; see Dieter Schlingloff. Jens-Uwe Hartmann and Hermann-Josef Röllicke (eds.), *Ein buddhistisches Yogalehrbuch: Unveränderter Nachdruck der Ausgabe von 1964 unter Beigabe aller seither bekannt gewordenen Fragmente*, München: Iudicium Verlag, 2006, p.17. In fact, the use of visarga-daṇḍa is not confined to Central Asia, but is also widely attested in manuscripts from Gilgit and Nepal; see Kudo, "Remarks on the Orthography of the Kāśyapaparivarta Manuscripts", pp.77 – 78. In the verses of the main Sanskrit manuscript of the *Kāśyapaparivarta* (M.I. Vorobyova-Desyatovskaya, Seishi Karashima and Noriyuki Kudo, *The Kāśyapaparivarta: Romanized Text and Facsimiles*, Tokyo: Soka University, 2002) from Khotan, although some double dots stacked vertically are real visargas, some others can possibly be interpreted as visarga-cum-daṇḍa, and thereby should be transliterated as: rather than ḥ; see Kudo, "Remarks on the Orthography of the Kāśyapaparivarta Manuscripts", pp.90 – 91.

Nevertheless, having drawn a comparison between Pelliot Fragments divers D.A.G and SHT 596 (see p.79, fn.1 and Textual Structure for more information about the relationship between the texts preserved in these two manuscripts), we exclude the possibility of it representing visarga-cum-daṇḍa (i.e., both visarga and daṇḍa) in the present case: First, in SHT 596, the visarga tends not to appear at the end of *termini*; see Stönner, "Zentralasiatische Sanskrittexte in Brāhmīschrift aus Idikutšahri, Chinesisch-Turkistān. I.", p.1285. Therefore, accordingly, the visarga-like mark after *ṛd[dh]i[p]ādā* and (*uṣma*) *gata* in lines 27 and 51 – 52 in manuscript G can be reasonably understood as a punctuation mark. Second, since the visarga cannot follow the nominative, neuter, plural ending *-āni*, the visarga-like mark after *pa[ñce]ndriyāṇi*, [*pa*]*ñca balāni* and *sapta bodhyaṅgā*[*ni*] in lines 27 – 30 can only function as punctuation. Moreover, since there is no trace of punctuation marks in the section(s) before *termini*, it is logical to think that the visarga-like marks denote real visarga in *dharmapary*(*ā*)*yaḥ* (lines 18 – 19 and 22 – 23) as well as *katamaḥ* (line 23). The distinction between visarga-daṇḍa and the punctuation dot, in the present context, is not quite clear. However, there seems to be a propensity for using visarga-daṇḍa rather than the punctuation dot to indicate a pause between members of a given doctrinal category.

	Transliteration	Reconstruction
3	+ + bha[gav]ā(ṃ) śr(ā)-	(maye) bhagavā(ṃ) śr(ā)-
4	va[styāṃ] + + +[t]i +	vastyāṃ (vihara)ti (sma)
5	.e[tavane a](nātha)-	(j)etavane a(nātha)-
6	[p]i(ṇ)[ḍ](a)[d](ā)r(ā)m(e) [t](a)[t]r(a)	pi(ṇ)ḍ(a)d(ā)r(ā)m(e) t(a)tr(a)
7	[bha]gavāṃ [bh]i + [n] āmaṃ-	bhagavā(ṃ) bhi(kṣū)n āmaṃ-
8	[tr](a)[yat]e [s]ma + + .o	tr(a)yate sma (dharmaṃ v)o
9	+ [k]ṣavo de + + [ṣ]yā-	(bhi)kṣavo de(śayi)ṣyā-
10	mi ādau kaly[ā]ṇaṃ [ma]-	mi ādau kalyāṇaṃ ma-
11	dhye kalyāṇaṃ pa + +	dhye kalyāṇaṃ pa(ryava)-
12	sāne [k]aly(ā)[ṇa](ṃ) sva-	sāne kaly(ā)ṇa(ṃ) sva-
13	r(tha)ṃ + + + + + + +	r(tha)ṃ (suvyañjanaṃ kevalaṃ)
14	+ + + + + + + +	(paripūrṇaṃ pariśuddhaṃ)
15	+ + + + + + +	(paryavadātaṃ brahma)-
16	[ca](r)[y](aṃ) [p]r(a)k(ā)[śa](yiṣyā)-	ca(r)y(aṃ) pr(a)k(ā)śa(yiṣyā)-
17	mi yad u[t]a dharmaśa-	mi yad uta dharmaśa-
18	[r](ī)raṃ nāma dharmapary(ā)-	r(ī)raṃ nāma dharmapary(ā)-
19	yaḥ ta(c) chṛṇuta sādhu	yaḥ ta(c) chṛṇuta sādhu
20	ca suṣṭhu ca manasi[k]u-	ca suṣṭhu ca manasiku-
21	ruta bhā[ṣiṣ]y(e) [dha]r[maśa]-	ruta bhāṣiṣy(e) dharmaśa-
22	rīraṃ nāma dharmapary(ā)-	rīraṃ nāma dharmapary(ā)-
23	yaḥ katamaḥ yad u-	yaḥ katamaḥ yad u-
24	ta catvāri smṛtyupa-	ta catvāri smṛtyupa-
25	sthānāni · catvāri sa-	sthānāni · catvāri sa-
26	m[y]akprahāṇāni · ca-	myakprahāṇāni · ca-
27	tvāro ṛd[dh]i[p]ādā | pa[ñce]-	tvāro ṛddhipādā | pañce-

	Transliteration	**Reconstruction**
28	ndriyāṇi ǀ [pa]ñca ba-	ndriyāṇi ǀ pañca ba-
29	lāni ǀ sapta bodhyaṅgā-	lāni ǀ sapta bodhyaṅgā-
30	[ni] ǀ [ā](r)[y](āṣṭā)ṅgo mārga ·	ni ǀ ā(r)y(āṣṭā)ṅgo mārga ·
31	saptātri(ṃ)śadb[o]dhapakṣi-	saptātri(ṃ)śadbodhapakṣi-
32	kā dharmā · catvāro bra[hma]-	kā dharmā · catvāro brahma-
33	vihārāṇi · catvāri	vihārāṇi · catvāri
34	apramāṇyāni · ca[t](vā)-	apramāṇyāni · cat(vā)-
35	ri pratisaṃ(v)[i][d]ā[n](i ca)-	ri pratisaṃ(v)idān(i ca)-
36	(tvā)ri [ā]ryasatyān(i)	(tvā)ri āryasatyān(i)
37	tr(ī)ṇ[i] v(i)mo(k)ṣ(a)[mukhāni]	tr(ī)ṇi v(i)mo(k)ṣ(a)mukhāni
38	[a]ṣṭau vimokṣamukhāni	aṣṭau vimokṣamukhāni
39	(a)ṣ(ṭ)āv abhi(bh)vāyatanā-	(a)ṣ(ṭ)āv abhi(bh)vāyatanā-
40	ni · daśa kr̥[t]sn[ā]yata-	ni · daśa kr̥tsnāyata-
41	nāni · daśa tathāga-	nāni · daśa tathāga-
42	tabalāni · catvāri vai-	tabalāni · catvāri vai-
43	[śā](ra)[dyāni] · mahā(karu)-	śā(ra)dyāni · mahā(karu)-
44	ṇāni · mud(i)tān(i) ·	ṇāni · mud(i)tān(i) ·
45	upekṣāni · dhyānāni	upekṣāni · dhyānāni
46	(tr)īṇi [ā]rakṣ[i]tāni [·]	(tr)īṇi ārakṣitāni ·
47	[t]r(īṇi) + + + (va)-	tr(īṇi) puṇyakriyāva)-
48	stūni · tr[ī]ṇi ratn(ā)ni	stūni · trīṇi ratn(ā)ni
49	[vya]vakīrṇa[bhāvi]tā-	vyavakīrṇabhāvitā-
50	(ni) + + + + + + +	(ni dhyānāni · aśubhā)
51	ā + + + .r̥ + (uṣma)-	ā(nāpānasm)r̥(ti) (uṣma)-
52	gata ǀ m(ū)rdhnā kṣāṃtyā l[au]-	gata ǀ m(ū)rdhnā kṣāṃtyā lau-

	Transliteration	Reconstruction
53	[k]i[k]āg(r)[yā] dhar[m]ā · [da]rśa[n](a)-	kikāg(r)yā dharmā · darśan(a)-
54	(mārga) + + + + +	(mārga bhāvanāmārga)
55	[aś](aik)[ṣ](a)[m](ārga) [·] (d)[v](āda)-	aś(aik)ṣ(a)m(ārga) · (d)v(āda)-
56	śāṅgapratītyasam(u)-	śāṅgapratītyasam(u)-
57	(tpāda) + + (dharmaśa)-	(tpāda) + + (dharmaśa)-
58	r[ī](raṃ) (nā)[ma] (dharmapa)-	rī(raṃ) (nā)ma (dharmapa)-
59	ryāya · im[e dharm](ā)	ryāya · ime dharm(ā)
60	+ .ī + + .ī +	(gambh)ī(ragambh)ī(rā)
	...	...

Commentary

[1] Line 0: If the Tumshuqese side of the manuscript published in Konow's paper (Figure 1) is juxtaposed with that provided by BnF (Figure 2), it becomes evident that the first line of the text has disappeared from the latter (Figure 4). Certainly, it can be extrapolated that some text is missing at the corresponding location of the Sanskrit side. However, since the beginning position may not be exactly the same on the two sides, it is hard to decide exactly how many lines or *akṣara*s are lost on the Sanskrit side. The first possibility is that the text starts with line 1. If this is the case, the missing contents might involve the homage paid to Buddha, for which *namo buddhāya* is the best guess.① The other possibility is that the text begins before line 1.

① Konow ("Note sur une nouvelle forme aberrante du khotanais", p.84) mentioned that the Sanskrit side was a "dhāraṇī". In addition, Pelliot described the content of the scroll as "prayers"; see above p.83, fn.2. Judging from the old photograph, they might have seen the beginning of the Sanskrit side in a more complete shape. The fact that it gave them the impression of a dhāraṇī or a prayer text indicates the characteristic of the possible missing lines 0 – 1, which might thus contain clichéd formulas such as homage to the Buddha, etc.

Then, Buddha may not be the only one to whom the homage is rendered. We use the number zero to represent the possibly missing line over line 1.

[2] Line 2: The *akṣaras* at the end of this line are illegible. They could be either (*ekasmiṃ sa*)- or (*ekasa*)-. But it is next to impossible for two *akṣaras* (ka and sa) to occupy the rest space of the line. Consequently, we put more weight on the reconstruction (*ekasmiṃ sa*)-.

[3] Line 7: A compound *anāthapiṇḍadārāme* rather than a syntagm *anāthapiṇḍasyārāme* seems to occur here. The former is attested elsewhere, see SWTF, p.51, s.v. *Anāthapiṇḍadārāma*.

[4] Lines 13 – 15: By comparing the present state of the Tumshuqese side (Figure 2) with what was visible to Konow at that time (Figure 1), we know that three lines are completely lost after line 12 on the Tumshuqese side of the manuscript. Therefore, on the Sanskrit side, in the corresponding location, we estimate that three lines are lost as well, namely, lines 13 – 15. Nevertheless, the missing piece contains some formulaic contents attested many times elsewhere.① The missing text, from *suvyañjanaṃ* to *brahma-*, consists of 22 *akṣaras*, and can be almost evenly divided into three lines. Generally speaking, the number of *akṣaras* per line varies from 7 to 9 in the well preserved lines.

[5] Line 38: *aṣṭau vimokṣamukhāni* might be an error for *aṣṭau vimokṣā* (BHSD, s.v. *vimokṣa*). Note that a neuter form rather than the normal masculine form is attested in SHT 596; see Stönner, "Zentralasiatische Sanskrittexte in Brāhmīschrift aus Idikutšahri, Chinesisch-Turkistān. I.", p.1283, lines 12 – 13: *aṣṭau vimokṣāṇi*.

[6] Line 50: The line numbers from 50 onward are provisional, and the detailed reasoning will be given below. In comparison with the counterpart in SHT 596, we can easily reconstruct the contents of lines 49 and 51, despite most of their *akṣaras* being heavily damaged. If the Sanskrit text of manuscript G entirely agrees with that of SHT

① For example, see in another manuscript from Central Asia: IOL San 1492/22 (BLSF, III.2, pp.665 – 669) for the transliteration and other parallels.

596 in this point, there would be 30 *akṣara*s (*-ni dhyānāni araṇasamāpatti pranidhijñānaṃ prāntakoṭi nirodhasamāpatti aśubhā*) missing between the two lines. However, according to the photograph provided by BnF (Figure 3), there is no space for those *akṣara*s at all, as if all these 30 *akṣara*s were omitted by the scribe. This may well have also been the case with the old photograph published by Konow.① As argued in Commentary [7] below, Konow's photograph was probably taken after some repairs had already been carried out on manuscript G. It is not unlikely that the manuscript had broken off after line 49, and that the conservators, while repairing the manuscript, underestimated the size of the lacuna between lines 49 and 51, resulting in the ostensible lack of space in this part of the manuscript. However, for some reason, this possibility does not seem to have been considered by any previous scholars working on the Tumshuqese side. If none of the 30 *akṣara*s were omitted, they would occupy most probably four lines. While this is possible, our new reconstruction of the Tumshuqese side suggests the two lacunae — one between lines 49 and 51, the other between lines 53 and 55 — to be more or less equal-sized (see Appendix). If there is only one line between lines 53 and 55 (see Commentary [7] below), also one line rather than four lines should be restored in the present case. In other words, not all the 30 *akṣara*s are omitted, but one must reckon with the possibility of a substantial omission of 23 *akṣara*s perhaps due to *lapsus osculi*. Hence our restoration of the missing line (*-ni dhyānāni aśubhā*), which we provisionally number 50.

[7] Line 54: In the photograph of the Sanskrit side at our disposal, it seems that line 55 follows line 53 seamlessly. However, the parallel text preserved in SHT 596 indicates that line 55 should not have followed line 53 immediately, insofar as there are two *termini* between *darśanamārga* (of which *darśana-* is the end of line 53) and

① Although no old photograph of the Sanskrit side is available, we have access to the old photograph of the Tumshuqese side published by Konow. A comparison of the old and new photographs of the Tumshuqese side reveals that, as far as this lacuna is concerned, there is no substantial difference between them. In other words, this part of manuscript G was investigated by Konow in approximately the same condition as it now stands.

aśaikṣamārga (the first *terminus* in line 55), namely *bhāvanāmārga* and *śaikṣamārga*. A potential explanation is that the scribe just omitted all the 11 *akṣara*s (*-mārga bhāvanāmārga śaikṣamārga*) by accident. While this is not impossible, an alternative scenario appears to be preferable: The old photograph of the Tumshuqese side, published by Konow, seems to suggest that there should have been a lacuna between lines 57 and 58, which correspond to lines 53 and 55 of the Sanskrit side.① In other words, the two fragments carrying lines 53 and 55 cannot be seamlessly joined together. Be that as it may, the historicity of the old photograph cannot be taken for granted either, for the lacuna would be so cramped that there would be inadequate space for diacritical marks. This scenario alerts us to a strong likelihood that manuscript G had undergone some repairs such as joining fragments before the old photograph was taken. During that process, apparently not everything was ideally done; for instance, too little space was reserved for the lacuna in question. If what is argued above is not implausible, we may be justified in rethinking a premise on which all previous scholars' work was based, namely, that Konow's photograph reflects the initial state of manuscript G. If the premise is not true, it is highly likely that the lacuna between lines 53 and 55 on the Sanskrit side is larger than previously thought. The problem is how much space should be added to the lacuna. In the present case, if the complete fourfold list is attested in manuscript G, the *akṣara*s in between, numbering 11 in total, would be too many for one line (9 maximum), but too few for two lines (14 minimum). It is more likely that there is only one line in between, and that one of the two *termini* (i.e., *bhāvanāmārga* and *śaikṣamārga*) is missing from the present manuscript. While either is possible, we regard *śaikṣamārga* as the more probable candidate, because it is partial repetition of *aśaikṣamārga*, and thus is more likely to fall easy prey to haplology in the process of mechanical copying. Therefore, for the Sanskrit side, line 54 (*mārga*

① As far as the lacuna is concerned, a minor difference of its size can be detected between the old and new photographs of the Tumshuqese side. However, this difference is trivial, and what is significant is that the old photograph more clearly hints at the erstwhile lacuna between lines 53 and 55.

bhāvanāmārga) is reconstructed. This hypothetical reconstruction has implications for the Tumshuqese side (see Appendix).

[8] Line 60: Our restoration (*gambh*)*ī*(*ragambh*)*ī*(*rā*) is based on SWTF s.v. *gambhīra-gambhīra*. This *āmreḍita*-compound is well attested in Buddhist sūtras as the attribute of *Dharma*s (i. e., Buddhist teachings); see Takayasu Kimura, *Pañcaviṃśatisāhasrikā Prajñāpāramitā I-1*, Tokyo: Sankibō, 2007, p. 81: *amī gambhīragambhīrā dharmā* 'those very profound *Dharma*s'; Cecil Bendall, *Çikshāsamuccaya: A Compendium of Buddhistic Teaching Compiled by Çāntideva, chiefly from Earlier Mahāyāna-Sūtras*. St. Petersburg: Académie Impériale des Sciences, 1902, p. 63 (quot. *Ākāśagarbhasūtra*): *imān evaṃrūpān dharmān gambhīragambhīrān upadiśāmi* 'I teach these very profound *Dharma*s of such a kind', etc. Nonetheless, SHT 596 testifies to a slightly different reading *gaṃbhirāgaṃbhirāṃ* (line 25), which can be emended to *gambhīrāgambhīrā*.① If the long *-ā-* in the third syllable (i.e., at the juncture/*Kompositionsfuge*), attested in SHT 596, is not to be dismissed as a scribal error, the compound seems to have such a fluctuating form that the vowel at the juncture of its two components can be either long or short. There are, to our knowledge, three types of *āmreḍita*-compounds of that kind:

1. The *menāmenam*-type: reduplicated noun (X) with long *-ā-* at the juncture, used adverbially in the sense of 'from X to X' or 'X against X'. According to Karl Hoffmann ("Der vedische Typus *menāmenam*", *Zeitschrift für vergleichende Sprachforschung auf dem Gebiete der indogermanischen Sprachen* 76.3/4, 1960, pp. 242 - 248), this type originally consists of a sociative instrumental (hence *-ā*) and an accusative of direction. This archaic type of compounds survives in Buddhist Hybrid Sanskrit; see Seishi Karashima, *Die*

① For the lack of distinction between long *-ī-* and short *-i-* and the irregular uses of anusvāra in SHT 596, see Stönner, "Zentralasiatische Sanskrittexte in Brāhmīschrift aus Idikutšahri, Chinesisch-Turkistān. I.", pp.1284 - 1285. For other possible ways of analyzing this reading, see SWTF, p.172, s.v. *gambhīra-gambhīra*: "ime pi dharmā (Hs. °a) ~ā (Hs. gaṃbhirāgaṃbhirāṃ [...]; oder n.nom. sg. ~aṃ? Oder Worttrennung gambhīrā gambhīraṃ?) dharmaśarīraṃ | praṇidhi | ... bhāṣitā."

Abhisamācārikā Dharmāḥ: Verhaltensregeln für buddhistische Mönche der Mahāsāṃghika-Lokottaravādins, I, p.69, §8.6, n.4 on *khurākhuram* (with further references). Noteworthy is Pāli *divādivassa* 'early in the day', which may be derived from the Sanskrit adverb *divādivam* 'id.' (*pace* SWTF s.v.: "täglich"); see Oskar von Hinüber, *Studien zur Kasussyntax des Pāli* (Studia Indologica Universitatis Halensis 19), Halle: Universitätsverlag Halle-Wittenberg, 2022, pp.236 – 237, §250; Jens-Uwe Hartmann, "King Prasenajit Bemoans the Death of His Grandmother: A Study of the Manuscript SHT 7185", *International Journal of Buddhist Thought & Culture* 27.1, 2017, p.98, n.51.

2. The *ghanāghana*-type: reduplicated deverbal noun with long *-ā-* at the juncture, used in an intensive-iterative meaning based on a repeated and/or durative action; e. g. *ghanāghana-* "constantly slaying" (tr. Arlo Griffiths, *The Paippalādasaṃhitā of the Atharvaveda, Kāṇḍas 6 and 7: A New Edition with Translation and Commentary*, Groningen: Egbert Forsten, 2009, p.289). See also Louis Renou, "Sur certains emplois d'*a*(*n*)° priv. en sanskrit, et notamment dans la Rgveda", *Bulletin of the School of Oriental Studies* 10.1, 1939, pp.11 – 12, §§17 & 18. In Pāli, this type of compounds has come to encompass those formed from nouns that are not deverbal, often used in a distributive sense; e.g. *phalāphala-* 'all sorts of fruits' (not 'fruit and non-fruit'; *pace* BHSG, p. 126, §23. 12), etc.; see Jacob Samuel Speyer, "Indologische Analekta", *Zeitschrift der Deutschen Morgenländischen Gesellschaft* 64, 1911, p.317.

3. The *priyāpriya*-type: reduplicated adjective (Y) with or without long *-ā-* at the juncture, often performing an intensive or emphatic function ('very Y'); see Speyer, "Indologische Analekta", pp.316 – 317. Franklin Edgerton (BHSG, p.126, §23. 13) interpreted *jihmājihma-* in the *Lalitavistara* as "(very) depressed" and explained its long *-ā-* as *metri causa*. This explanation is problematic, given the productivity of the formation with long *-ā-* also in prose.

In Middle Indic and Hybrid Sanskrit, long *-ā-* at the juncture can sometimes be shortened due to the law of two morae (cf. Pāli *piyappiya-*) or by analogy.

The three types of *āmreḍita*-compounds are interrelated with one another, although their exact historical relationship remains to be investigated. Among the three types, *gambhīrăgambhīra-* seems to exemplify the third type, namely the *priyāpriya*-type, in the light of its semantics and morphology.

Translation

Thus have I heard — at one time — the Lord was staying in Śrāvastī, in Jetr̥'s Grove, at the monastery of Anāthapiṇḍada. Then the Lord addressed the monks: "O monks! I will teach you the Dharma [which is] wholesome in the beginning, wholesome in the middle, wholesome in the end, with good meaning and good wording. I will make known the religious life [which is] complete, full, perfectly pure, and perfectly clean; that is to say, the round of teaching known as *Dharmaśarīra* (lit. relics of the Dharma). Listen to it! Put [your] mind on it thoroughly and well! And I will speak. What is the round of teaching known as *Dharmaśarīra*? That is to say: ①

(1) Four applications of mindfulness;

(2) Four perfect exertions;

(3) Four bases of supernatural power;

(4) Five [moral] faculties;

(5) Five [moral] powers;

(6) Seven members of enlightenment;

(7) Eightfold path of the noble;

(8) Thirty-seven conditions favorable to enlightenment;

(9) Four sublime religious states;

(10) Four infinitudes;

① In our English translation of the *termini*, unless indicated otherwise, we follow Edgerton's renditions given in the individual entries in BHSD for the sake of consistency.

(11) Four special knowledges;

(12) Four truths for the noble;

(13) Three entrances to salvation;

(14) Eight entrances to salvation;

(15) Eight spheres of sovereignty;

(16) Ten bases of total [fixation of the mind];

(17) Ten powers of Tathāgata;

(18) Four confidences in oneself;

(19) Great compassions;

(20) Sympathetic joys;

(21) Equanimities;

(22) [Four] meditations;

(23) Three points not to be guarded;

(24) Three items of meritorious action;

(25) Three jewels;

(26) Thoroughly mixed, cultivated meditations;①

(27) [Contemplation of] impurities;

(28) Mindfulness of breathing in and out;

(29) Becoming warm;

(30) Through summit;

(31) Through intellectual receptivity;②

(32) Prime-in-the-world conditions;

(33) Path of vision;

---

① For this technical meaning of Skt. *vyavakīrṇa*, see BHSD s. v. The compound *vyavakīrṇabhāvita-* should modify the following *dhyāna-*, see e.g. *Abhidharmakośabhāṣya* ad 7.23: *vyavakīrṇabhāvite ca dhyāne śaikṣasya* "la méditation mêlée du Śaikṣa" (tr. Louis La Vallée-Poussin, *L'Abhidharmakośa de Vasubandhu, Tome V: Septième et huitième chapitres, neuvième chapitre ou réfutation de la doctrine du Pudgala*, Paris: Paul Geuthner & Louvain: J.-B. Istas, 1925, p.55). Compare also Chin. *zaxiu ding* 雜修定 'mixed cultivated meditation'.

② The instrumental declension in the two cases, i.e., §§30 & 31, is difficult to explain away.

(34) Path of cultivation;

(35) Path of one who no longer needs religious training;

(36) Twelvefold dependent origination;

... the round of teaching known as *Dharmaśarīra*. Those teachings [are] very profound ..."

Textual Structure

After the philological essay, we consider it appropriate to briefly discuss the structure of the *Dharmaśarīra-sūtra*. Manuscript G is characterized by a tripartite or tetrapartite structure: If the text begins in line 0, the first section would be a brief invocation, possibly paying homage to the Buddha. If the text begins in line 1, the first section would start from the middle of line 1 (*evaṃ mayā śrutam*) and go up to line 23 (before *yad uta*), comprising the frame narrative. Thereafter comes the inventory of Buddhist *termini*, which make up the main body of this text, and the closing words, which are unfortunately incomplete. It is noteworthy that a slightly different structure is attested in SHT 596: The homage section is much longer than that of manuscript G (if there exists line 0). There seems to be no frame narrative, but only a simple transition from the homage section to the list of *termini*. The *termini* are followed by the closing words, which are more or less complete.

In their catalog of the Pelliot Collection, Hartmann and Wille made a concise remark on the structure of two different versions of the *Dharmaśarīra-sūtra* preserved in the aforementioned two manuscripts: "The beginning and the end of these two versions are different, but the *termini* are identical."① As is illustrated above (see Commentary [5]-[7]), their characterization of the *termini* as "identical" must be taken *cum*

① Hartmann and Wille, "Die nordturkistanischen Sanskrit-Handschriften der Sammlung Pelliot (Funde buddhistischer Sanskrit-Handschriften, IV)", pp.167 - 168: "...dort sind der Anfang und das Ende abweichend, die *termini* jedoch übereinstimmend." In their note, only the parallel text in SHT 596 is referred to. See p.79, fn.1 above for more information on other parallel texts.

grano salis. As for the closing words, since manuscript G is heavily damaged in that point, it is hard to say whether or not its end is different from that of SHT 596. While the beginning is indeed different, the difference is basically twofold: the presence or absence of the frame narrative on the one hand, and the length of the homage section on the other. In either regard, the difference cannot be simply explained as the result of a linear development. That is to say, it is not *prima facie* evident whether the frame narrative is a primary element omitted later on, or a secondary addition interpolated into the text; and the homage section is so fluid that its augmentation, shortening, or even omission is more often than not contingent on the uses to which the text is put. As will be argued below, both SHT 596 and manuscript G may well have served as apotropaic texts. With a lengthier homage section and without any frame narrative, SHT 596 might have fulfilled its apotropaic function more directly, economically, and efficiently. The frame narrative, which is usually used to invest a certain round of teaching with an authoritative force, is not indispensable for the enactment of the text's protective power or for votive purposes, therefore it might be an interpolation peculiar to manuscript G. This must remain hypothetical until more evidence comes to light.

Other parallel texts, i.e. SHT 893 and Or. 15015/301 are not discussed here since they are too fragmentary to provide more informative details in terms of the structure of the sūtra.

Features and Functionality

In the present case, we deal with a multiple-text manuscript, carrying the Sanskrit *Dharmaśarīra-sūtra* on the one side and the Tumshuqese *Karmavācanā* on the other. Both of the texts are written in more or less the same variety of Northern Turkestan Brāhmī, and belong, in all likelihood, to more or less the same chronological stratum. Judging from the paleographic features, it is difficult to tell which one of the two texts is primary or secondary. As argued above, the findspot, i.e., Toqquz-saray, may not have been the provenance of this manuscript, i.e., the place where the manuscript was first produced and written. This is all the more likely given the portable format of the manuscript, as will be specified below. The fact that Tumshuqese was the local language spoken in the region encompassing Toqquz-saray might lead us to hypothesize that the *Karmavācanā* is secondary. However, this hypothesis can hardly be substantiated without further evidence. For, as long as the provenance remains unknown, it is impossible to exclude the possibility that the manuscript originated within the vast sphere of influence of the Tumshuqese language.①

In the following, we offer a provisional proof of the aforesaid hypothesis on the basis of the manuscript's materiality and format, which also give important clues about its potential function and cultural significance. First and foremost, it is perhaps not superfluous to note that the texts in question are written in paper, a writing material which is of Chinese origin and entered the Tarim Basin no later than the 4th or 5th century CE. Compared with palm leaves of Indian origin, paper can easily be rolled up to form a scroll, which, under certain circumstances, can also be folded in a shape similar to concertina, so as to save space and make storage and/or transport more affordable. To be sure, there are also scrolls made of birch bark, especially those written in Gāndhārī, known to Central Asian Buddhists of yore. As a matter of fact, Gandhāran birch-bark scrolls exemplify an ancient manuscript type, which exerted great influence on an extensive cultural sphere since the 6th century BCE.② But this type fell out of use in the 2nd century CE and gave way to the type of palm-leaf manuscripts from South Asia. As a result, birch-bark manuscripts discovered in the Tarim Basin are

① One must be aware that the Tumshuqese sphere of influence can be quite extensive. For example, the Uyghur people in Turfan may have borrowed some *Fremdzeichen* from the Tumshuqese Brāhmī to the Uyghur Brāhmī writing system through the contact with some Tumshuqese monks in the Turfan Basin (about 1000 km away from Tumshuq), who were possibly on exodus avoiding the control of Karakhanids at the turn of the first millennium CE; see Jens-Uwe Hartmann, Dieter Maue, and Peter Zieme, "Declaration of the Best: A Sanskrit-Uigur Commentary on the *Agraprajñaptisūtra* — Reedition of the Text TT VIII H", *Acta Orientalia Academiae Scientiarum Hungaricae*, 77.3, 2024, pp.358–360. Therefore, the non-Tumshuq provenance of manuscript G should not be ruled out.

② See Stefan Baums, "Gandhāran Scrolls: Rediscovering an Ancient Manuscript Type", J.B. Quenzer et al. (eds.), *Manuscript Cultures: Mapping a Field*, Berlin: De Gruyter, 2014, pp.183–225.

mostly narrow horizontal *poṭhīs*, modeled on palm-leaf manuscripts, rather than vertical scrolls.① The scroll format did not revive in this region until the introduction of paper went hand in hand with the influx of Chinese paper scrolls, a manuscript type which, resembling Gandhāran scrolls, is even more portable and economic. While Chinese writing goes vertically from top to bottom in columns ordered from right to left, Brāhmī script is written horizontally from left to right in lines ordered from top to bottom. That is to say, one only has to rotate a sheet of paper 90 degrees counterclockwise in order for a Chinese scroll to turn into a Brāhmī scroll. This is almost the slightest change that one can think of.

There is a strong affinity between the present manuscript and SHT 596 mentioned above, not only because they both contain the *Dharmaśarīra-sūtra*, but also since they have a similar format: The latter manuscript, unearthed from Kocho, is 7 cm in width and 32 cm in length. Its narrow vertical format is indicative of family resemblance. As for the original state of SHT 596, Heinrich Stönner, the first scholar who worked on this manuscript, stated that it was rolled up in the same way as some manuscripts of mantras and incantations, with which the hollow space inside bronze Buddha images etc. is filled. Therefore, he ventured to hypothesize that SHT 596 originally served the same purposes as those manuscripts.② That is to say, it was a votive text used along with other objects, such as bodily relics and jewels, to consecrate a Buddha image. This practice of consecration is widespread in the Buddhist world. In other words, the text was conceptualized as representing the Buddha's relics of the Dharma, which would make sense in harmony with its title *Dharmaśarīra*.

On the other hand, mantras and incantations, more often than not, occur in the so-called *rakṣā*-literature, which is believed to be imbued with the power to ward off evil

① See Dieter Schlingloff, "Die Birkenrindenhandschriften der Berliner Turfansammlung", *Mitteilungen des Instituts der Orientforschung* 4, 1956, pp.120 – 127.

② See Stönner, "Zentralasiatische Sanskrittexte in Brāhmīschrift aus Idikutšahri, Chinesisch-Turkistān. I.", p.1282.

influences or bad luck. According to Hartmann and Wille, paper scrolls of a narrow vertical format are particularly favored in the Tarim Basin as a valuable material for writing apotropaic texts. Such scrolls are usually slim, but can sometimes reach a considerable length.① Originally they were either rolled up or folded in a space-saving layout, which is indicative that they were designed to be carried about as amulets and eventually stored in cramped conditions. In the Berlin Turfan Collection, Hartmann and Wille have identified a total of 25 paper scrolls of that nature, including SHT 596, and the vast majority of the texts written in those scrolls can be plausibly categorized as apotropaic texts, in some of which traces of cultic uses are discernible.② Viewed in this light, the present manuscript, i. e., Pelliot Fragments divers D. A. G, should be subsumed under this group of paper scrolls, and as such may well have originally been used in more or less the same context. This seems to be a manuscript type entrenched in the Tarim Basin. In this case, content, function, and format are closely connected with one another.

If the hypothesis argued above is even approximately correct, it may not be wide of the mark to argue that the *Dharmaśarīra-sūtra* is the primary text in this multiple-text manuscript, insofar as it content-wise dovetails with the potential function of the manuscript, to which its format is tailored. The *Karmavācanā* is not a typical apotropaic text, and is rarely copied in this type of scrolls. In addition, the *verso* of such scrolls is, in most cases (e.g. SHT 596), blank, and this would make them desirable when the need emerges for the recycling of obsolete manuscripts. Therefore, it is conceivable that manuscript G was originally a scroll carrying the *Dharmaśarīra-sūtra* only, just like SHT 596, and that the Tumshuqese *Karmavācanā* was written on the back of the

① See Jens-Uwe Hartmann and Klaus Wille, "Apotropäisches von der Seidenstraße: eine zweite 'Löwenhandschrift'", Eli Franco and Monika Zin (eds.), *From Turfan to Ajanta: Festschrift for Dieter Schlingloff on the occasion of his eightieth birthday*, Lumbini: Lumbini International Research Institute, 2010, pp.366 – 367.

② See Jens-Uwe Hartmann and Klaus Wille, "Apotropäisches von der Seidenstraße: eine zweite 'Löwenhandschrift'", pp.382 – 383.

Sanskrit text by way of recycling, at a point when the primary function of the scroll probably had been fulfilled. Due to the small sample size, this hypothesis must remain conjectural and should be tested more thoroughly in the future.

Appendix

Remarks on the Tumshuqese Side

The work on the Sanskrit side has uncovered evidence for a better reconstruction of the Tumshuqese side. As is argued above (see Commentary [7]), it is very likely that the lacuna between lines 53 and 55 on the Sanskrit side is larger, and that one more line, i.e., line 54, can be added in between. Accordingly, the same lacuna on the Tumshuqese side should also be enlarged, and one more line, i.e., 57bis,① should be inserted between lines 57 and 58. As is demonstrated below in detail, the missing phrase in this lacuna (lines 57bis – 58) constitutes a reference to sexual misconduct, from which a Buddhist layperson ought to refrain. More or less the same phrase probably occurs in the lacuna three lines above, which seems to end with the same term as attested at the beginning of line 58. The phraseological parallelism between lines 54 – 55 and lines 57bis – 58 makes it plausible that the sizes of the two lacunae should not be significantly different. Therefore, it may not be far-fetched to assume that one more line, i.e., line 54bis, can be added to the lacuna between lines 54 and 55 as well. This hypothetical reconstruction has implications for the Sanskrit side (see Commentary [6] above). If what is argued above is approximately correct, there may have originally been two additional lines on the Tumshuqese side, which were overlooked by both French conservators and previous scholars. In other words, the number of lines preserved on the Tumshuqese side should thus be corrected from 62 to 64, with two more damaged lines rediscovered.

① We do not change the received sequence of numbers assigned to lines on the Tumshuqese side in order to enable the reader to compare our reconstruction of the Tumshuqese text with those by previous scholars.

This suggests a different reconstruction of §§22–25 from Emmerick's:[1]

	Reconstruction	Translation
§ 22	53 ka paitr̥ye hvaña 54 (sa paitr̥ya)[m]i	"If you can, say: 'I can'."
§ 23	.. (**χšu**)- 54bis [**n**]**d. .. r̲a + +** (bimä)- 55 yya tsi biramitänā 56 uvāse śikṣāvati	"Refraining from **extramarital intercourse** (is) a lay[person]'s commandment."
§ 24	57 (mara t)i[v](ya) [au] t(s)e(nya) 57bis .. (**χšund**). .. [**r̲a**] **+ +** 58 bimäyyā	"Hence throughout life you (must refrain from) **extramarital intercourse**."
§ 25	ustamat[au] 59 tsiriṣvāña[2] aśoña	"Even in the case of an animal."

As is shown above, the restoration (*bimä*)-, which Bailey ("The Tumshuq *Karmavācanā*", p.652) put in line 54, should be moved one line below to line 54bis. The upper half of the *akṣaras* at the beginning of line 54bis is damaged, but on close scrutiny, we read [*n*]*d*. .. *r̲a*[3] and tentatively reconstruct (*χšu*)[*n*]*d*-, i.e., a compound or a derivative of the potential Tumshuqese word for 'husband' (cf. Khotanese *kṣundaa*- 'husband'),[4] followed by an unknown word beginning with the prefix *r̲a*- (< Old Iranian **fra*-).[5] Whatever those *akṣaras* actually are, they must

[1] The reconstruction of the Tumshuqese text and the English translation are adapted from Emmerick, *The Tumshuqese Karmavācanā Text*, pp. 10–11, with the symbols converted according to our convention above. The phrases missing from Emmerick's edition are given in boldface, as are their counterparts in the Emmerick's translation.

[2] Here Maue's reading is followed. Emmerick read *.āsariṣvāña* instead. The interpretation of this form and this line is complex, and should therefore best be dealt with in a separate paper.

[3] For the reading-[*n*]*d*. we are indebted to Maue (p. c.). In fact, Hitch ("Tumshuqese Transcriptions", k.vii) has already proposed the reading -*nd*(*ā*), but he has overlooked the missing line and attached it to the verb form *hvaña*, which is rather implausible.

[4] On the etymology of Khotanese *kṣundaa*- (<* *fšu-i̯ant-aka*-; Avestan *fšuiiaṇt*- 'husbandman'), see Harold W. Bailey. *Dictionary of Khotan Saka*, Cambridge: Cambridge University Press, 1979, p.69. The lexeme is otherwise not attested in extant Tumshuqese fragments.

[5] Cf. e.g. Tumshuqese *r̲azan*-'to know, understand' (<Old Iranian **fra-zan*-; cf. Khotanese *haysān*- 'id.').

belong to a different line right beneath (*sa paiṭrya*)[*m*]*i*, which concludes the section on "refraining from taking the property of another" (*adattādāna*). Altogether they constitute a phrase consisting of seven syllables, which is to be construed with (*bimä*)*yya* (lines 54bis–55). It is not unlikely that the same phrase, i.e., .. (*χšu*)*nd*. .. *ṟa*- + +, occurs once again in line 57bis, for the contour of a blurred [*ṟa*] is visible① above the middle of line 58. In both cases, *ṟa*- shows up about two *akṣaras* before *bimäyyă*.

As for the enigmatic word *bimäyyă* (instr.-abl. sg.), Bailey ("The Tumshuq *Karmavācanā*", pp. 667f.) associated it with Avestan *maiiah*- 'pleasure, sexual intercourse' (C. Bartholomae, *Altiranisches Wörterbuch*, Strassburg: K. J. Trübner, 1904, p. 1141, s. v. *mayah*-: "Begattung, Beischlaf") and translated it as "from unchastity".② In the Sanskrit parallel, the counterpart is *kāmamithyācārād* 'from sexual misconduct,'③ which is not the same as the refraining 'from sexual intercourse' (*maithunād*), as is stipulated for monks, nuns, and novices.④ Unlike their monastic counterparts, Buddhist lay followers take no vow of celibacy, and thus are enjoined to practice only the discipline of restraint from "unchaste" sexual acts in the sense of illicit sexual intercourse out of wedlock, etc. Therefore, Emmerick's rendition "extramarital intercourse" is not incorrect, but it is still unclear whether *bimäyyă* alone suffices to express this meaning, insofar as the word is poorly attested

① In the old photograph published by Konow, however, this sign is not quite visible for typographical reasons. But the contour is clearer in the late photograph provided by BnF.

② For a critical remark on Bailey's rendition "unchastity", with "unchaste" being understood in the sense of "not committed to celibacy" (Skt. *abrahmacarya*), see Hirakawa Akira. *Ritsuzō no kenkyū*, Tokyo: Sankibō, 1960, p.101.

③ See Herbert Härtel. *Formulare für den Gebrauch im buddhistischen Gemeindeleben aus ostturkestanischen Sanskrit-Handschriften*. Berlin: Akademie-Verlag, 1956, p.55, where he explicitly rendered this term into German as "vom außerehelichen Geschlechtsverkehr."

④ *Pace* Klaus T. Schmidt. *Nachgelassene Schriften: 1. Ein westtocharisches Ordinationsritual, 2. Eine dritte tocharische Sprache: Lolanisch*. Bremen: Hempen Verlag, 2018, p. 91, who aligned both Sanskrit *kāmamithyācārād* and Tumshuqese *bimäyya tsi* with Tocharian B *maithunmeṃ* "vom Geschlechtsverkehr" (p. 65). But the Tocharian text deals with the ordination of a novice monk (TochB. *ṣanmire*, Skt. *śrāmaṇera*), which should be distinguished from the case of a layperson, especially when it comes to this specific commandment.

and remains semantically obscure.①

Whatever *bimäyyǎ* means, the rediscovery of the two lines proposed above points to a strong likelihood that the idea of 'sexual misconduct' is formulated here a bit more elaborately. This is the case with the preceding commandment (Tumshuqese *śikṣāvate*, Skt. *śikṣāpada*): the Sanskrit compound *adattādānād* 'from taking what has not been given' is expanded and reformulated in Tumshuqese as *handarā hävyä arordä tsāti ñātanäyyā tsi* (lines 41 – 43) "from taking the property of another that has not been given" (tr. Emmerick, *The Tumshuqese Karmavācanā Text*, p.11).

Unlike thievery, sexual misconduct is gender-specific. This brings us to the issue of the enigmatic gender of the ordinand, whose name is attested in this manuscript as *Dharmadāsi*. Emmerick (*The Tumshuqese Karmavācanā Text*, p.9) interpreted it as a feminine personal name Dharmadāsī, and thus considered the entire text dealing with the ordination of a laywoman. Some of his arguments are based on an erroneous interpretation of some ostensibly feminine forms,② as criticized and corrected by Klaus

① Admittedly, the etymon probably has no moral connotations. Maggi (p.c.) points to the possibility that the preposition *bi-*(<Old Iranian **vi-*) may have a pejorative meaning. Maue (p.c.) considers it equally possible to derive the same preposition from Old Iranian **abi-*'to(wards), over, against.'

② Emmerick, for instance, misunderstood a well-established string of the Buddha's epithets; see *The Tumshuqese Karmavācanā Text*, pp.10 – 11, §§9 – 11: *tharā nāma hvatā r̠asananda diyändā taro ātā aṣañyā andastai biśe dāte haṅgaṅgu r̠asandā* "[the laywoman] called by the name so and so [...] a questioner (and) presenter. Then having come with the worthy one let (the questioner) ask (her) in the assembly about all preclusive matters." Schmidt (*Nachgelassene Schriften*, p.89), however, recognized the phrase in question as a calque on Tocharian B and/or Sanskrit, as follows:

Toch. B	*causa*	*ñem-klawissontsa*	Ø	Ø	*taiknesāk kekamoṣ*
Tumsh.	*tharā*	*nāma-hvatā*	*r̠asanandā*	*diyändā*	*taro ātā*
Skt.	*etena*	*bhagavatā*	*jānatā*	*paśyatā*	*tathāgatena*
English	by this	renowned one	the knower	the seer	the thus-come one

Toch. B	*aṣanīkentsa*	*ysomo po pelaiknenta kärsoṣṣa*
Tumsh.	*aṣañyā*	*andastai biśe dāte haṅgaṅgu r̠asandā*
Skt.	*arhatā*	*samyaksaṃbuddhena*
English	the worthy one	the one who has completely known/understood all *dharmas*

(轉下頁)

T. Schmidt (*Nachgelassene Schriften*, pp.110, 113 – 114). Schmidt, alternatively, read it as the nominative singular of a masculine name Dharmadāsa.① In an unpublished philological note, Dieter Maue has attempted a detailed examination of pertinent evidence and concluded that Emmerick's point of view was ill-founded, and that, in the absence of any definitive evidence, there was cumulative evidence for the probability of a male ordinand by the name of Dharmadāsa.②

As the jury is still out on this issue, we propose two possible reconstructions of the phrase before *bimäyyǎ*:

(1) If the ordinand is a laywoman, as Emmerick postulated, it is possible to reconstruct **a-χšundaina* ***ṟa*** + + ***bimäyyā*** 'from sexual intercourse ... with [a man] who is not [her] husband'. In the case of a laywoman, sexual misconduct consists, when she is married or betrothed, in being unfaithful to her husband or fiancé.③

(2) If, more probably, the ordinand is a layman, as argued by Schmidt and

(接上頁)The case, in which this string of epithets is declined, is the perlative in Tocharian B, but the genitive-dative and the instrumental in Tumshuqese and Sanskrit, respectively. The comparison cited above clearly excludes some potential feminine forms proposed by Emmerick (*The Tumshuqese Karmavācanā Text*, p.9). For a partly overlapping analysis without reference to the Tocharian B parallel, see Skjærvø, "On the Tumshuqese 'Karmavācanā' Text", p.85.

① Although some of Schmidt's critical remarks are undoubtedly justified, his overreliance on the Tocharian B parallel can sometimes be misleading; see *Nachgelassene Schriften*, p.110, s.v. *uvāse*: "Es sei darauf hingewiesen, daß die Auffassung Emmericks ... *uvāsau* = *uvāsā* und *uvāse* seien Formen eines Femininums *uvāsaā-* 'laywoman', durch die Textanalyse im Vergleich mit der tocharischen Version eindeutig widerlegt wird." As we point out above, the Tocharian B *Karmavācanā* edited by Schmidt deals with the ordination of a novice (Toch.B *ṣanmīre*) rather than a layperson, it cannot have been the Vorlage of the Tumshuqese text.

② See Maue, "Tumschukische Miszellen/Miscellanea Tumšucica V: 6. Dharmadāsa oder Dharmadāsī?". The authors are grateful to Dieter Maue for sharing his unpublished work.

③ That is to say, when a woman is neither married nor betrothed, there is no sexual misconduct at all when she is having sex, even if her male partners may, in doing so, commit sexual misconduct. The discipline of restraint from sexual misconduct is predominantly directed at laymen rather than laywomen. Therefore, there is no clear reference to what constitutes sexual misconduct for laywomen with the exception of some later Pāli commentarial literature, which prescribes a laywoman's sexual acts as appropriate unless she is married or betrothed; because, in the latter case, she is considered as having a "husband" or "owner" (*sassāmikā*); see Collins, "Remarks on the Third Precept: Adultery and Prostitution in Pāli Texts", *Journal of the Pali Text Society* 29, 2007, pp.265 – 267.

Maue, it is also possible to reconstruct *.. ***χšundauṣte r̲a*** + + ***bimäyyā*** 'from sexual intercourse ... with [a woman] who is having a husband'.① A Buddhist layman's sexual misconduct is explicitly defined as 'going to the wives of someone else' (*paradāragamana*) in Pāli canonical sources, which might be semantically close to what is reconstructed in the Tumshuqese context. *De jure* there are more types of women as inappropriate sexual partners for a layman than other men's wives or fiancées.②

Given the fragmentary state of the present manuscript, these reconstructions must remain hypothetical until more evidence comes to light, and until we are in a better position to verify or falsify them. Be that as it may, it is by and large plausible that there are more lines on the Tumshuqese side than previously taken for granted. This finding is not without significance in future investigations into the Tumshuqese *Karmavācanā*, one of the oldest pieces of written literature in this Middle Iranian language, which, in many respects, can be better understood.

Abbreviations

BHSD = Edgerton, Frank. 1953. *Buddhist Hybrid Sanskrit Grammar and Dictionary, Volume II: Dictionary*. New Haven: Yale University Press.

BHSG = Edgerton, Frank. 1953. *Buddhist Hybrid Sanskrit Grammar and Dictionary, Volume I: Grammar*. New Haven: Yale University Press.

BLSF III.1 = Karashima, Seishi, Jundo Nagashima and Klaus Wille, eds. 2015. *Buddhist Manuscripts from Central Asia: The British Library Sanskrit Fragments*, Vol.III.1. Tokyo: The International Research Institute for Advanced Buddhology, Soka

① For the postulated Tumshuqese **χšundausta-*, cf. Khotanese *kṣuṃdausta-* 'endowed with a husband, married (woman)'; see Almuth Degener. *Khotanische Suffixe* (Alt- und Neu-Indische Studien 39), Stuttgart: Franz Steiner Verlag, 1989, p.319.

② See Steven Collins, "Remarks on the Third Precept: Adultery and Prostitution in Pāli Texts", pp.263 – 284; and Iwai Shogo, "Fujain kai saikō: Fūzoku kayoi wa yurusareru?", *Indogaku bukkyōgaku kenkyū* 64.1, 2015, pp.217 – 223(= 308 – 302).

University.

BLSF III.2 = Karashima, Seishi, Jundo Nagashima and Klaus Wille, eds. 2015. *Buddhist Manuscripts from Central Asia: The British Library Sanskrit Fragments*, Vol.III.2. Tokyo: The International Research Institute for Advanced Buddhology, Soka University.

SHT III = Waldschmidt, Ernst, Walter Clawiter, and Lore Sander-Holzmann, eds. 1971. *Sanskrithandschriften aus den Turfanfunden*, Vol. 3. Wiesbaden: Franz Steiner Verlag GmbH.

SWTF = Bechert, Heinz, et al., eds. 1973 –. *Sanskrit-Wörterbuch der buddhistischen Texte aus den Turfan-Funden und der kanonischen Literatur der Sarvāstivāda-Schule*. Göttingen: Vandenhoeck & Ruprecht.

Bibliography

Bailey, H. W. 1950. "The Tumshuq *Karmavācanā*." *Bulletin of the School of Oriental and African Studies, University of London* 13.3: 649 – 670.

———. 1979. *Dictionary of Khotan Saka*. Cambridge: Cambridge University Press.

Bartholomae, Christian. 1904. *Altiranisches Wörterbuch*. Strassburg: K. J. Trübner.

Baums, Stefan. 2014. "Gandhāran Scrolls: Rediscovering an Ancient Manuscript Type." In *Manuscript Cultures: Mapping the Field*, edited by J.B. Quenzer, et al., 183 – 225. Berlin: De Gruyter.

Bendall, Cecil. 1902. Çikshāsamuccaya: *A Compendium of Buddhistic Teaching Compied by Çāntideva, Chiefly from Earlier Mahāyāna-Sūtras*. St. Petersburg: Académie Impériale des Sciences.

Berthier, Annie, ed. 2000. *Manuscrits, xylographes, estampages: les collections orientales du département des Manuscrits*. Paris: Bibliothèque nationale de France.

Ching, Chao-jung 慶昭蓉. 2017. *Tuhuoluo yu shisu wenxian yu gudai Qiuci lishi*. 吐火羅語世俗文獻與古代龜兹歷史. Beijing: Peking University Press.

Cohen, Monique. 2000. "Pelliot divers." In *Manuscrits, xylographes, estampages: les collections orientales du département des Manuscrits*, edited by Annie Berthier, 110. Paris: Bibliothèque nationale de France.

Collins, Steven. 2007. "Remarks on the Third Precept: Adultery and Prostitution in Pāli Texts." *Journal of the Pali Text Society* 29: 263 – 284.

Degener, Almuth. 1989. *Khotanische Suffixe* (Alt- und Neu-Indische Studien 39). Stuttgart: Franz Steiner Verlag.

Emmerick, Ronald E. 1985. *The Tumshuqese Karmavācanā Text* (Akademie der Wissenschaften und der Literatur: Abhandlungen der Geistes- und sozialwissenschaftlichen Klasse, Jahrgang 1985, Nr. 2). Stuttgart: Franz Steiner Verlag Wiesbaden GmbH.

Fan, Jingjing, Peng Jinzhang, and Wang Haiyun. 2018. "Three More Leaves of the Sanskrit-Uighur Bilingual *Dharmaśarīrasūtra* in Brāhmī Script." *Acta Orientalia Academiae Scientiarum Hungaricae* 71.3: 285 – 301.

Filliozat, Jean. 1948. *Fragments de textes koutchéens de médecine et de magie: texte, parallèles sanskrits et tibétains, traduction et glossaire*. Paris: Adrien-Maisonneuve.

Griffiths, Arlo. 2009. *The Paippalādasaṃhitā of the Atharvaveda, Kāṇḍas 6 and 7: A New Edition with Translation and Commentary*. Groningen: Egbert Forsten.

Hambis, Louis. 1964. "Les établissements de la région de Toumchouq." In *Mission Paul Pelliot: documents archéologiques publiés sous les auspices l'Académie des inscriptions et belles-lettres, II, Toumchouq*, edited by Madeleine Paul-David, Madeleine Hallade, and Louis Hambis, 39 – 118. Paris: Adrien Maisonneuve.

Hartmann, Jens-Uwe. 2017. "King Prasenajit Bemoans the Death of His Grandmother: A Study of the Manuscript SHT 7185", *International Journal of Buddhist Thought & Culture* 27.1: 73 – 105.

Hartmann, Jens-Uwe, Dieter Maue, and Peter Zieme. 2024. "Declaration of the Best: A Sanskrit-Uigur Commentary on the *Agraprajñaptisūtra* — Reedition of the Text TT VIII H." *Acta Orientalia Academiae Scientiarum Hungaricae*, Volume 77.3: 343 – 397.

Hartmann, Jens-Uwe, and Klaus Wille. 1997. "Die nordturkistanischen Sanskrit-Handschriften der Sammlung Pelliot (Funde buddhistischer Sanskrit-Handschriften, IV)." In *Untersuchungen zur buddhistischen Literatur II, Gustav Roth zum 80. Geburtstag gewidmet* (Sanskrit-Wörterbuch der buddhistischen Texte aus den Turfan-Funden, Beiheft 8), edited by Heinz Bechert, Sven Bretfeld and Petra Kieffer-Pülz, 131 – 182. Göttingen: Vandenhoeck & Ruprecht.

———. 2010. "Apotropäisches von der Seidenstraße: eine zweite 'Löwenhandschrift'." In *From Turfan to Ajanta: Festschrift for Dieter Schlingloff on the Occasion of his Eightieth Birthday*, edited by Eli Franco and Monika Zin, 365 – 388. Lumbini: Lumbini International Research Institute.

———. 2014. "The Central Asian Sanskrit Fragments in the Pelliot Collection (Paris)." In *From Birch Bark to Digital Data: Recent Advances in Buddhist Manuscript Research — Papers Presented at the Conference Indic Buddhist Manuscripts: The State of the Field, Stanford, June 15 – 19 2009*, edited by Paul Harrison and Jens-Uwe Hartmann, 213 – 222. Wien: Verlag der Österreichischen Akademie der Wissenschaften.

Herbert Härtel. 1956. *Formulare für den Gebrauch im buddhistischen Gemeindeleben aus ostturkestanischen Sanskrit-Handschriften.* Berlin: Akademie-Verlag.

von Hinüber, Oskar. 2022. *Studien zur Kasussyntax des Pāli* (Studia Indologica Universitatis Halensis 19). Halle: Universitätsverlag Halle-Wittenberg.

Hirakawa Akira 平川彰. 1960. *Ritsuzō no kenkyū* 律蔵の研究. Tokyo: Sankibō.

Hoffmann, Karl. 1960. "Der vedische Typus menāmenam", *Zeitschrift für vergleichende Sprachforschung auf dem Gebiete der indogermanischen Sprachen* 76.3/4: 242 – 248.

Iwai Shogo 岩井昌悟. 2015. "Fujain kai saikō: Fūzoku kayoi wa yurusareru?" 不邪淫戒再考一風俗通いは許される? *Indogaku bukkyōgaku kenkyū* 印度學佛教學研究 64.1: 217 – 223(= 308 – 302).

Karashima Seishi. 2012. *Die Abhisamācārikā Dharmāḥ: Verhaltensregeln für buddhistische Mönche der Mahāsāṃghika-Lokottaravādins*, I. Tokyo: The International Research Institute for Advanced Buddhology, Soka University.

Kimura Takayasu. 2007. *Pañcaviṃśatisāhasrikā Prajñāpāramitā* I-1. Tokyo: Sankibō.

Konow, Sten. 1941 – 42. "Note sur une nouvelle forme aberrante du khotanais." *Journal Asiatique* 233: 83 – 104.

Kudo, Noriyuki. 2004. "Remarks on the Orthography of the *Kāśyapaparivarta* Manuscripts: 'Visarga-daṇḍa' in Verses." In *Three Mountains and Seven Rivers: Prof. Musashi Tachikawa's Felicitation Volume*, edited by Shoun Hino and Toshihiro Wada, 73 – 95. Delhi: Motilal Banarsidass.

La Vallée-Poussin, Louis de. 1911. "Documents Sanscrits de la Seconde Collection M. A. Stein." *The Journal of the Royal Asiatic Society of Great Britain and Ireland*: 759 – 777.

———.1925. *L'Abhidharmakośa de Vasubandhu, Tome V: Septième et huitième chapitres, neuvième chapitre ou réfutation de la doctrine du Pudgala.* Paris: Paul Geuthner & Louvain: J.-B. Istas.

Ogihara, Hirotoshi and Ching Chao-jung. 2024. "Miscellany on the Tumshuqese Documents (III): Words Relating to Cereals." In *Siddham: Studies in Iranian Philology in Honour of Mauro Maggi*, edited by Gerardo Barbera et al., 305 – 324 Wiesbaden: Ludwig Reichert Verlag.

Pauly, Bernard. 1965. "Fragments Sanskrit de Haute Asie (Mission Pelliot)." *Journal Asiatique* 253: 83 – 121.

Pelliot, Paul. 2008. *Carnets de route: 1906 – 1908*, edited by Jérôme Ghesquière. Paris: Les Indes Savantes.

Renou, Louis. 1939. "Sur certains emplois d'a(n)° priv. en sanskrit, et notamment dans la Rgveda", *Bulletin of the School of Oriental Studies* 10.1: 1 – 18.

Rong, Xinjiang. 2005. "The Name of the So-called 'Tumshuqese' Language."

Bulletin of the Asia Institute (New Series) 19: 119 - 127.

Sander, Lore. 1968. *Paläographisches zu den Sanskrithandschriften der Berliner Turfansammlung*. Wiesbaden: Franz Steiner Verlag GmbH.

Schlingloff, Dieter. 1956. "Die Birkenrindenhandschriften der Berliner Turfansammlung." *Mitteilungen des Instituts der Orientforschung* 4: 120 - 127.

———. 2006. *Ein buddhistisches Yogalehrbuch: Unveränderter Nachdruck der Ausgabe von 1964 unter Beigabe aller seither bekannt gewordenen Frgmente*, edited by Jens-Uwe Hartmann and Hermann-Josef Röllicke. München: Iudicium Verlag.

Schmidt, Klaus T. 1988. "Ein Beitrag des Tocharischen zur Entzifferung des Tumšuqsakischen." *Altorientalische Forschungen* 15.2: 306 - 314.

———. 2018. *Nachgelassene Schriften: 1. Ein westtocharisches Ordinationsritual, 2. Eine dritte tocharische Sprache: Lolanisch*. Bremen: Hempen Verlag.

Séguy, Marie-Rose. 1979. *Trésors de Chine et de Haute Asie: Centième anniversaire de Paul Pelliot*. Paris: Bibliothèque Nationale de France.

Skjærvø. P. O. 1987. "On the Tumshuqese 'Karmavācanā' Text." *The Journal of the Royal Asiatic Society of Great Britain and Ireland* 1: 77 - 90.

Speyer, Jacob Samuel. 1911. "Indologische Analekta", *Zeitschrift der Deutschen Morgenländischen Gesellschaft* 64: 315 - 324.

Stönner, Heinrich. 1904. "Zentralasiatische Sanskrittexte in Brāhmīschrift aus Idikutšahri, Chinesisch-Turkistān. I. (Nebst Anhang: Uigurische Fragmente in Brāhmīschrift)" *Sitzungsberichte der Königlich Preussischen Akademie der Wissenschaften XLIV*: 1282 - 1290.

Vorobyova-Desyatovskaya, M. I., Seishi Karashima, and Noriyuki Kudo. 2002. The Kāśyapaparivarta: Romanized Text and Facsimiles. Bibliotheca Philologica et Philosophica Buddhica, V. Tokyo: The International Research Institute for Advanced Buddhology, Soka University.

Figure 1: Pelliot Fragments divers D.A. G (P 410), Tumshuqese side; facsimile adapted from Sten Konow, "Note sur une nouvelle forme aberrante du khotanais", *Journal Asiatique* 233, opposite p. 101.

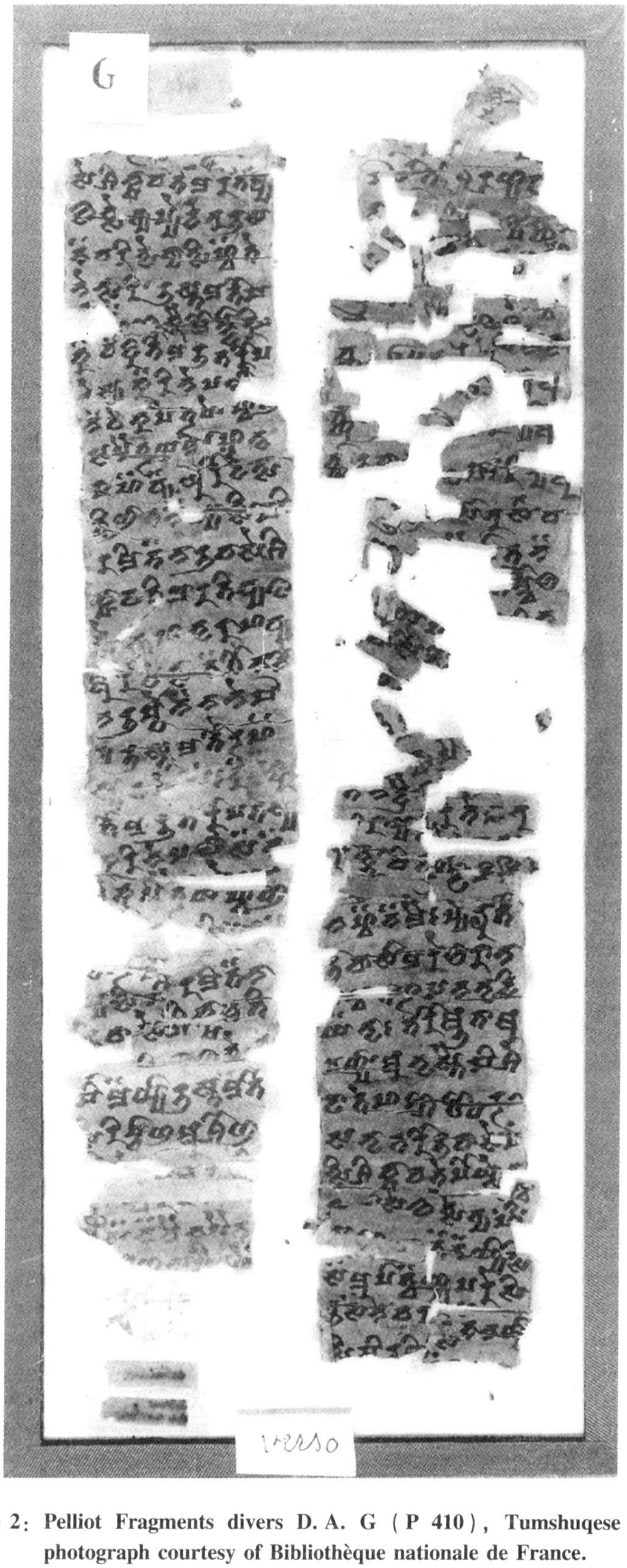

Figure 2: Pelliot Fragments divers D. A. G (P 410), Tumshuqese side; photograph courtesy of Bibliothèque nationale de France.

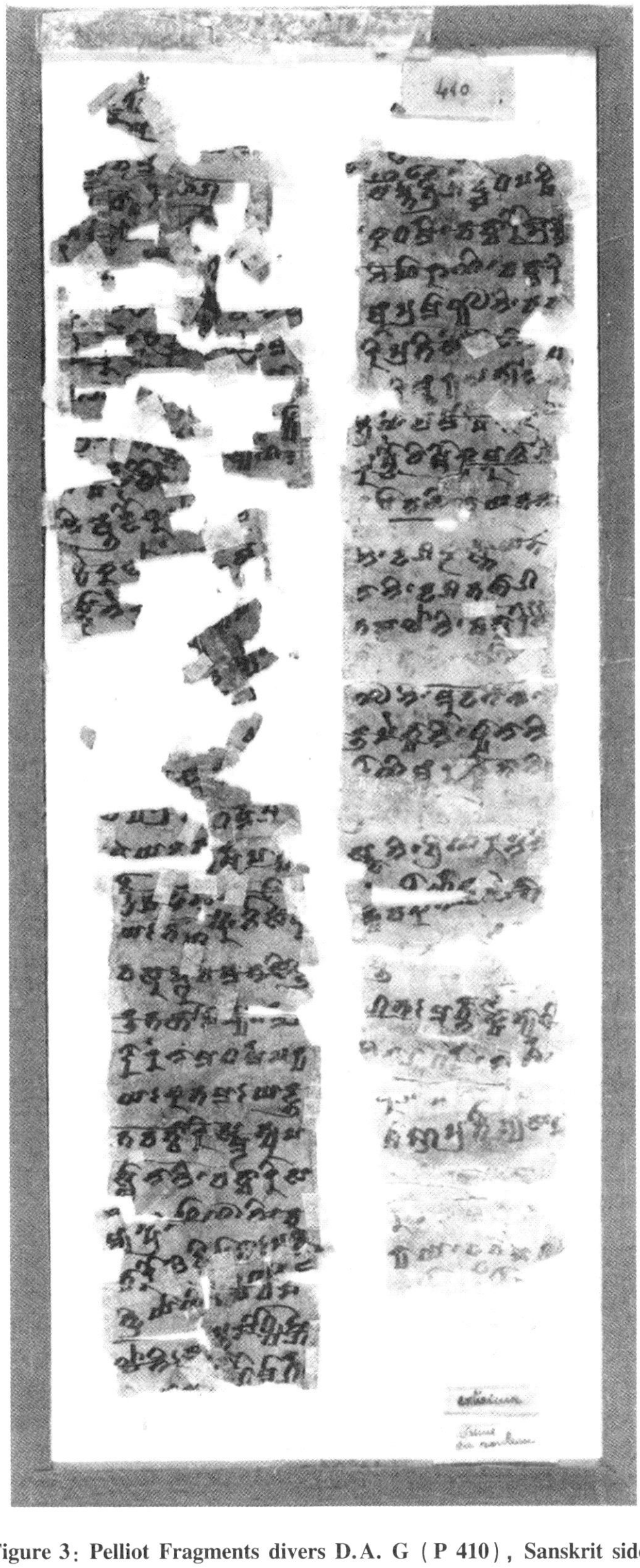

Figure 3: Pelliot Fragments divers D.A. G (P 410), Sanskrit side; photograph courtesy of Bibliothèque nationale de France.

Figure 4: Beginning of Pelliot Fragments divers D.A. G (P 410), Tumshuqese side; with superimposed images of the old and new photographs.

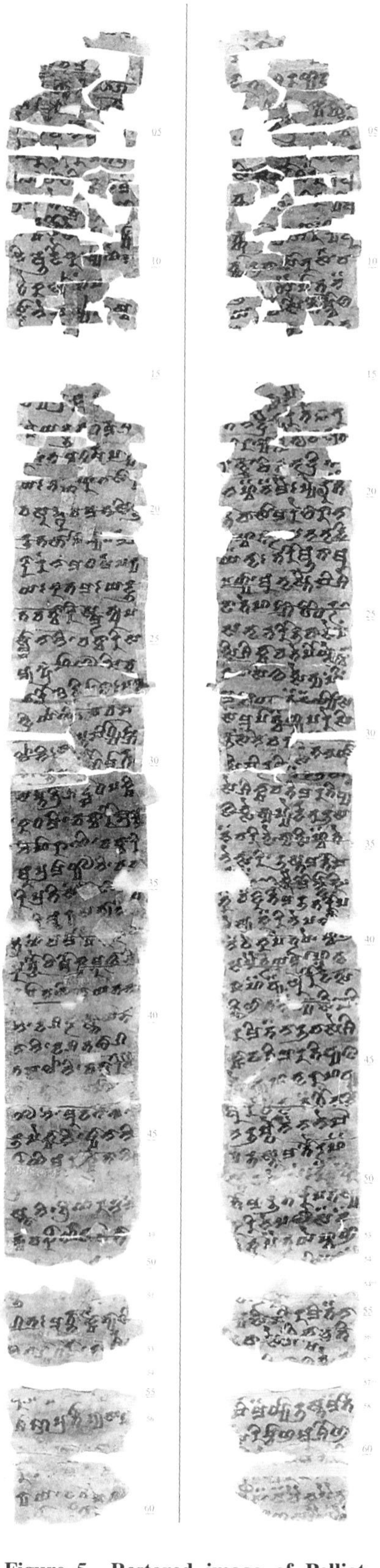

Figure 5: Restored image of Pelliot Fragments divers D. A. G (P 410), Sanskrit side (left) and Tumshuqese side (right).

殘卷重開

——伯希和掠去梵語《法身經》(*Dharmaśarīra-sūtra*)殘卷再探

陳瑞翾　張舒寧

法國國家圖書館所藏的編號爲 Pelliot Fragments divers D.A.G 的寫本是一件雙語寫卷。其一面是使用圖木舒克語書寫的《羯磨本》(*Karmavācanā*),早在 1940 年代初,Sten Konow 便針對其發表研究;而使用梵語書寫的另一面,卻少人問津,直到 1997 年才被 Jens-Uwe Hartmann 和 Klaus Wille 比定爲《法身經》,但並未被進一步研究。儘管拍攝於不同年代的照片資料表明,在約半個世紀內,Pelliot divers D.A.G 已變得殘破不堪,但基於這些照片資料以及平行文本的内容,其梵語面《法身經》的大部分内容依然可以得到復原。本文首先呈現圍繞梵語面《法身經》所開展的文獻學工作的成果,包括文本的轉寫、重構、注釋、翻譯以及其與平行文本的結構比對。隨後,本文在寫本文化的背景中進一步探討該雙語寫卷的歷史背景和功用。圖木舒克語面的新、老照片對比可爲梵文面的重構工作提供巨大幫助,反之,梵文面的復原過程也可以爲圖木舒克語面的解讀帶來新的啓發。這些有關圖木舒克語《羯磨本》的新解將作爲附録置於文末。

敦煌出土 Or.8212/161 突厥魯尼文占卜手册成書考*

白玉冬

大英博物館藏斯坦因(A. Stein)所獲 Or.8212/161 文書出自敦煌藏經洞,是一本手抄册子本,由 29 張折疊的紙粘貼而成。册子的核心部分是用突厥魯尼文書寫的古突厥語占卜書,册首和册尾是手寫漢文佛典。據 Or.8212/161 文書,尤其是從漢突雙語文本的相互關係,我們可以見證絲綢之路沿綫不同文化之間的交流交融,以及唐宋之際河西敦煌地區與中原内地之間文化上的密切聯繫。

Or.8212/161 文書因含有現今唯一的突厥魯尼文册子本,故百年以來吸引了衆多研究者的眼球。歷經前輩學者的精斟細酌,①其古突厥語占卜書内容幾

* 本文係國家社會科學基金重大項目"敦煌吐魯番出土漢文與民族語文數術文獻綜合研究"(22&ZD220)的階段性成果

① 主要參見 V. Thomsen, "Dr. M. A. Stein's Manuscripts in Turkish 'Runic' Script from Miran and Tun-Huang", *Journal of the Royal Asiatic Society*, 1912, pp.190－214; H. N. Orkun, *Eski Türk Yazıtları* II. Istanbul. (Repr.: 1987, Ankara), 1938, pp.71－93; C. E. Малов, *Памятники древнетюркской письменности. Тексты и исследования*, Москва: Изд-во Академии наук СССР, 1951, pp.80－92; G. Clauson, "Notes on the 'irk bitig'", *Ural-Altaische Jahrbücher* 33, 1961, pp.218－225; J. Hamilton, "Le colophon de l'Irq Bitig", *Turcica*, vol.7, 1975, pp.7－19; M. Erdal, "Irk Bitig Üzerine Yeni Notlar", *TSAY-Belleten*, 1977, pp.87－119; T. Tekin, *Irk Bitig: The Book of Omens*. (Turcologica 18.) Wiesbaden: Harrassowitz, 1993; M. Erdal, "Further Notes on the Irk Bitig", *Turkic Languages*, 1, 1997, pp.63－100; V. Rybatzki, "The Old Turkic *Ïrq Bitig* and Divination in Central Asia", in Matthias Kappler, Mark Kirchner and Peter Zieme (eds), *Trans-Turkic Studies: Festschrift in Honour of Marcel Erdal*, Istanbul: Mehmet Ölmez, 2010, pp.79－102; P. Zieme, "The Manichaean Turkish Texts of the Stein Collection at the British Library", *Journal of the Royal Asiatic Society of Great Britain & Ireland* (*Third Series*) 20, 2010, pp.256－257; Ġ. V. Stebleva, "Eski Türkçe Fal Kitabı Irk Bitigde Sembollerin Kavramsal Temeli", *Türkoloji Dergisi*, 14－1, 2011, pp.195－212; E. Aydın, R. Alimov, F. Yıldırım, *Yenisey-Kırgızistan yazıtları ve Irk Bitig*. Ankara: BilgeSu, 2013, pp.363－406; K. Seçkin, "Irk Bitig: Toplumsal İyi (轉下頁)

近釋清。不過,受研究視角所限,關於漢突雙語文本之相互關係的考察寥寥無幾。就此點而言,關於其寫本形態及其與前後所附漢文佛典之間的關係進行探討的芮跋辭(V. Rybatzki)與胡鴻的研究成果,值得關注。① 本稿關注的重點在於:(1) 漢突雙語文本的相互關係;(2) 册子本的編製過程;(3) 册子本的成書時間。

一、古突厥語占卜書與漢文佛典的書寫前後關係

關於 Or.8212/161 文書,丹麥學者湯姆森(V. Thomsen)最早依據斯坦因提供的實物進行了解讀研究。據其介紹,②該册子本紙張優質、厚實並堅韌,顏色爲淡黄色。共包括 58 葉,③或者説是 29 張紙片,高約 13.6 釐米,寬約 8 釐米,④毛筆寫成,册子本的紙張最後被一張張黏合在一起。⑤ 芮跋辭(V. Rybatzki)與胡鴻考述,這個小册子是大約在唐中期以後出現的中國傳統的蝴蝶裝册子本。⑥ 據湯姆森公開的原始圖片,Or.8212/161 册子本的四角最初並非國際敦煌項目(IDP)網站圖片所見

(接上頁)Toplumsal Kötünün İnşasında İdeolojik Bir Fal Kitabı", *Uluslararası Türkçe Edebiyat Kültür Eğitim Dergisi Sayı: 4/4*, 2015, pp.1433 – 1450; S. Uyanık, "'Irk Bitig' de Karakuş, Kartal, Garuda Üzerine", *International Journal of Old Uyghur Studies*, 3/2, 2021, pp.217 – 238;池田哲郎《古代トルコ語の占い文書(Ïrq Bïtïg)に就いて》,《京都産業大學國際言語科學研究所所報》第 6 卷第 1 號,1984 年,第 81—125 頁;張鐵山、趙永紅:《古代突厥文〈占卜書〉譯釋》,《喀什師範學院學報(哲學社會科學版)》1993 年第 2 期,第 31—42 頁;耿世民:《古代突厥文碑銘研究》,北京:中央民族大學出版社,2005 年,第 285—302 頁。

① 芮跋辭、胡鴻:《古突厥文寫本〈占卜書〉新探:以寫本形態與文本關係爲中心》,《唐研究》第 16 卷,北京大學出版社,2011 年,第 359—386 頁;V. Rybatzki and Hong Hu, "The Ïrq Bitig, the Book of Divination: New Discoveries Concerning its Structure and Content", in Irina Nevskaya and Marcel Erdal (eds), *Interpreting the Turkic Runiform Sources and the Position of the Altai Corpus*, Berlin: Klaus Schwarz, 2015, pp.149 – 173.

② V. Thomsen, "Dr. M. A. Stein's Manuscripts in Turkish 'Runic' Script from Miran and Tun-Huang", p.190.

③ 册子的每葉左上角,現已爲整理者標上阿拉伯數字編號 1—58。

④ 見過實物的哈密頓在 1975 年的論文中介紹説,手册頁面尺寸是 13.2×8 釐米。見 J. Hamilton, "Le colophon de l'Irq Bitig", p.11。

⑤ 另主要參見 A. Stein, *Serindia: Detailed Report of Explorations in Central Asia and Westernmost China*, 5 vols, Oxford: Clarendon Press, vol. 2, 1921, pp. 924 – 925; Imre Galambos, "The Bilingual Manuscript with the Irk Bitig: London, British Library, Or. 8212/161", *Medieval Multilingual Manuscripts: Case Studies from Ireland to Japan*, Michael Clarke and Máire Ní Mhaonaigh Ed, *Studies in Manuscript Cultures*, Volume 24, 2022, p.84。

⑥ 詳見 V. Rybatzki and Hong Hu, "The Ïrq Bitig, the Book of Divination: New Discoveries Concerning its Structure and Content", pp.151 – 155。

直角,而是被不同程度剪切過的不規則八角形(頂部兩角與底部兩角各約被剪切掉0.3釐米和1.2釐米)。

小册子由突厥魯尼文占卜書和漢文佛典兩部分組成。漢文佔據的是第1葉正面至第5葉背面右端(2行),第55葉背面右端(1行)至第58葉背面。魯尼文本始自第5葉背面,在第57葉正面結束。也就是説,在第5葉背面、第55葉背面、第56葉正面和背面,以及第57葉正面,魯尼文和漢文重疊在一起。關於漢文文本和魯尼文文本的關係,湯姆森介紹説:"該書的前9面和最後3面原本是空白的,但是後來,不僅這12面被密密麻麻地寫上了漢字,而且突厥文本的最後3面,加上突厥文倒數第4面及正數第1面的邊緣部分,也都寫上了漢字。"①可見,湯姆森認爲魯尼文占卜文書寫在前,漢文佛典寫在後。這一結論,之後爲奥爾昆(H. N. Orkun)②、哈密頓(J. Hamilton)③、特金(T.Tekin)④、芮跋辭和胡鴻⑤等絶大多數學者所接受。據筆者了解,只有呼籲人們亦應關注漢文文本的高奕睿(Imre Galambos)提出,占卜書的朱筆跋文部分似乎覆蓋在漢文文本之上。⑥ 不過,他同時認爲占卜文書本身很可能是在兩份漢文佛典之前寫成。筆者多年前利用圖片識讀突厥魯尼文占卜文書時,即已注意到以朱筆寫成的跋文是寫在漢文佛典之上的。不過,囿於時間條件所限,拙見始終未成文。

關於Or.8212/161文書的構成情況,翟林奈(L.Giles)編大英博物館藏敦煌漢文文獻目録介紹到:⑦(1)對釋迦牟尼佛一生的禮讚文,5葉;(2)有關占卜的小册子,古突厥語;(3)佛子船讚,3葉。芮跋辭和胡鴻正確指出,册首部分是中唐高僧法照編輯創作的《淨土五會念佛略法事儀讚》的第12章《正法樂讚》,册尾部分可以

① V. Thomsen, "Dr. M. A. Stein's Manuscripts in Turkish 'Runic' Script from Miran and Tun-Huang", p.190.
② H. N. Orkun, *Eski Türk Yazıtları II*, p.71.
③ J. Hamilton, "Le colophon de l'Irq Bitig", p.11.
④ T. Tekin, *Irk Bitig: The Book of Omens*, p.1.
⑤ 芮跋辭、胡鴻:《古突厥文寫本〈占卜書〉新探:以寫本形態與文本關係爲中心》,第360頁;V. Rybatzki and Hong Hu, "The Ïrq Bitig, the Book of Divination: New Discoveries Concerning its Structure and Content", p.150。
⑥ Imre Galambos, "The Bilingual Manuscript with the Irk Bitig: London, British Library, Or.8212/161", pp.87–88.
⑦ L. Giles, *Descriptive Catalogue of the Chinese Manuscripts from Tunhuang in the British Museum*, London: Trustees of the British Museum, 1957, p.278.

在巴宙輯校的《敦煌韻文集》中找到。[1] 鑒於《浄土五會念佛略法事儀讚》在敦煌出土文獻中出現多部,[2]芮跋辭和胡鴻的研究爲討論占卜文書的創作年代提供了值得參考的素材,功不可没。以下引用介紹漢文與魯尼文交疊的葉面,就册首册尾的漢文佛典與魯尼文占卜文書之間的前後關係試作分析。

圖 1: Or.8212/161 文書第 5—6 葉

第 5 葉背面(圖 1 右半): 該面是漢文與魯尼文占卜書首頁的交叉。其右端縱書 2 行墨色漢文: (1) 聞法若能自覺悟,定生淨土會無餘;(2) 佛子。魯尼文緊貼漢文第 1 行,横書 8 行,墨色濃重,中有墨色二點上加朱色小圓圈的停頓符號。其中,漢文第 1 行的上下餘白甚小,第 2 行"佛子"二字分别寫在占卜文書第 1 行與第 2 行、第 2 行與第 3 行之間。相比漢文第 1 行,第 2 行"佛子"墨色濃重,低出第 1 行近 4 個字符。在芮跋辭和胡鴻給出的 Or.8212/161 册首《淨土五會念佛略法事儀

① 芮跋辭、胡鴻:《古突厥文寫本〈占卜書〉新探: 以寫本形態與文本關係爲中心》,第 368—369 頁; V. Rybatzki and Hong Hu, "The Ïrq Bitig, the Book of Divination: New Discoveries Concerning its Structure and Content", pp.158 – 159。

② 張先堂:《晚唐至宋初淨土五會念佛法門在敦煌的流傳》,《敦煌研究》1998 年第 1 期,第 50—54 頁。

讚》録文中,並見不到第 2 行的"佛子"。① 據二位平行給出的對比用《大正藏》本,《淨土五會念佛略法事儀讚》的相關部分本無"佛子"二字。看得出來,上述第 2 行"佛子"與《淨土五會念佛略法事儀讚》無關。仔細觀察魯尼文第 1 行,則會發現 tn:si>tänsi(天子)的首字 t 与第 1 行第 4 字"能"相連。具體而言,t 的右側豎綫與"能"之"月"的第一筆"丿"重疊在一起,墨色濃重,t 的横綫和右側豎綫之間的頓筆與"月"的第三筆"一"左半部重合,同樣墨色濃重。不難看出,應該是魯尼文 t 疊寫在漢字"能"之上。筆者在參加蘭州大學敦煌學研究所與英國劍橋李約瑟研究所聯合舉辦的國際學術工作坊"Cultural Exchange along the Silk Road"時,於 2024 年 7 月 25 日 13:15—14:30,在大英圖書館調查了 Or.8212/161 文書。筆者對該部分文字的重疊情況進行了肉眼識别,確認應該是魯尼文的 t 寫在漢字"能"之上。依此而言,册首《淨土五會念佛略法事儀讚》是寫在魯尼文占卜文書之前。

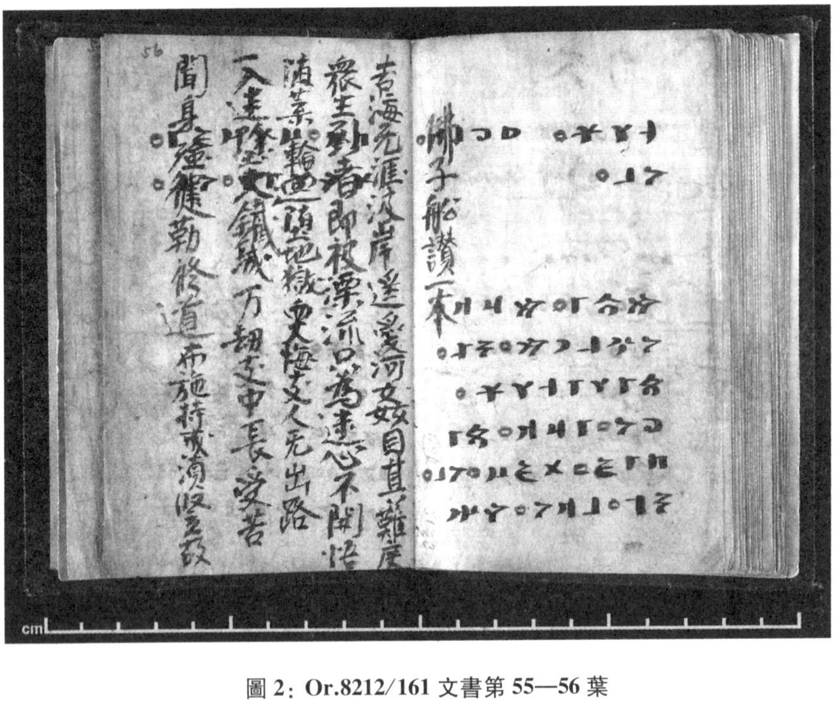

圖 2:Or.8212/161 文書第 55—56 葉

① 芮跋辭、胡鴻:《古突厥文寫本〈占卜書〉新探:以寫本形態與文本關係爲中心》,第 378 頁;V. Rybatzki and Hong Hu, "The Ïrq Bitig, the Book of Divination: New Discoveries Concerning its Structure and Content", p.170。

第 55 葉背面(圖 2 右半):該面左端偏上方縱書漢文 1 行“佛子船讚一本”,其右側横書 8 行魯尼文。其中,第 1 行和第 2 行是第 55 葉正面第 65 卦文的末尾部分,換寫和轉寫分别作(1)ŋ l r ◦ Y B L Q ◦>-nglär yablaq(2)W L ◦>ol,意思是“你們要(知道),(此)爲凶”。之後的第 3 行至第 8 行是後記,詳見後文。其中,第 2 行與第 3 行的間距明顯大於第 1 行與第 2 行的間距。反觀漢文“佛子船讚一本”六字,第 1 字“佛”與魯尼文第 1 行末尾的>L Q(魯尼文讀序自右向左)二字相互重疊,“本”與魯尼文第 3 行(後記第 1 行)末尾的停頓符號重疊。乍一看,魯尼文第 1 行末尾的墨色濃厚的 Q 似乎是覆蓋在“佛”字之上。不過,“佛”“本”二字也有可能是覆蓋住魯尼文的。筆者實地查看文書,漢字“佛”似乎在刻意避開魯尼文。而且,仔細觀察圖片也可發現,魯尼文第 3 行行末停頓符號的黑色二點雖然無法識别,但朱、墨交替之處的墨字“本”有暈散,“本”字第 4 筆部分已經爲朱色覆蓋。這似乎表明魯尼文後記應寫在册尾漢文佛典之後。當然,這一看法需要仔細查看第 56 葉正面和背面,以及第 57 葉正面的跋文與漢字之間的交疊關係。

第 56 葉正面(圖 2 左半):漢文、魯尼文兩種文字交疊於紙面上方。漢文縱書 5 行,墨色濃厚。魯尼文是第 55 葉背面後記的續寫,墨色横書 2 行,墨色濃於漢文,中有停頓符號,高度與第 55 葉背面魯尼文的第 1 行和第 2 行保持一致。第 1 行 t ü ◦ ü l ü g i ◦中,第 1 字 t 和第 2 字 ü 與漢文第 2 行第 3 字“到”重疊,明顯是魯尼文覆蓋住漢文。第 2 行 r k l i k ◦ W L ◦中,第 3 字 l 與漢文第 3 行第 4 字“回”重疊,同樣是魯尼文覆蓋住漢文。此外,漢文中,第 1 行下數第 6 字“河”的左上部位,第 2 行下數第 6 字“爲”的右側中間部位,第 3 行下數第 6 字“悔”的右上部位,均可見到氧化的朱色圓圈痕迹。從與粘貼綫的距離推斷,這些痕迹正與第 55 葉背面以魯尼文書寫的後記中的停頓符號相符。關於上述漢文與魯尼文之間的比對關係,筆者查看實物,確認無誤。换句話説,第 55 葉背面至第 56 葉正面的後記,應該是在册子本編製成以後才書寫上去的。

第 56 葉背面(圖 3-1 右半):漢文、魯尼文兩種文字交疊於紙面中下部。漢文縱書 5 行,墨色濃厚。魯尼文朱色横書 8 行,朱色自第 1 行至第 8 行由濃變淡,中有上下二點朱色停頓符號。部分魯尼文與漢文重疊在一起。如圖 3-2 所示,第 1 行第 5、6、7 字 Y i L>yil(年)中,i L 與墨字“身”交疊,第 2 行第 7、8、9 字 b i s> biš

圖 3－1：Or.8212/166 文書第 56—57 葉

(五)中,b i 與墨字“前”交疊。其中,L 明顯覆蓋在“身”之上,b 亦明顯覆蓋在“前”之上。[①] 此看法,同樣據實物可以得到驗證。

第 57 葉正面(圖 3－1 左半):漢文、魯尼文兩種文字交叉於紙面中上部。漢文縱書 5 行,墨色濃厚。魯尼文朱色横書 2 行,墨色濃厚,中有上下二點朱色停頓符號。此外,同葉底部可見 6 行模糊的紅色字迹,應是第 56 葉背面第 2—8 行魯尼文寫後不久,因紙張相連,表面摩擦産生的痕迹。如圖 3－3 所示,漢文第 3 行倒數第 5 字“清”和末尾字“善”表明,上述模糊的紅色是覆蓋在墨色漢字之上的。這顯然是朱色的魯尼文跋文寫於漢文佛典之後所致。而且,就 6 行模糊紅色與第 56 葉背面第 2—8 行的朱色跋文相對應來説,這些朱色魯尼文跋文應該是册子成型之後才寫上去的。此外,如圖 3－4 所示,第 1 行第 6 字 ü 與漢文第 4 行第 4 字“撥”字第一筆交疊,第 2 行第 7 字 d 與漢文第 4 行第 5 字“大”字第一筆交疊。蘭州大學博士研究

① 蘭州大學敦煌學研究所博士研究生李聖傑表示,此處明顯可見朱色字迹飽滿,而墨色字迹略有枯筆。而墨字鄰近的數個漢字(尤其是上方“三安”二字)均出墨流暢,字迹厚重,與“身、前”二字情況迥異。加之墨字枯筆之處以與朱字交疊之處尤甚,與字中其他筆畫差别明顯。綜合考慮,應是墨字先書,朱字後書覆蓋其上所致。

生李聖傑認爲,此處明顯可見朱、墨交疊之處的墨字有暈散,而朱字則無此現象。按一般邏輯,應是墨字先書,朱字後書其上,致使墨字被洇濕散墨,加之從朱字的厚重程度來看,朱色墨量不小,足可洇濕紙張。這一看法,同樣據實物可以得到驗證。綜合考慮,應是墨字先書,朱字後書覆蓋其上所致。

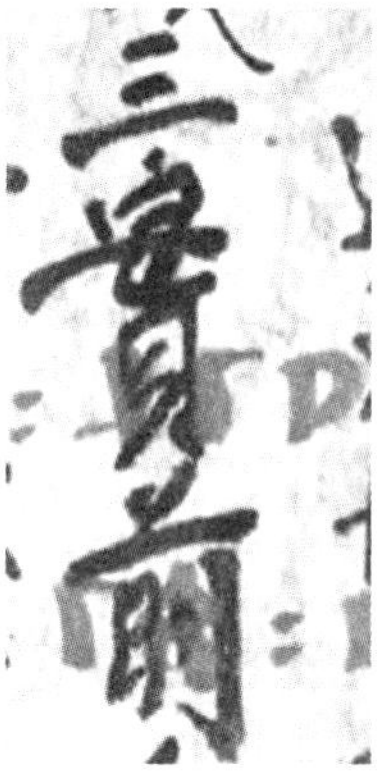

圖 3 - 2: 第 56 葉背面細部

圖 3 - 3: 第 57 葉正面細部之一

圖 3 - 4: 第 57 葉正面細部之二

綜上分析,關於 Or.8212/161 文書漢文佛典與魯尼文占卜文書的抄寫前後關係,筆者以爲並非前人多主張的魯尼文占卜文書寫在前,漢文寫在後。而是册首的漢文《淨土五會念佛略法事儀讚》最先寫成,之後是魯尼文占卜文書的正文(第 5 葉背面第 1 行至第 55 葉背面第 2 行爲止),然後是末尾的漢文佛典,再最後是末尾的占卜文書後記和跋文(第 55 葉背面第 3 行至第 57 葉正面第 2 行爲止)。

二、册子本的編製過程

Or.8212/161 册子本存在使用過的痕迹。據此,學界公認其是一本隨身携帶的便携式學習手册。這裏我們再加上一條:其底部兩角被切掉約 1.2 釐米,這正是爲了取放方便,且册子本上下方向一目了然使然。

Or.8212/161 册子本的原始葉碼以漢字寫成,共有廿六葉,寫於從中綫折疊起來的紙張第 4 面中綫中間部位。若把紙張攤開,則漢字葉碼位於紙表右半面的折痕中間部位。芮跋辭和胡鴻指出,[①]這些葉碼是爲裝訂者準備的,標記這些數字的人很可能和書寫突厥文的人是同一個人,他需要在寫完一張紙後馬上編號以免在裝訂時搞亂順序,尤其是考慮到裝訂者可能是位不懂突厥文的漢人。鑒於編號爲一的葉碼並未出現在整個册子的開頭第一張紙上,而是出現在魯尼文開始的第三張紙上,上述二位主張這本小册子原本只是爲魯尼文《占卜書》而製作的。就葉碼的起始處而言,這一見解自然有其合理性。不過,筆者同時注意到,寫有魯尼文最後 2 行的第 57 葉正面理論上屬於第廿七張,但在該紙上並未標出廿七的葉碼。按因爲是最後一葉,裝訂時不會搞亂順序來解釋這一現象,恐怕有些勉强。此外,如筆者第一節所分析,就漢文和魯尼文交疊出現的第 5 葉背面、第 55 葉背面、第 56 葉正面、第 56 葉背面、第 57 葉正面的漢文和魯尼文的先後關係而言,該册子本的書寫先後順序是:(1) 册首漢文佛典;(2) 魯尼文占卜書正文;(3) 册尾漢文佛典;(4) 魯尼文占卜書後記和跋文。再者,册首和册尾的漢文佛典由同一人物寫成,第 5 葉背面第 2 行"佛子"理應是第 55 葉背面佛典名稱《佛子船讚一本》之"佛子"。即,漢文佛典的書寫者最初是要把《佛子船讚一本》寫在册首《淨土五會念佛略法事儀讚》之後的。但不知爲何,中間加入了魯尼文占卜文書。該作者再把《佛子船讚一本》寫在緊連占卜文書正文的第 55 葉背面,以及第 56 葉、第 57 葉和第 58 葉的正面和背面。魯尼文占卜文書的後記和跋文的作者(與占卜文書正文作者爲同一人)在册尾的佛典寫好並在册子成型之後,追加了相關信息。

就册子本的尺寸而言,製作者首先將備用的紙張裁剪成大小相同的紙片,然後將每張紙從中間對折,按先後順序在前 3 張紙上抄寫了《淨土五會念佛略法事儀讚》的一章。當他準備繼續抄寫《佛子船讚一本》時,不知何故改寫成了魯尼文占卜文書。以漢字寫成的一至廿六的占卜書葉碼,確實位於每張紙的折痕附近。考慮

① 芮跋辭、胡鴻:《古突厥文寫本〈占卜書〉新探:以寫本形態與文本關係爲中心》,第 364 頁;V. Rybatzki and Hong Hu, "The Ïrq Bitig, the Book of Divination: New Discoveries Concerning its Structure and Content", p.154。

到最初介紹的湯姆森和斯坦因並未發現這些葉碼,①且哈密頓指出在拆開册子本後方得知封在裝訂物下面的葉碼,②則葉碼在册子本成書之前即已經寫好。③ 不過,占卜書的魯尼文之横比竪細很多,但葉碼漢字的横至少與竪保持同樣粗細。以此來看,葉碼似乎並非由書寫占卜書的人物在抄寫完一張紙後由他本人隨時書寫上去的。反觀册首和册尾的漢文佛典,“五”字筆迹雖然與葉碼中的“五”接近,但其餘如“廿”等,難見共通之處。總之,重要的是抄寫占卜書的人物是在提前編製好葉碼的紙張上抄寫了占卜書正文,寫於第 56 葉背面的葉碼“廿六”最初是爲了書寫占卜書正文的最後兩行而編排的,而占卜書跋文的最後 2 行,理論上應出現在標有“廿七”的紙張上,但在該紙上並未標出廿七的葉碼。可以推定,在抄寫完占卜書正文後,漢文佛典的抄寫員把原本打算抄寫在第 5 葉背面的《佛子船讚一本》,重新抄寫在第 55 葉背面至第 58 葉背面。最後,魯尼文抄寫者在通讀完占卜書後,在第 55 葉的餘白部分和之後的《佛子船讚一本》上,寫下了後記和跋文。

毋庸置疑,Or.8212/161 册子本文書的核心是魯尼文占卜文書,整個册子有可能就是爲其量身定做的。依據筆者得出的漢文佛典和魯尼文占卜文書之間的書寫上的前後傳承關係,當前學術界主流觀點——漢文佛典是後來在占卜文書的保護性的封面和封底上書寫上去的這一看法不得不令人生疑。以下引用介紹魯尼文占卜文書的後記和跋文,就占卜文書的成立背景作一討論。

後記(第 1—6 行對應第 55 葉背面第 3—8 行,第 7—8 行對應第 56 葉正面第 1—2 行,圖 2)④

换寫:1 m T i ◦ m R Q ◦ 2 W G L N m ◦ nč a ◦ 3 b i l i ŋ l r ◦ 4 B W ◦ i R Q ◦ b i 5 t i g ◦ d g ü ◦ W L ◦ 6 nč p ◦ L Q W ◦ k n。7 t ü ◦ ü l ü g i ◦ 8 r k l i g ◦ W L ◦

① A, Stein, *Serindia: Detailed Report of Explorations in Central Asia and Weternmost China*, pp.921－924.

② J. Hamilton, “Le colophon de l’Irq Bitig”, p.11.

③ 順便一提,在緊隨寫有葉碼“十五”的第 34 葉背面之後,第 35 葉正面與“十五”相對應位置上出現了葉碼。其第 1 字是“十”,第 2 字近似“六”或“五”的反字。這可能是作者的筆誤或折疊紙張引發的字迹。

④ 在主要參考以下研究基礎上,重點依據 IDP 網站公開的圖片。V. Thomsen, “Dr. M. A. Stein’s Manuscripts in Turkish ‘Runic’ Script from Miran and Tun-Huang”, p.14;T. Tekin, *Irk Bitig: The Book of Omens*, pp.26－27;耿世民《古代突厥文碑銘研究》,第 300—301 頁。

轉寫：amtï amraq oγulanïm. anča bilinglär：bu ïrq bitig ädgü ol. ančïp alqu käntü ülügi ärklig ol.

譯文：現在,我親愛的孩子們,你們要如此知道：此占卜書很好,如此一來所有人自身的命運是强有力的。

在此處後記中,作者明確指出“此占卜書很好(bu ïrq bitig ädgü ol)”。雖然有部分學者質疑占卜書是解夢書,[①]或者與解夢有關,[②]然缺乏有力證據。實際上,這條後記是一句具有提示意義的教導文。教導的對象是“我親愛的孩子們(amraq oγulanïm)”。此處關注一下“孩子們(oγulan)”。

古突厥語 oγulan 是 oγul>oγl(兒子)的複數形。據克勞森《十三世紀前古突厥語辭源詞典》,[③]oγul 包括“兒子、男孩、後代、孩子、青年、僕人、養子、保鏢、年輕人”等詞義。oγul 在 8 世紀的突厥魯尼文碑文中既已經出現,在本文所討論的占卜文書中亦出現多次。除此處引用的後記外,有時以 är oγul 表示男兒,有時以 oγul 或 oγulan 表示兒子。如後文引用的跋文所記録,此占卜文書是由摩尼教寺院的僧人寫成的。無獨有偶,吐魯番出土回鶻文《摩尼教寺院經營令規文書》記録有摩尼教寺院的日常運營制度,其中第 58 行至 61 行出現 2 次 oγlan。[④]

轉寫：58…… qamï̱γ araqï a̱spasi ärän oγlan-sï̱z 59 tängrilär näčä ''/////[S]'R angaru tapïnzun · anta 60 kin qalmïš qamï̱γ araqï oγlan 'YWRX'NY ZM'STYKq(a) 61 tapïnγučï ba̱lgülük qïlïp xoanta uz tapïnturzun……

譯文：58 屬於全員的男僕,即使没有童僕的 59 僧尼們如何……,也要侍奉他們。之 60 後,爲剩餘的屬於全員的童僕做好 'YWRX'NY ZM'STYK 61 侍奉者之標記,督促其好好侍奉聖餐桌。

上引文中的“全員(qamïγ)”,據未引用的《摩尼教寺院經營令規文書》内容,可

① 楊富學：《回鶻宗教史上的薩滿巫術》,《世界宗教研究》2004 年第 3 期,第 129—131 頁。

② 池田哲郎：《古代トルコ語の占い文書(Ïrq Bitig)に就いて》,第 84 頁。

③ G. Clauson, *An Etymological Dictionary of Pre-Thirteenth Century Turkish*, London：Oxford University, 1972, p.83.

④ 引自森安孝夫著,白玉冬譯：《黄文弼發現的〈摩尼教寺院經營令規文書〉》,載榮新江編：《黄文弼所獲西域文獻論集》,北京：科學出版社,2013 年,第 143 頁。關於該文書的最新研究,付馬《回鶻文西州回鶻中書門下頒摩尼寺管理條例 H63》,載榮新江、朱玉麒主編《黄文弼所獲西域文書(上)》,上海：中西書局,2023 年,第 109、113 頁,成果大同小異。

知指的是摩尼教寺院内的全體僧侣。森安孝夫據此指出這個吐魯番的摩尼教寺院中包括屬於僧侣個人的 oγlan(男童)和寺院共有的 oγlan(男童),指的是爲年長的高僧提供服務的童僕。① 據此來説,占卜文書後記中的教導對象"孩子們(oγulan)",視作在摩尼教寺院中充當高僧大德之服務人員的男童合乎情理。

接下來看一下占卜文書的跋文。跋文以朱色寫成,第 56 葉背面 8 行,第 57 葉正面 2 行,共 10 行。中間的停頓符號,不是正文和後記中有上下二點的朱色圓圈,而是朱色上下兩點。

跋文(第 1—8 行對應第 56 葉背面第 1—8 行,第 9—10 行對應第 57 葉正面第 1—2 行,轉寫中的"(n)"是原文中的脱落文字,圖 3 - 1)②

换寫: 1 B R š: Y i l: k i 2 n t i: Y: b i s: y 3 i g r m i k a: T Y 4 g ü n T N: m N i S 5 T n T Q i: k i č g: 6 d i T R B W R W a: 7 G W R W s d i č m 8 z: i s i g: S ŋ W N: 9 i t a č uQ: ü č ü 10 n: b i t i d m:

轉寫: bars yïl ikinti ay biš yigirmikä taygüntan manïstan taqï kičig di(n)tar burua xurušïd ičimiz isig sangun ïtačuq üčün bitidim.

譯文: 於虎年二月十五日,我在大雲堂(Taygüntan)摩尼寺的小僧電達(dintar) Burua Xurušïd(人名,預言太陽之義),爲我們的兄長 Isig 將軍和 Ïtačuq 抄寫了(這本書)。

就上引跋文而言,哈密頓的研究功不可没。他對湯姆森早年未能釋清的字詞及其譯文進行了補正。③ 尤其是 Taygüntan,湯姆森雖然肯定是個漢語名稱的音譯,但未能給出妥善的解決方案。哈密頓重點依據敦煌出土 S.2577 和 S.7788 文書記録 694 年和 959 年之際沙州存在大雲寺,且在敦煌出土漢文摩尼教經典《摩尼光佛

① 森安孝夫《ウイグル=マニ教史の研究》,京都: 朋友書店,1991 年,第 73—74 頁。

② 在主要參考以下研究基礎上,依據 IDP 網站公開的圖片進行了核對。V. Thomsen, "Dr. M. A. Stein's Manuscripts in Turkish 'Runic' Script from Miran and Tun-Huang", p.14; J. Hamilton, "Le colophon de l'Irq Bitig", pp.12 - 13; T. Tekin, Irk Bitig: The Book of Omens, pp.26 - 27; 耿世民:《古代突厥文碑銘研究》,第 300—301 頁; P. Zieme, "The Manichaean Turkish Texts of the Stein Collection at the British Library", pp.256 - 257。

③ 湯姆森把整句話譯作: In the year of the Tiger, the second month, on the 15th, I wrote this for our small hearers (?) of the di[n]tars and the burwa-gurus (?), Isig Sangun and Itä-chuq, staying at the residence (or the college?) of Taigüntan. 見 V. Thomsen, "Dr. M. A. Stein's Manuscripts in Turkish 'Runic' Script from Miran and Tun-Huang", p.14。

教法儀略》中摩尼教寺院被稱爲"法堂",從而把 Taygüntan 推定是漢文大雲堂的音譯。[①] 接下來的 di(n)tar,[②]借自粟特語 dynd'r/dynt'r(宗教的持有者之義),粟特語教徒、摩尼教徒、基督教徒都使用了這個術語。在摩尼教文獻中,di(n)tar 狹義上指稱摩尼教五教階中的第四教階,即普通的摩尼教僧侣"選民",廣義上也用於摩尼教僧侣的統稱。[③] 再之後的 burua guru,湯姆森認爲來自梵文 pūrva(former) guru (teacher),譯作"the burwa-gurus(?)"。哈密頓主張,[④]梵文 pūrva(第一個,以前的,古老的)在 10 世紀的回鶻語文獻中寫作 PWRβ',因此在魯尼文文獻中應寫作第 2 個音節是 B 的 pURBa,故此處 burua 當源自在中古波斯語摩尼教文獻中作爲高僧的名字或頭銜而出現的中古波斯語 mwrw'(預兆,占卜),guru 則源自梵文,是"受人尊敬的人,精神導師"之義,並把 burua guru 譯作預兆師。特金譯作"burua guru (i.e, the spiritual master of presage 預兆的精神導師)"。[⑤] 芮跋辭雖然對哈密頓的譯文提出質疑,但其得出的結論卻與哈密頓相一致。[⑥] 茨默(P. Zieme)則認爲,[⑦]首先,GWRW 不可能是梵語 guru 的音譯,因爲第一字 G 只能代表一個後輔音,要麽是 x,要麽是 γ。第二,BWRWa: GWRWsd 的 sd,並非湯姆森和哈密頓所讀的 äšidip (聽),而是構成小僧電達的名字: mwrw'(即 burua——筆者)預兆 + *xwršyd* 太陽,並建議譯作"我,小僧電達 Mwrw' Xwrš(y)d,爲我們的兄長 Isig 將軍 Ïtačuq 抄寫了(這本書)"。鑒於寫本在 GWRWsd 之後並未寫有 p,相比 äšidip,茨默主張的人名 Mwrw' Xwrš(y)d 更具説服力。兹從茨默意見。順言之,前引後記中教導"孩子們(oγulan)"的人物,雖然存在此小僧電達(dintar)Burua Xurušïd 的可能,但更可能是摩尼教寺院的高級僧侣。值得一提的是,"我們的兄長(ičimiz)",應該理解爲"我們摩尼教僧侣的兄長"之義。就此來看,占卜書的受贈者 Isig 將軍與 Ïtačuq 和摩尼

① J. Hamilton, "Le colophon de l'Irq Bitig", pp.14－15.
② J. Hamilton, "Le colophon de l'Irq Bitig", p.16.
③ 主要參見 E. Chavannes, P. Pelliot, "Un traité manichéen retrouvé en Chine.", *Journal Asiatique*, 1911, pp.569－571;森安孝夫《ウイグル=マニ教史の研究》,第 71—72 頁。
④ J. Hamilton, "Le colophon de l'Irq Bitig", pp.12－13, 16－17.
⑤ T. Tekin, *Irk Bitig: The Book of Omens*, p.27.
⑥ V. Rybatzki, "The Old Turkic *Ïrq Bitig* and Divination in Central Asia", pp.89－90.
⑦ P. Zieme, "The Manichaean Turkish Texts of the Stein Collection at the British Library", pp.256－257.

教寺院關係密切,或可能是摩尼教寺院的保護者或某一出資者。

從以上給出的占卜文書的後記和跋文,我們可以推定得出有關占卜文書的信息。占卜文書原本是某摩尼教寺院的高僧大師給寺院裏的童僕講授用的教材,摩尼教寺院大雲堂(Taygüntan)的普通僧人 Burua Xurušïd 爲"我們的兄長 Isig 將軍與 Ïtačuq"抄寫了這部占卜文書。即,與摩尼教寺院關係密切的 Isig 將軍與 Ïtačuq 和摩尼教寺院的高僧大師共同組織參與了這場抄經活動,Isig 將軍與 Ïtačuq 是最終的受益者。

反觀前一節得出的册首册尾的漢文佛典與占卜文書之間的書寫上的前後關係,我們就不能簡單地把漢文佛典視作是在日後寫在册首册尾上的。從最初的裁剪紙片編製手册來看,雖然不能輕易認爲漢文佛典是在 Isig 將軍與 Ïtačuq 的命令之下有計劃地抄寫上去的,但至少可以説這個册子的編製者是有意識地把《淨土五會念佛略法事儀讚》的一章抄寫在了册子本的前 5 葉之上的,惜抄寫者不明。之後,編製者責成摩尼教僧侣抄寫了魯尼文占卜文書正文,並令把漢文《佛子船讚一本》抄寫於占卜正文文書之後,並包裝編製成了手册。摩尼教高僧在通讀完手册中的占卜文書正文後,責成摩尼教僧侣追加了對摩尼教寺院内童子們的教導文(後記),書寫了跋文,補充了占卜文書的抄寫時間(虎年二月十五日)、地點(大雲堂摩尼寺)、受益者(Isig 將軍與 Ïtačuq)。正因如此,跋文的最後 2 行,被寫在了理應帶有廿七葉字様(實際上無廿七葉)的漢文佛典之中。以此來看,魯尼文占卜文書與漢文佛典的抄寫時間,並非前人所言漢文晚於魯尼文,相反二者極可能是在同一日期(虎年二月十五日)抄上去的。册子本的編製者,有可能是摩尼教寺院的高層人物,也存在是魯尼文占卜文書的受益者 Isig 將軍與 Ïtačuq 的可能。總之,摩尼教寺院的童僕們學習或利用的突厥魯尼文占卜文書,實際上是一本前後有計劃地抄寫了漢文佛典的手册。造成這一現象的原因有兩種可能,其一是客觀需要,另一是漢文佛典充當封面或僞裝。不論哪一種可能,均喻示册子本是在較爲濃厚的華夏文化背景下編製而成的。

三、册子本的編製年代

既然 Or.8212/161 册子本中包含法照編撰的《淨土五會念佛略法事儀讚》的

第12章《正法樂讚》,那我們有必要就相關法照的敦煌出土文獻進行一次核對。張先堂從敦煌文獻中篩選出了有關淨土五會念佛儀軌和讚文的敦煌寫本一覽表,共64個編號。① 可惜的是,第12章《正法樂讚》並未出現。如此,依據與其他敦煌文本的比對來確定Or.8212/161册子本之書寫者的可能性消失了。不過,他還整理出了有關淨土五會念佛儀軌和讚文的敦煌寫本抄寫年代一覽表。② 在10個帶有年代的抄本中,最早的S.1947寫於咸通四年(863),確切最晚的S.6734寫於北宋雍熙三年(986)。依此而言,推斷Or.8212/161册子本是在晚唐五代宋初的某個虎年編製成書大概無誤。那麽,敦煌出土的其他魯尼文文書的年代是否支持這一看法呢?

敦煌藏經洞出土的魯尼文文書,尚有兩種。一種是大英博物館藏Or.8212/78和79,斯坦因編號爲ch0014。這是與哲理有關的單張手寫本,由數個殘片組成,其字體與我們在這裏討論的占卜文書最爲接近。另一種是大英博物館藏編號爲Or.8212/77,斯坦因編號爲ch00183。這是一個某年5月18日的賬本文書,相比前者,文字的弧度或傾斜度誇張,字體明顯不同於前者,可惜並無任何與書寫年代有關的描述。這兩種寫本,亦在1912年由湯姆森最早解讀,與占卜文書一同發表在《皇家亞洲學會雜誌》上。③ 關於書寫年代等,湯姆森並未進行考證。1972年,巴讚和哈密頓對前者Or.8212/78和79進行再解讀。④ 他們二位發現殘片a漢文面的文書是後唐節度使郭崇韜寫給後唐皇帝的書狀,而郭崇韜死於926年,故漢文文書定是在926年之前寫完。這些寫好的文書底本被連接起來構成卷軸,之後在其另一面寫上了魯尼文文稿。而這些魯尼文文稿,之後被人在其字裏行間加入了一些漢字塗寫。反言之,這一Or.8212/78和79文書,其書寫年代不會早於926年。至於其寫作下限,巴讚主張應該是在後唐王朝崩潰的936年之後。⑤ 這個年代與前面給出

① 張先堂:《晚唐至宋初淨土五會念佛法門在敦煌的流傳》,第50—54頁。

② 張先堂:《晚唐至宋初淨土五會念佛法門在敦煌的流傳》,第61—62頁。

③ V. Thomsen, "Dr. M. A. Stein's Manuscripts in Turkish 'Runic' Script from Miran and Tun-Huang", pp.215–220。轉寫和圖片,另參見E. Aydın, R. Alimov, F. Yıldırım, *Yenisey-Kırgızistan yazıtları ve Irk Bitig*, pp. 473–477。

④ L. Bazin and J. R. Hamilton, "Un Manuscrift chinois et turc runiforme de Touen-houang, British Museum Or.8212(78)et(79)", *Turcica* 4, 1972, pp.25–42.

⑤ 巴讚著,耿昇譯:《突厥曆法研究》,北京:中華書局,1998年,第312—313頁。

的 Or.8212/161 册子本的大體年代並不相悖。

在占卜文書的跋文日期虎年二月十五日相對的公元紀年中,930 年 3 月 17 日或 942 年 3 月 4 日是春分之日。巴讚推定在具有特殊意義的春分之日寫下占卜文書合乎情理,進而認爲占卜文書可能是在 930 年 3 月 17 日或 942 年 3 月 4 日寫成,尤其是前者既是滿月日,又是春分日,可能性更大。① 雖然愛爾達爾(M. Erdal)鑒於其語言學特性,將占卜文書歸爲年代在 8—9 世紀的文獻群中,②但依據前述有關淨土五會念佛儀軌和讚文的敦煌寫本的寫作年代,以及占卜文書與漢文佛經極可能寫於同一時日這一看法,筆者讚同巴讚主張的寫作日期。

10 世紀 30—40 年代,敦煌時值曹氏歸義軍統治時期,是其與東面的甘州回鶻、西面的西州回鶻、南面的于闐王國,均保持友好關係時期。高奕睿指出,Or.8212/161 册子本的中文部分是以明顯拙劣的文筆寫成,存在很多錯誤,但册尾的《佛子船讚》與法照的教義有關,二者有著直接的共鳴。③ 他還依據中文和魯尼文各自獨立分佈在小册子中,推測也許是爲了使兩種語言的文本在不同地點都能以相對頻繁的頻率被查閱,它們之間唯一的聯繫可能就是由同一人使用。④ 筆者第二節得出的結論——占卜文書的編製者是有意識地把漢文佛典和魯尼文占卜書編製在一起,這正是對上述高奕睿看法的回應和補充。依此而言,這些漢文佛典同樣視作書寫於大雲寺於情於理相合。或許,這本小册子本身就是由占卜文書的抄寫受益者 Isig 將軍與 Ïtačuq 所擁有。

芮跋辭和胡鴻依據《淨土五會念佛略法事儀讚》文本中存在的錯誤,指出漢文佛典的抄寫者缺少基本的佛教常識,可能是一位佛學修養不深的小沙彌。⑤ 不過,鑒於册子本極可能是同一時日製作,且册子本這一文本形式更多是外來的亞洲内

---

① 巴讚著,耿昇譯:《突厥曆法研究》,第 316—317 頁。

② M. Erdal, "The chronological classification of Old Turkish texts", *Central Asiatic Journal* 23, 1979, pp.159 – 160.

③ Imre Galambos, "The Bilingual Manuscript with the Irk Bitig: London, British Library, Or.8212/161", pp.88 – 90.

④ Imre Galambos, "The Bilingual Manuscript with the Irk Bitig: London, British Library, Or.8212/161", pp.91 – 92.

⑤ 芮跋辭、胡鴻:《古突厥文寫本〈占卜書〉新探:以寫本形態與文本關係爲中心》,第 371—372 頁;Rybatzki, Volker and Hong Hu, "The Ïrq Bitig, the Book of Divination: New Discoveries Concerning its Structure and Content", pp.160 – 162。

陸寫本文化帶給敦煌地區的,[①]竊以爲 Or.8212/161 册子本的漢文佛典,亦有可能是由不太精通漢文的大雲寺内僧人(如粟特僧人)寫成。[②] 關於該册子本的成書背景,當然與敦煌地區不同民族文化之間的交流交融密切相關,容另文再敍,兹不贅述。

本文發表於"景教研究新進展:吐魯番學國際學術研討會"(2024 年 10 月 18—22 日,吐魯番),德國著名學者茨默(P. Zieme)提供參考意見,北京外國語大學王丁教授協助提供茨默先生論文。特此致謝。

A Study on the Process of Writing Manuscript Or. 8212/161, the Turk-Runic Divination Booklet from Dunhuang

Bai Yudong

Manuscript Or.8212/161 at the British Library is an Old Turkic text of divination in Runic script, with handwritten Chinese Buddhist texts at the beginning and end of the booklet. The writing relationship between the main text, the afterword and the colophon of the text of divination and the Chinese Buddhist text suggests that the compiler of the booklet consciously wrote a chapter of the Chinese Buddhist text (*Jingtu wuhuinianfo lüe fashi yizan* 淨土五會念佛略法事儀贊) before the first five pages of the booklet, then instructed the Manichaean monks to write the body of the manuscript of divination

① Imre Galambos, "The Bilingual Manuscript with the Irk Bitig: London, British Library, Or.8212/161", pp.76 – 77; Imre Galambos, *Dunhuang Manuscript Culture: End of the First Millennium*, *Studies in Manuscript Cultures* 22, Berlin: De Gruyter, 2020, pp.32 – 36.

② 關於吐蕃統治結束後敦煌地區的粟特人,主要參見陸慶夫:《唐宋間敦煌粟特人之漢化》,《歷史研究》1996 年第 6 期,第 25—34 頁;鄭炳林:《唐五代敦煌粟特人與歸義軍政權》,《敦煌研究》1996 年第 4 期,第 80—88 頁。關於吐蕃統治時期敦煌粟特人加入佛教教團,參見鄭炳林、王尚達:《吐蕃統治下的敦煌粟特人》,《中國藏學》1996 年第 4 期,第 46—48 頁。

in Turk-Runic, and finally wrote the Chinese Buddhist text (*fo zi chuan zan* 佛子船贊 'Eulogy on the Boat for the Children of Buddha', i.e. *Prajñāpāramitā*) after the divination text, and bound it as a manual. After reading through the main text of divination manuscript in the manual, the Manichaean eminent monk instructed the Manichaean monks to add the text of the teachings to the children in the Manichaean temples (the afterword) and wrote the colophon, adding the writting date of the divination manuscript (15 February in the Year of the Tiger), the place (Taygüntan 大云堂 Manichaean Temple), and the beneficiary (Isig General Itačuq). The divination manuscript and Chinese Buddhist texts were written on the same date (15 February in the Year of the Tiger), rather than the Chinese Buddhist texts being later than the Old Turkic text of divination as suggested by previous scholars. It is possible that the compiler of the booklet was a high-ranking figure in the Manichaean temples, and the possibility also exists that it was Isig General and Ïtačuq, a beneficiary of the divination manuscript. Or.8212/161 manuscript demonstrates the exchange of different cultures along the Silk Road in the 10th century, and the close cultural ties between the Dunhuang and the Central Plains region.

從引述到敘事

——後世藏文史籍中的《唐蕃會盟碑》引文及其演化

吴瓊蕊

一、導　言

8—9世紀,吐蕃與唐朝先後進行了多次會盟,長慶會盟是其中最受關注的一次。821年(長慶元年)兩國先盟於長安(今西安),次年再盟於邏些(今拉薩),並於823年(長慶三年)樹唐蕃會盟碑於長安、邏些兩地。此時,唐蕃邊界雖有變動,但較之先前清水會盟(建中四年,783年)所劃定的邊界,並無多大出入。此時,也是唐蕃兩個强國之國力的轉捩點:唐朝方面,平涼劫盟(貞元三年,787年)以後,唐和親回鶻(年代同上)、招攬南詔(貞元九年,794年)等措施生效,一改之前的弱勢;吐蕃方面,内部鬥争激烈,外部多綫受敵,處於不利情況。唐蕃二國均無力再戰,迎來達成會盟的最佳時機。吐蕃贊普墀德松贊(Khri lde srong btsan, 799—815年在位)時期,唐蕃多次商討會盟,最終無果。墀祖德贊(Khri gtsug lde btsan, 815—838年在位)時期,終於達成長慶會盟。長慶會盟之後,唐蕃之間再無大戰。

長慶會盟的重要性,不僅在於其標誌性的歷史地位,而且在於其留下了典範的古藏文資料——《唐蕃會盟碑》。這件碑銘,曾被戴密微(P. Demiéville)稱爲"目前人們所知的有關亞洲最重要的碑銘資料"。[①] 19世紀80年代以來,各國學者圍繞此碑做了大量研究。早在1880年,布謝爾(S.W. Bushell)發布了其1860年代末於

① 戴密微(P. Demiéville)著,耿昇譯:《吐蕃僧諍記》(*Le concile de Lhasa*),拉薩:西藏人民出版社,2001年,第48頁。

北京獲得的《唐蕃會盟碑》拓本,並對西面碑文做了譯注,[1]此文開啓了現代學術意義上的《唐蕃會盟碑》研究的先河。此後,弗蘭克(A.H. Francke)、佐藤長、山口瑞鳳等學者先後發表相關論文。其中最具代表性的,當屬黎吉生(H.E. Richardson)[2]、王堯[3]、李方桂[4]的論著。

前人在研究中,多用敦煌藏文文獻、傳世漢文史籍來驗證《唐蕃會盟碑》所記史事,極少考慮後世藏文史籍對碑文的摘引及相關問題。黎吉生雖提及《雅隆教法史》《青史》《賢者喜宴》等藏文史籍對碑文的摘引,然未就此詳細討論。[5] 本文旨在對後世藏文史籍中涉及《唐蕃會盟碑》的語段進行輯録和研究,將其與碑文原文進行對照,根據引文對應性確定引文的性質,進而探究碑文的演化史和流傳史。

二、後世藏文史籍中的《唐蕃會盟碑》引文

遍檢後世藏文史籍,涉及《唐蕃會盟碑》者如下:最早見於《拔協》(*sBa bzhed*, 11—14 世紀成書)[6];内容較豐富的有《西藏王統記》(*rGyal rabs gsal ba'i me long*, 1368 年成書)、《雅隆教法史》(*Yar lung chos 'byung*, 1376 年成書)、《賢者喜宴》(*mKhas pa'i dga' ston*, 1564 年成書);内容較精簡的有《新紅史》(*Deb ther dmar po gsar ma*, 1538 年成書)、《西藏王臣記》(*Deb ther dpyid kyi rgyal mo'i glu dbyangs*, 1643 年成書)、《安多政教史》(*mDo smad chos 'byung*, 1865 年成書);最晚見於《白史》(*Deb ther dkar po*, 1946 年成書)。此外,《青史》(*Deb ther sngon po*, 1478 年成

① S.W. Bushell, "The Early History of Tibet, From Chinese Sources", *Journal of the Royal Asiatic Society of Great Britain and Ireland*, Vol.12, No. 4, 1880, pp.535 – 538.

② H.E. Richardson, *Ancient Historical Edicts at Lhasa and the Mu Tsung/Khri Gtsung Lde Brtsan Treaty of A. D. 821 – 822 from the Inscription at Lhasa*, London: Royal Asiatic Society, 1952, pp.35 – 82; idem, *A Corpus of Early Tibetan Inscriptions*, London: Royal Asiatic Society, 1985, pp.106 – 143.

③ 王堯:《吐蕃金石録》,北京:文物出版社,1982 年,第 3—60 頁。

④ Li Fang Kuei and South W. Coblin, *A Study of the Old Tibetan Inscriptions*, Taipei: Institute of History and Philology, Academia Sinica, 1987, pp.34 – 137.

⑤ H.E. Richardson, *A Corpus of Early Tibetan Inscriptions*, 1985, p.107.

⑥ 關於《拔協》(增補本)的成書年代,黎吉生認爲在 14 世紀末,羅列赫(G.N. Roerich)認爲在 13 世紀,佟錦華、黄布凡認爲不晚於 12 世紀。全書記載止於阿底峽入藏,可確定其成書於 11 世紀以後。《雅隆教法史》所謂"吐蕃舊史"(bod kyi yig tshang rnying pa),指的就是《拔協》。因此,《拔協》(增補本)的成書時間應早於會盟文本群的其他史籍,是目前所見最早引用《唐蕃會盟碑》的文本。

書)也引用了《唐蕃會盟碑》的一個語段。根據其對應性,可將這些引文劃分爲引述、敘事兩個類型。其中引述類引文,基本與碑文原文對應,偶有文字表述上的改動,主旨大意並未超出碑文原文;敘事類引文,在吸納碑文原文的基礎上有所改動,或爲增添,或爲改編。

(一)引述類引文

1. 聖神贊普

《唐蕃會盟碑》東面第5—6行:

'phrul gyɨ lha btsan po 'od lde spu rgyal yul byung sa dod tshun chad [g] dung ma [gyur ba] r bod kyɨ rgyal po chen po mdzad pa yang/①

聖神贊普鶻提悉補野,自天地渾成,承嗣未絶,是爲大蕃之王。②

《青史》:

lha sa'i rdo rings kyi yi ge las/'phrul gyi lha btsan po 'od lde spu rgyal yul byung sa dod tshun chad gdung ma 'gyur bar bod kyi rgyal po chen po mdzad ces pa ltar/③

根據拉薩碑文:聖神贊普鶻提悉補野,自天地渾成,承嗣未絶,是爲大蕃之王。

圖1:《唐蕃會盟碑》拓本東面第5—7行

① 《唐蕃會盟碑》拓本,京都大學人文科學研究所藏,網站:http://kanji.zinbun.kyoto-u.ac.jp/db-machine/imgsrv/takuhon/,並且參照《唐蕃會盟碑》(*Ra sa 'phrul snang gi rdo ring gi yi ge*,手抄本),收入《詔書與碑文》(*bKa' gtsigs dang rdo ring gi yi ge*),Dharamsala: A myes rma chen bod kyi rig gzhung zhib 'jug khang, 2012, l. 13b2。

② 東面譯文,參見王堯:《吐蕃金石録》第43頁。此處略有改動。後文同此,不再出注。

③ 管·宣奴貝('Gos lo gZhon nu dpal):《青史》(*Deb ther sngon po*,木刻本),New Delhi: International Academy of Indian Culture, 1974, ll. 180a6-7。

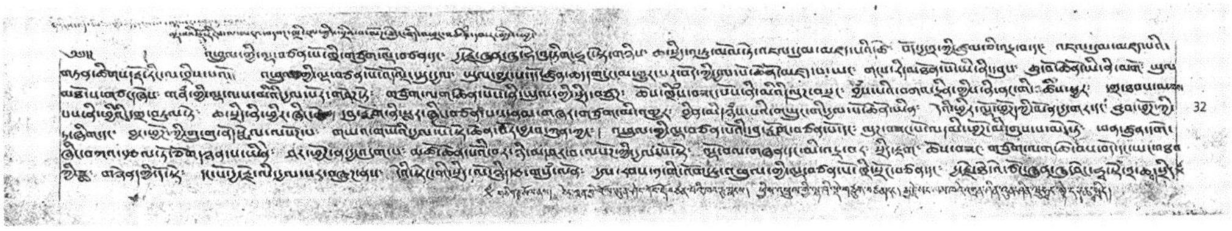

圖 2:《唐蕃會盟碑》手抄本第 13b 面

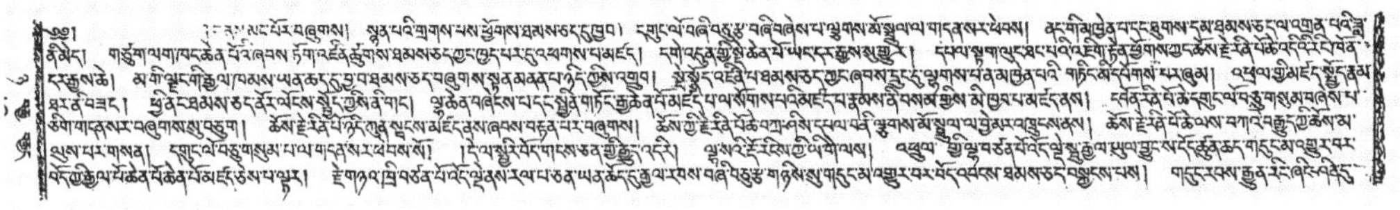

圖 3:《青史》木刻本第 180a 面

對於此句引文,《青史》已注明出自《唐蕃會盟碑》,保留了碑文原貌。碑文拓本殘缺之处,《青史》録爲"承嗣未絶"(gdung ma 'gyur bar),十分準確。① 參考敦煌 P.t.16+ITJ 751.1 號《大夏玉園會盟願文》第 35b3 行:yul byung sa dod tshun cad rje'ɨ gdung ma gyurd te/②,以及《唐蕃會盟碑》手抄本,原碑之文確同《青史》,作者或於原碑殘缺前引用了這一語段。這一録文,爲多位學者的疑問提供了答案,③這也體現出後世藏文史籍在古藏文碑銘研究中的特殊意義。值得注意的是,《青史》此句雖引自《唐蕃會盟碑》,但僅言及"聖神贊普",並未提及唐蕃會盟,是目前所見唯一一例脱離會盟語境的引文。

圖 4:《大夏玉園會盟願文》第 35b 面

① 任小波:《古藏文碑銘學的成就與前景——新刊〈古藏文碑銘〉録文評注》,《敦煌學輯刊》2011 年第 3 期,第 166—167 頁。

② 敦煌 P.t. 16+ITJ 751.1 號《大夏玉園會盟願文》圖版,國際敦煌項目,網站:http://idp.nlc.cn/.後文同此,不再出注。

③ 黎吉生先後三次改動録文,最終采用《青史》録文;王堯先生録作"入主人間"('ung nas myi'i rjer)。參見任小波:《古藏文碑銘學的成就與前景——新刊〈古藏文碑銘〉録文評注》,第 166—167 頁。

2. 登壇會盟

《唐蕃會盟碑》東面第 63—64 行：

chu pho stag gɨ lo'i dbyar sla 'brɨng po'i tshes drug la dkyɨl 'khor la 'dzegs te/bod kyɨs gtsɨgs bzung ngo/①

陽水虎年(長慶二年,822 年)仲夏之月六日,登壇,吐蕃主盟。

《雅隆教法史》：

lha sa rdo rings la bris pa'i yi ge la'ang/chu pho stag gi lo dbyar zla 'bring po'i tshes drug la dkyil ['khor] la 'dzegs te/bod kyi brtsis (gtsigs) bzung ngo zhes yod cing/②

拉薩碑上所書文字亦云：陽水虎年仲夏之月六日,登壇,吐蕃主盟。

對於此句引文,《雅隆教法史》已注明出自《唐蕃會盟碑》。二者相比,《雅隆教法史》改寫了"月"字,將其古寫形式 sla 改作 zla。《賢者喜宴》中的相應語段,③完全承襲了《雅隆教法史》。

3. 各守本界

《唐蕃會盟碑》西面第 26—28 行：

bod rgya gnyis/da ltar du mnga' ba'ɨ yul dang mtshams srung zhing/④

蕃漢二國,所守見管本界。⑤

《西藏王統記》：

phan tshun du sa 'tshams (mtshams) bsrungs (srung) te/⑥

彼此各守疆界。

敦煌 P.t.16+ITJ 751.1 號《大夏玉園會盟願文》第 26b3 行："永不逾越社稷邊

① 《唐蕃會盟碑》拓本；並且參照《唐蕃會盟碑》手抄本,第 14b5 行。

② 雅隆尊者·釋迦仁欽德(Yar lung jo bo Shākya rin chen bde)：《雅隆教法史》(*Yar lung chos 'byung*,手抄本),百慈藏文古籍研究室編：《藏族史記集成》(*Bod kyi lo rgyus rnam thar phyogs bsgrigs chen mo*)第 11 册,西寧：青海民族出版社,2010 年,第 42b3—4 行。

③ 巴卧·祖拉陳瓦(dPa' bo gTsug lag phreng ba)：《賢者喜宴》(*mKhas pa'i dga' ston*,洛扎木刻本),lHo brag：gNam gshegs dpal 'byor bzang mo'i dgongs rdzogs phyir dpar, l. 132b1。

④ 《唐蕃會盟碑》拓本；並且參照《唐蕃會盟碑》手抄本,第 15a4 行。

⑤ 王堯：《吐蕃金石録》,第 41 頁。此係西面碑文漢文部分。後文同此,不再出注。

⑥ 薩迦·索南堅贊(Sa skya bSod nams rgyal mtshan)：《西藏王統記》(*rGyal rabs gsal ba'i me long*,手抄本),Rewalsar：Zigar Drukpa Kargyud Institute,1985,l. 53b4。

界,且固守之”(yun du chad sri̵d kyi̵ mtha’ myi̵ ’gong zhi̵ng brtan ba dang /),[①]似受《唐蕃會盟碑》影響,且以 brtan ba 來表“固守”之意。《西藏王統記》中的引文,基本保留了碑文原貌,僅將“蕃漢二國”(bod rgya gnyis)改作“彼此”(phan tshun)。用詞略有差異,所表之意相同。

4. 劃界禁兵

《唐蕃會盟碑》西面第 28—33 行:

> de’i shar phyogs thams cad ni̵ rgya chen po’i yul//nub phyogs thams cad ni̵ yang dag par bod chen po’i yul te//de las phan tshun dgrar myi̵ ’thab//dmag myi̵ drang/yul myi̵ mrnam .../[②]
>
> 以東悉爲大唐國境,以西盡是大蕃境土。彼此不爲寇敵,不舉兵革,不相侵謀封境。

《拔協》:

> gong bu (gu) dme ru yan chad du rgya’i dmag mi drangs ba/de man du bod kyi dmag mi drangs pa .../[③]
>
> 貢谷墨如以上,唐兵不興;以下,蕃兵不興。

《西藏王臣記》:

> phan tshun gnyis kas sa mtshams las phyi rol tu bsgral ba’i dmag gi g.yul bshams pa sogs mi byed pa .../[④]
>
> 雙方均不越界於外,佈陣進兵。

如上所示,《拔協》中的“不興兵”(dmag mi drang),與《唐蕃會盟碑》中的“不舉兵革”(dmag myi drang)表述一致。其中,myi 爲 mi 的古寫形式。dmag drangs 這一用法,在吐蕃時期爲一固定術語,表示“興兵”“引兵”之意。此外,還有“引勇士”

---

① 對於 brtan ba 一詞,黄維忠先生譯作“信守”,不確。參見黄維忠:《關於 P.T.16、IOL TIB J 751 I 的初步研究》,王堯主編:《賢者新宴》第 5 輯,上海古籍出版社,2007 年,第 70、81 頁。

② 《唐蕃會盟碑》拓本;並且參照《唐蕃會盟碑》手抄本,第 15a4—5 行。

③ 拔・塞囊(sBa gSal snang):《拔協》(*sBa bzhed*,增補本),成都:四川民族出版社,1990 年,第 187 頁。

④ 阿旺羅桑嘉措(Ngag dbang Blo bzang rgya mtsho):《西藏王臣記》(*Deb ther dpyid kyi rgyal mo’i glu dbyangs*,德格木刻本),New York:Tibetan Buddhist Resource Center,2014, ll. 43b2 – 3。

(dra ma drangs)、"引勁旅"(dra chen drangs)等用法。[①] 另外,碑文中的"以東"(shar phyogs)、"以西"(nub phyogs),《拔協》則作"上"(yan)、"下"(man),所指方位一致,僅表述有差異。《拔協》中的相應語段,後被《西藏王統記》[②]、《雅隆教法史》[③]承襲,《賢者喜宴》將其與"三讀碑文"的敍事融合,[④]《西藏王臣記》略有改編。[⑤] 除《西藏王臣記》外,其他史籍均保留了"興兵"這一固定表述。

關於划界禁兵,後世藏文史籍與《唐蕃會盟碑》雖表述方式有別,但主旨契合。根據敦煌 P.t.16+ITJ 751.1 號《大夏玉園會盟願文》第 33a1 行所載,長慶會盟之後,吐蕃於 dbyar mo thang 建會盟寺,即"De ga 玉園會盟寺"(De ga g.yu tshal gtsɨgs kyɨ gtsug lag khang)。凱普斯坦(M.T. Kapstein)先生提出其中 De ga 即爲"大夏",謝繼勝先生提出其中 dbyar mo thang 即爲"大夏川"。[⑥]《拔協》也載建寺之事:"請求於漢之貢谷墨如,各建唐王之寺與贊普之寺"(rgya'i gong bu dme rur rgya rje'i gtsug lag khang dang/btsan po'i gtsug lag khang re bzhengs su gsol/)。這一説法,並未見於碑文。于伯赫(U. Helga)指出,貢谷墨如並非赤嶺。[⑦] 吴均先生認同這一觀點,進一步指出"貢谷"(Gong gu)或即"同谷"(※Tong gu),即成州同谷縣(今甘肅成縣)。[⑧] 任小波先生補充了"同谷"的建制沿革,並强調其所處位置的重要性。[⑨] 綜上推斷,爲慶祝長慶會盟這一盛事,唐蕃雙方在各自領界内建寺以爲紀念。

---

① G. Uray, "Old Tibetan dra-ma draṅs", *Acta Orientalia Academiae Scientiarum Hungaricae*, Vol.14, No. 2, 1962, pp.219－230.

② 薩迦・索南堅贊:《西藏王統記》,第 53b4 行。

③ 雅隆尊者・釋迦仁欽德:《雅隆教法史》,第 42a1 行。

④ 巴卧・祖拉陳瓦:《賢者喜宴》,第 132a5 行。

⑤ 阿旺羅桑嘉措:《西藏王臣記》,第 43b2—3 行。

⑥ M.T. Kapstein, "The Treaty Temple of the Turquoise Grove", in M.T. Kapstein ed., *Buddhism between Tibet and China*, Boston: Wisdom Publications, 2009, pp.41－43; idem, "The Treaty Temple of De ga g.yu tshal: Reconsiderations", *Journal of Tibetology* (藏學學刊), Vol.10, 2014, pp.32－34; 謝繼勝、黄維忠:《榆林窟第 25 窟壁畫藏文題記釋讀》,《文物》2007 年第 4 期,第 70—77 頁。

⑦ U. Helga, "dByar-mo-thaṅ and Goṅ-bu ma-ru: Tibetan Historiographical Tradition on the Treaty of 821/823", in E. Steinkellner ed., *Tibetan History and Language: Studies Dedicated to Uray Géza on His Seventieth Birthday*, Wien: Arbeitskreis für Tibetische und Buddhistische Studien, Universität Wien, 1991, pp.497－526.

⑧ 吴均:《對日本佐藤長〈西藏歷史地理研究〉中一些問題的商榷》,《吴均藏學文集》上册,北京:中國藏學出版社,2007 年,第 421 頁。

⑨ 任小波:《西藏史學中有關唐蕃邊界的敍述傳統》,《歷史地理》第 30 輯,2014 年,第 201 頁。

5. 鄉土俱安

《唐蕃會盟碑》西面第54行：

sa sa mal mal du bag brkyang ste .../①

鄉土俱安。

《西藏王統記》：

sa sa mal/rdo rdo mal du gnas nas/②

土在原處，石在原處。

《西藏王統記》中的引文，基本保留了《唐蕃會盟碑》的原貌，又將碑文原意拆分曲解。其中，gnas 表"住""在"之意。所加之"石"（rdo），當指石碑（界碑）。

6. 各自安樂

《唐蕃會盟碑》西面第58—60行：

bod bod yul na skyid/rgya rgya yul na skyid pa'i srid chen po sbyar nas gtsigs bcas pa 'di/③

蕃於蕃國受安，漢亦漢國受樂，兹乃合其大業耳。依此盟誓……

《西藏王統記》：

bod bod yul na skyid/rgya rgya yul du skyid pa'i khrims mdzad nas/④

蕃人於蕃境安樂，唐人於唐境（漢地）安樂，作此誓辭。

《賢者喜宴》：

phyin chad bod rgya rang rang yul na bde//⑤

此後，唐蕃各自安樂。

《賢者喜宴》：

phyin chad bod bod yul na bde/rgya rgya yul na bde/⑥

此後，蕃人於蕃境安樂，唐人於唐境安樂。

---

① 《唐蕃會盟碑》拓本；並且參照《唐蕃會盟碑》手抄本，第15b1行。
② 薩迦·索南堅贊：《西藏王統記》，第53b5行。
③ 《唐蕃會盟碑》拓本；並且參照《唐蕃會盟碑》手抄本，第15b2行。
④ 薩迦·索南堅贊：《西藏王統記》，第53b5行。
⑤ 巴卧·祖拉陳瓦：《賢者喜宴》，第131b1行。
⑥ 巴卧·祖拉陳瓦：《賢者喜宴》，第132a4—5行。

敦煌 P.t.16+ITJ 751.1 號《大夏玉園會盟願文》第 26b1 行:“大蕃及唐、回鶻等,各於其地,處於安樂之世”(bod chen po dang rgya drug las stsogs pha so so'ɨ yul yul na bde skyɨd pa'ɨ dus la bkod nas/),似受《唐蕃會盟碑》影響。《西藏王統記》保留了碑文原貌,略有改寫,將“依盟誓”(gtsigs bcas pa)改作“作誓辭”(khrims mdzad [pa])。《賢者喜宴》兩次提及此句,前一句有所精簡,後一句基本同於《西藏王統記》,兩句均改用 bde 表“安樂”之意。

7. 蓋印作誓

《唐蕃會盟碑》西面第 71—74 行:

'dɨ ltar bod rgya gnyɨs gyɨ rje blon gyis zhal gyɨs bshags mna' bor te//… rgyal po chen po gnyɨs gyi phyag rgyas btab/①

蕃漢君臣,並稽告立誓。……二君之驗,證以官印。

《西藏王統記》:

btsan po dbon zhang gnyis kyis phyag rgyas btab/bod dang rgya'i blon po bka' la rtogs (gtogs) pa rnams kyis smod brtsugs so/②

贊普甥舅二君加蓋印信,蕃唐宰相同平章事皆作誓言。

如上所示,《西藏王統記》“二君加蓋印信”這一表述,承襲了《唐蕃會盟碑》。立誓之句,則稍作改寫。特別是將“君臣”(rje blon)改作“大臣”(blon po),且强調其爲掌宰相之職事的“同平章事”(bka' la rtogs pa)。這一表述,與《唐蕃會盟碑》南面第 4—5 行“宰相同平章事”(chab srid kyi blon po chen po bka' la gtogs pa)吻合。

此外,《西藏王統記》又載:“於[碑石]狹窄之兩側,刻唐蕃宰相同平章事諸官員之名氏”(zhang (zheng) chung ba gnyis la bod dang rgya'i blon po/bka' la rtogs pa'i rtsis pa rnams kyi ming rus bris nas/)③。其中 rtsis pa 一詞,原指“術士”“會計”,此處似指“官員”。查檢《唐蕃會盟碑》南面第 2—3 行,此詞原作“品階”(thabs)。如上差異,當爲《西藏王統記》的誤讀和篡改。

---

① 《唐蕃會盟碑》拓本;並且參照《唐蕃會盟碑》手抄本,第 15b4 行。
② 薩迦·索南堅贊:《西藏王統記》,第 54b2—3 行。
③ 薩迦·索南堅贊:《西藏王統記》,第 54a3 行。

（二）敍事類引文

1. 蕃兵攻唐

《唐蕃會盟碑》東面第 46—47、49—50 行：

dbon zhang mold pa'ɨ rjes kyang tshar ma phyin par/thugs nongs kyis brtsal te//... dgra chos kyɨ thabs dang/dmag brtsan po dag kyang myɨ gul du ma rung ste/dgra zung gyi tshul du gyurd gyis kyang .../①

甥舅所議之盟未立，怨隙萌生。……即届產生讎仇，行將兵戎相見，頓成敵國矣。

《拔協》：

btsan po dbon zhang gnyis 'jam/dum bya bar chad pas ma cham（'chams）nas/bod du（ru）gzhi nas dmag stong sde <bco brgyad> bco brgyad dar tshan khri phrag 'khrid nas rgya yul du dmag drangs/rgya'i gan（rgan）po thams cad bkum（bkums）nas rgya chab la phob/②

贊普甥舅二君，雖稱合盟，約定未諧。於是，領吐蕃四翼十八千户兵員、上萬旗隊，引兵漢地，殺死唐之一切軍曹，擊敗唐軍。

《西藏王統記》：

dbon zhang dang ma mthun par/bod dmag khri tsho mang po khrid nas/rgya'i yul la dmag drangs/rgya'i yul mkhar thams cad bcom/③

甥與舅不和，吐蕃率軍數萬，引兵漢地，攻陷漢地一切城池。

《雅隆教法史》：

rgya nag［rgyal］po dang/btsan po dbon zhang bzlums bya bar 'chad pa（chad ka）ma 'chi（'chams）nas/bod ru bzhi nas dmag stong sde bco brgyad dar chen khrig ge ba khrid nas/rgya yul du dmag drangs/rgya'i gon po thams cad bkum nas/rgya cham la phab/④

---

① 《唐蕃會盟碑》拓本；並且參照《唐蕃會盟碑》手抄本，第 14a7、14b1 行。
② 拔・塞囊：《拔協》，第 186 頁。
③ 薩迦・索南堅贊：《西藏王統記》，第 53a5—b1 行。
④ 雅隆尊者・釋迦仁欽德：《雅隆教法史》，第 41b3—4 行。

贊普與唐王甥舅,雖稱合盟,約定未諧。於是,領吐蕃四翼十八千户兵員,旗纛整肅高懸,引兵漢地,殺死唐之一切軍曹,擊敗唐军。

《賢者喜宴》:

rgya nag gi rgyal po dang dbon zhang dums bya bar ma mthun nas bod ru re nas dmag stong sde bco brgyad re dar tshan khrig ge ba khrid ste rgya'i gen po rnams bkum/rgya cham la phab/①

[贊普]與唐王甥舅,約定未諧,於是領吐蕃每翼十八千户兵員,旗纛整肅高懸,殺死唐之諸多軍曹,擊敗唐軍。

《西藏王臣記》:

'di'i dus su rgya bod gnyis ma mthun par/gtum drag rngam brjid dang ldan pa'i dmag gi dpung tshogs chen po rgya nag po'i yul du g.yul bshams te/tsi na'i rgyal khams du ma bcom zhing/mi dpon dang/dpa' bo stag shar mang du bsad de cham la phab/②

此時,因唐蕃雙方不和,具足勇猛、威武之大軍,進攻漢地,破中國轄境多處,殺官員及青壯勇士無數,擊敗[唐軍]。

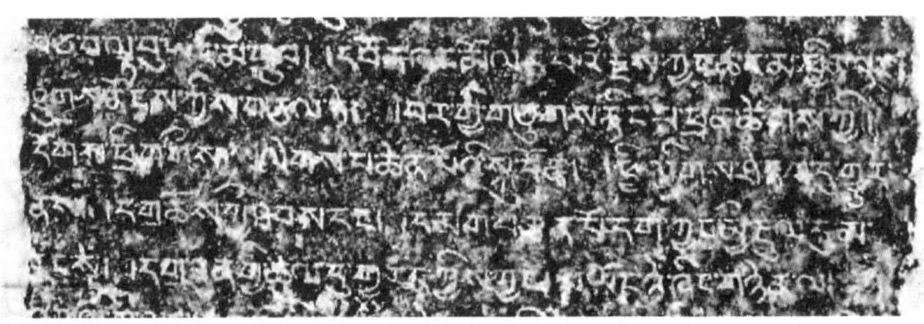

圖 5:《唐蕃會盟碑》拓本東面第 46—50 行

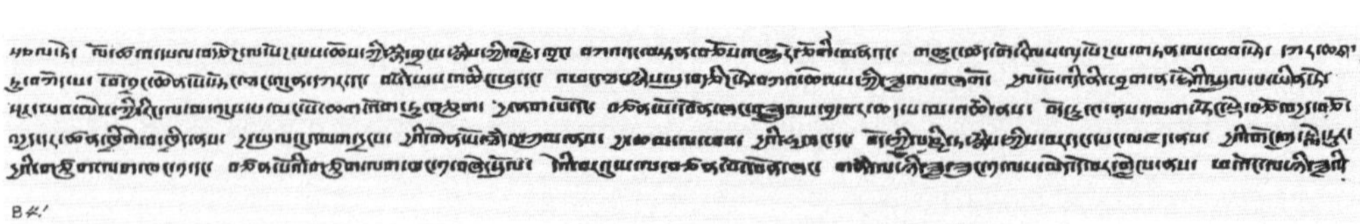

圖 6:《雅隆教法史》手抄本第 41b 面

① 巴卧·祖拉陳瓦:《賢者喜宴》,第 132a2—3 行。

② 阿旺羅桑嘉措:《西藏王臣記》,第 43b1—2 行。

敦煌 P.t.16+ITJ 751.1 號《大夏玉園會盟願文》多次提及,吐蕃與唐等國未立盟約,發生兵争。根據其中第 38a2—4 行:“往昔,與唐、回鶻未結盟約,交戰之時……因我軍威力穩固,攻陷敵堡,擊退敵軍,摧毁敵陣,繳獲敵資,殺戮敵之人畜無數”(sngon rgya drug dang chab srɨd la ma mjald te nold pa dag gɨ dus na … dmag mang po'ɨ mthu brtsan pos dgra'ɨ mkhar phab pa dang/g. yu bzlog pa dang/yul bcom ba dang/mnangs bcad pa la stsogste/dgra'ɨ myɨ phyugs mang pho srog dang bral ba dang …/)。如上敘事邏輯,與《唐蕃會盟碑》相符,並被《拔協》采用;而“擊退敵軍”“殺戮敵人無數”等要素,也被《拔協》采用,並進行了誇張性的改編。

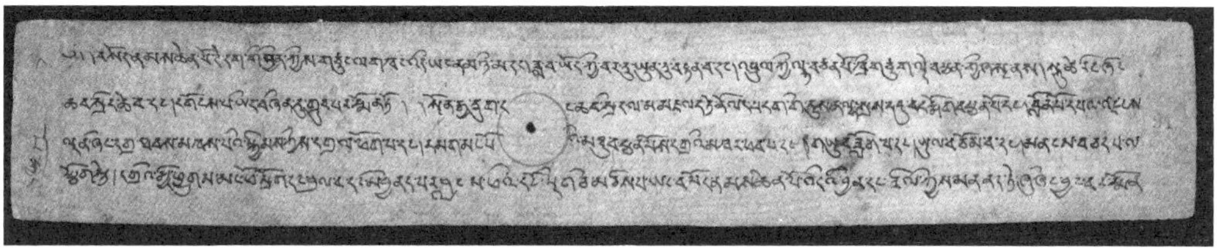

圖 7:《大夏玉園會盟願文》第 38a 面

《拔協》言及唐蕃約定未諧、吐蕃發兵攻唐之事,正與《唐蕃會盟碑》中的“盟約未立”,故而“兵戎相見,頓成敵國”對應,可以證得《拔協》的史源之一即爲碑文。其他史籍,均從《拔協》承襲並改編而來,主要可分三支,以《西藏王統記》爲核心的“删減組”,以《雅隆教法史》爲核心的“原文組”,以及《西藏王臣記》的“改編組”。《西藏王統記》删去部分内容,並將《拔協》所記“殺死唐之一切軍曹(gan po)”改爲“攻陷漢地一切城池(mkhar)”,造成文字與事實間的差異。承襲其文的《新紅史》,或因這一表述過於誇張,又改作“侵擾漢地諸城”(rgya'i yul mkhar rnams/rab gnas ma grub/)。① 《雅隆教法史》則完全承襲了《拔協》,但也有錯漏之處。首先,將“約定未諧”一句做了删減;其次,將“上萬旗隊”(dar tshan khri phrag),改作 dar chen khrig ge ba,或想表達 dar chen khrigs su 'gel ba(旗纛整肅高懸)之意;再次,將“軍曹”(gan po),改作 gon po,不知何解。如上 gan po,可以釋作

① 班欽·索南扎巴(Paṇ chen bSod nams grags pa):《新紅史》(*Deb ther dmar po gsar ma*,手抄本),New Delhi: International Academy of Indian Culture, 1968, ll. 24b3-5。

rgan po,譯作“軍曹”。①

此後,《賢者喜宴》基本承襲了《雅隆教法史》,略有錯漏之處,將“吐蕃四翼十八千户兵員”(bod ru bzhi nas dmag stong sde bco brgyad)改作“吐蕃每翼十八千户兵員”(bod ru re nas dmag stong sde bco brgyad)。吐蕃本部四“翼”(ru),每翼下轄八個“千户”(stong sde),一個“小千户”(stong bu chung),一個“禁衛千户”(sku srung gi stong sde)。② 因此,每翼十八千户兵員,顯然脱離實際。十八千户之説,見於《五部遺教》(*bKa' thang sde lnga*,14 世紀中後期成書)中的《國王遺教》:“十八千户位於吐蕃腹地”(stong sde bco brgyad bod khams gzhi ma'i sa/)。③ 其與編制於 7 世紀下半葉的吐蕃“十八采邑”,所指有别。④ 此後,《安多政教史》⑤又全面承襲了《賢者喜宴》。《西藏王臣記》雖改編較大,但根據破城邑、殺官員、敗唐軍等細節,仍能判定其史源爲《拔協》。

總之,《唐蕃會盟碑》、敦煌文獻以及後世藏文史籍中的文本邏輯——約定未諧,故而交戰,實與碑文所謂“結立大和盟約。……蕃於蕃國受安,漢亦漢國受樂”(mjal dum chen po mdzad de gtsigs bcas pa/…/bod bod yul na skyid/rgya rgya yul na skyid pa …/)⑥有異曲同工之處。在後世史籍中,僅有《拔協》《雅隆教法史》《賢者喜宴》完整保留了這一邏輯,《西藏王統記》《新紅史》《西藏王臣記》等均將前提改爲“唐蕃失和”,失去了原意。

2. 立三石碑

《唐蕃會盟碑》東面第 60—61、64—65、70—71 行:

---

① 對於 gan po,湯池安所譯《雅隆教法史》誤作人名,參見湯池安譯:《雅隆尊者教法史》,拉薩:西藏人民出版社,1989 年,第 42 頁。黄顥、周潤年所譯《賢者喜宴》記作 gen po,譯作“首領”,參見黄顥、周潤年譯:《賢者喜宴·吐蕃史譯注》,北京:中央民族大學出版社,2010 年,第 258 頁。

② 岩尾一史:《吐蕃のルと千戸》,《東洋史研究》59 卷 3 號,2000 年,第 2 頁。

③ 烏堅林巴(U rgyan gling pa)發掘:《五部遺教》(*bKa' thang sde lnga*),北京:民族出版社,1986 年,第 184 頁。

④ 吐蕃十八采邑名表,參見王堯:《吐蕃金石録》,第 293 頁。相關研究,參見 Brandon Dotson, “At the Behest of the Mountain: Gods, Clans and Political Topography in Post-Imperial Tibet”, in C.A. Scherrer-Schaub ed., *Old Tibetan Studies: Dedicated to the Memory of Professor Ronald E. Emmerick*, *Proceedings of the 10th Seminar of the International Association for Tibetan Studies*, *Oxford*, *2003*, Leiden-Boston: E.J. Brill, 2012, pp.196, 198。

⑤ 智觀巴·貢卻乎丹巴饒吉(Brag dgon pa dKon mchog bstan pa rab rgyas):《安多政教史》(*mDo smad chos 'byung*,手抄本), New York: Tibetan Buddhist Resource Center, 2014, ll. 21b2－3。

⑥ 《唐蕃會盟碑》拓本;並且參照《唐蕃會盟碑》手抄本,第 15a1、15b2 行。

bod yul du nɨ/pho brang lha sa'ɨ shar phyogs sbra stod tshal du//…//bod kyɨs gtsɨgs bzung ngo//gtsɨgs kyɨ mdo rdo rings la bris pa 'di yang//… gtsigs gyi mdo rdo rings la bris pa 'dɨ dang 'dra ba cig//rgya'ɨ yul keng shɨr yang gtsugs so//①

於吐蕃邏些王宮之東哲堆園……吐蕃主盟。盟文節目，題之於碑。……同一盟文之碑，亦樹於漢地京師。

《拔協》:

dbon zhang ji ltar chad pa'i rtsis（gtsigs）kyi yi ge ni gsum du mchis te /gcig ni rgya'i ka'u shu'i（keng shi）pho brang gi mdun du rdo ring la yi ger bris/gcig ni btsan po'i ra sa'i lha khang gi mdun du rdo ring la bris/gcig gong <du> bu dme ru'i rdo ring la bris so//②

甥舅如此立誓之盟文，計有三份：一份刻於漢地京師王宮前之石碑上，一份刻於贊普之邏些大昭寺前之石碑上，一份刻於貢谷墨如之石碑上。

《西藏王統記》:

rdo rings gcig lha sar brtsugs/rdo rings cig rgya rje'i pho brang mdun du brtsugs/rdo ring cig rgya bod kyi 'tshams rme ru ru brtsugs so/③

一石碑樹於拉薩，一石碑樹於唐王宮前，一石碑樹於唐蕃邊界墨如。

根據敦煌 P.t.16+ITJ 751.1 號《大夏玉園會盟願文》第 33b4—34a1 行："於和盟立誓之地，建著名之吉祥大寺，樹永不移易之盟碑"（mjal dum chen po'ɨ gtsigs bcas pa'ɨ gzhɨr bkra shɨs kyɨ gtsug lag khang//grags pa chen po bzhengs nas nam zhar yang myɨ 'gyur ba'ɨ gtsigs kyɨ rdo rings btsugs te/）。如前所論，《拔協》所記貢谷墨如石碑，與此處吉祥寺石碑，當係唐蕃各自所建的紀念性石碑。

考察如上引文，《拔協》顯然屬於一個獨立系統。《雅隆教法史》④表述基本與

① 《唐蕃會盟碑》拓本；並且參照《唐蕃會盟碑》手抄本，第 14b4—7 行。
② 拔·塞囊：《拔協》，第 187 頁。
③ 薩迦·索南堅贊：《西藏王統記》，第 54a4—5 行。
④ 雅隆尊者·釋迦仁欽德：《雅隆教法史》，第 42a1—3 行。

《西藏王統記》無異,並爲《賢者喜宴》《西藏王臣記》所襲用。值得注意的是,僅《西藏王統記》在表述“石碑”一詞時,使用與《唐蕃會盟碑》相同的 rdo rings,亦即 rdo ring 的古寫形式,保留了碑文的特徵。

3. 日月二主

《唐蕃會盟碑》西面第 54—58 行:

bde bar 'khod cɨng/skyid pa'ɨ bka' drɨn ni/rabs khrɨ'i bar du thob/snyan pa'ɨ sgra skad nɨ gnyi zlas slebs so chog tu khyab ste/①

如斯樂業之恩,垂於萬代。稱美之聲,遍於日月所照矣。

《拔協》:

btsan po dbon zhang gnam la nyi ma dang zla ba las med par gleng nas /pho 'ong (pha bong) la nyi zla'i gzugs byas/②

贊普甥舅,如同天上日月一雙,無可爭議。故於磐石上,製以日月之形。

《西藏王統記》:

pha bong la nyi zla bris nas/gnam la nyi zla zung gcig/sa la btsan po dbon zhang/③

於盤石上,刻以日月[之形]。天上日月一双,地上赞普甥舅。

如上《拔協》中的引文,以日月之形指代唐蕃二主,當係對《唐蕃會盟碑》的改寫。後世藏文史籍之中,多次出現日月與甥舅的關聯,淵源即在於此。根據敦煌 P.t.16+ITJ 751.1 號《大夏玉園會盟願文》第 38a1 行:“以此等大福德之力,願此寺永固於日月之間”(bsod nams chen po de dag gɨ byɨn kyɨs gtsung lag khang 'dɨ yang nam nyɨ ma dang zla ba yod kyɨ bar du yun du brtan ba dang/)。又據 P.t.1287 號《吐蕃贊普傳記》第 516 行:“吐蕃之悉補野氏如日,唐王如月”(bod kyi spu rgyal nɨ nyɨ ma dang 'dra'//rgya rje nɨ zla ba dang 'dra ste/)。④ 因此,《拔協》中的如上敘事傳統,或始於此。

① 《唐蕃會盟碑》拓本;並且參照《唐蕃會盟碑》手抄本,第 15b1—2 行。

② 拔·塞囊:《拔協》,第 187 頁。

③ 薩迦·索南堅贊:《西藏王統記》,第 53b3 行。

④ 敦煌 P.t.1287 號《吐蕃贊普傳記》圖版,國際敦煌項目,網站: http://idp.nlc.cn/.並且參照王堯、陳踐譯注:《敦煌本吐蕃歷史文書》(增訂本),北京:民族出版社,1992 年,第 140 頁。

圖 8:《吐蕃贊普傳記》第 516 行前後

這一敘事傳統,除了《拔協》,也可見於《西藏王統記》《雅隆教法史》《賢者喜宴》《西藏王臣記》,彼此略有差異。《雅隆教法史》完全承襲《拔協》。[①]《賢者喜宴》兩處提及這一傳統,前一處僅載日月與甥舅的關聯,[②]後一處則承襲《拔協》。[③]此後,《賢者喜宴》的前一處語段,又被《西藏王臣記》襲用。[④] 需要明確的是,此處日月並未具體對應唐蕃任何一方,而是表示二者對等的關係,類似於 zla ba 表"匹敵"之意。[⑤]

長慶會盟與唐蕃關係,作爲藏族史家鍾愛的主題,也進入後世西藏藝術創作之中。例如,布達拉宫東大殿壁畫(五世達賴喇嘛時期)中的"甥舅會盟碑圖",今人所作文字説明如下:"天上日月一雙,地上贊普甥舅。樹於唐蕃邊界貢谷墨如之甥舅會盟碑圖"〔gnam la nyi zla zung gcig/sa la btsan po dbon zhang zhes/dbon zhang rdo ring thang (rgya) bod kyi sa mtshams gung gu me rur btsugs pa'i rnam pa/〕。[⑥] 東大殿壁畫之中,除了唐蕃會盟的壁畫,還有不少公主和親的壁畫。這些内容,在 20 世紀 50 年代又被羅布林卡斯喜堆古殿壁畫所仿繪。[⑦]

---

① 雅隆尊者・釋迦仁欽德:《雅隆教法史》,第 41b5—42a1 行。

② 巴卧・祖拉陳瓦:《賢者喜宴》,第 131a1 行。

③ 巴卧・祖拉陳瓦:《賢者喜宴》,第 132a4 行。

④ 阿旺羅桑嘉措:《西藏王臣記》,第 43b4 行。

⑤ 王堯:《藏語 zla-ba 一詞音義考》,《民族語文》1996 年第 5 期,第 51 頁。

⑥ 布達拉宫管理處編:《布達拉宫壁畫源流》,北京:九州圖書出版社,2006 年,第 81 頁。東大殿壁畫參考《西藏王臣記》而作,文字説明源自壁畫款文及《西藏王臣記》,參見同書,第 261、304 頁。

⑦ 關於布達拉宫中的文成公主壁畫,參見王堯:《布達拉宫内有關文成公主的幾幅壁畫》,《文物》1963 年第 4 期,第 26—27 頁。相關壁畫圖版,見布達拉宫管理處編:《布達拉宫壁畫源流》,第 61—62、80—82 頁;西藏自治區文物管理委員會編:《布達拉宫》,北京:文物出版社,1985 年,圖 84、圖 86 等;羅布林卡管理處編:《羅布林卡斯喜堆古殿壁畫》,北京:中國藏學出版社,2012 年,第 130—131 頁。

圖 9：布達拉宫東大殿壁畫“甥舅會盟碑圖”

4. 置證爲盟

《唐蕃會盟碑》西面第 61—66 行：

dkon [mchog] gsum dang/'phags pa'ɨ rnams dang/nyɨ zla dang gza skar la yang dpang du gsol te/tha tshɨg gɨ rnams pas kyang bshad/srog chags bsad te mna' yang bor nas/gtsigs bcas so//①

然三寶及諸賢聖、日月星辰，請爲知證。如此盟約，各自契陳。刑牲爲盟，設此大約。

《拔協》：

mna' byas mtho rtsig (gtsigs) dpang du lha klu gnyan po bzhag .../②

作誓爲盟，以靈應之天神、龍神置證。

《西藏王統記》：

dkon mchog gsum dang/nyi zla dang/gza' skar dang/lha mnyan (gnyan)

① 《唐蕃會盟碑》拓本；並且參照《唐蕃會盟碑》手抄本，第 15b2—3 行。
② 拔・塞囊：《拔協》，第 187 頁。

rnams dpangs du btsugs te/dbon zhang gnyis kyis dbu snyung dang/bro bor re/①

指定(奉請)三寶、日月、星辰、靈應之天神等爲證,甥舅雙方預盟申誓。

《雅隆教法史》:

[sa] mtho brtsigs/dpang du lha klu gnyan po bzhag/②

築高臺,以靈應之天神、龍神置證。

《贤者喜宴》:

dkon cog (mchog) gsum lha klu gza' skar sku lha (bla) thams cad dpang du btsugs te .../③

以三寶及一切天神、龍神、星辰、生神爲證。

《西藏王臣記》:

dpang du lha klu gnyan po bzhag ste bro bor ba .../④

以靈應之天神、龙神置證申誓。

《白史》:

lha sa'i rdo ring la yang dpang po nyi zla gza' skar la sogs pa'i de rnams smos shing/srog chags bsad de mna' yang bor sogs 'byung/⑤

拉薩碑文亦云:以日月星辰等爲證,刑牲爲盟等。

如上《拔協》所記置證之事,其證物與《唐蕃會盟碑》有別,似來源於敦煌 P.t.16+ITJ 751.1 號《大夏玉園會盟願文》第 37a2 行:"願三寶及世間一切天龍,知曉明察"(dkon mchog gsum dang/'jig rten gyɨ lha klu thams cad kyɨs kyang mkhyend cɨng gzigs pas na/)。此後,《雅隆教法史》襲用這一説法,又加"築高臺"([sa] mtho brtsigs/)一句。此處 sa mtho,與《唐蕃會盟碑》中的 dkyil 'khor 均指"盟壇"。這一改寫,應爲後世史家不熟悉古詞之意所致。《西藏王臣記》也提及以天神(lha)、龍神(klu)置證。這與西藏本土早期苯教信仰中的三界宇宙觀相關,即天界、中空、地

① 薩迦・索南堅贊:《西藏王統記》,第 53b5—54a1 行。
② 雅隆尊者・釋迦仁欽德:《雅隆教法史》,第 42a1 行。
③ 巴卧・祖拉陳瓦:《賢者喜宴》,第 132a7—132b1 行。
④ 阿旺羅桑嘉措:《西藏王臣記》,第 43b3 行。
⑤ 根敦群培(dGe 'dun chos 'phel):《白史》(*Deb ther dkar po*),蘭州:西北民族學院研究所,1981 年,第 117—118 頁。

下,分別對應天(lha)、贊(btsan)、龍(klu)三神。[1]《拔協》未記贊神,此後又被不斷承襲和改編。《西藏王統記》中的 gnyan,單獨应譯作“年神”,年神等同天神,二者可以連用。[2] 然而,年神作爲西藏古代神靈之一,一般不與天神、龍神並稱。因此,上引諸句中的 gnyan po,仍應譯作“靈應”。[3]

此外,《西藏王統記》融合了《唐蕃會盟碑》與《拔協》,將碑文中指稱“善知識”的“諸賢聖”('phags pa'i rnams),改作“靈應之天神”(lha gnyan),這也是後世史家不解古詞之意所致。此後,《賢者喜宴》延續了《西藏王統記》這一融合模式,但漏記了“日月”(nyi zla),並加“生神”(sku lha)。sku lha 的古寫形式爲 sku bla,見於《第穆薩摩崖刻石》第 6 行[4]。石泰安(R.A.Stein)指出,sku bla 在敦煌文獻中頻繁出現,不局限於“生神”之意,還具有更加寬泛的意義,例如在敦煌 P.t.986 號《尚書》譯文中對譯“天地神明”。[5] 上引諸句中,僅有《白史》忠於碑文原文,雖是總結性的表述,但其所記的置證刑牲等項與碑文相符。

關於盟誓過程,《西藏王統記》使用“預盟申誓”(dbu snyung dang/bro bor re/),偏向於儀式性。這一表述,見於《桑耶寺碑》《噶迴寺碑》[6],卻未見於《唐蕃會盟碑》,或反映出《西藏王統記》的作者也曾參考過其他碑銘。李方桂先生指出,上引《唐蕃會盟碑》中的 tha tshig gi rnams pas kyang bshad 與 mna' yang bor 均有“舉盟”之意,但前者可能指宣讀盟文,後者可能指盟誓儀式。[7] 其中後者,與“預盟申誓”這一用法異曲同工。對於《西藏王統記》中的這一表述,《賢者喜宴》將其删減爲“作

① 謝繼勝:《藏族薩滿教的三界宇宙結構與靈魂觀念的發展》,《風馬考》,臺北:唐山出版社,1996 年,第 113—154 頁。

② 謝繼勝:《Gnyan、Btsan 源流辨析》,《西藏研究》1987 年第 2 期,第 47 頁。

③ 這一譯法,參見王堯:《吐蕃金石録》,第 96、101 頁。劉立千將其單獨譯出,譯作“以天、龍、寧三神爲證”,參見劉立千譯:《西藏王臣記》,北京:民族出版社,2000 年,第 49 頁。

④ 王堯:《吐蕃金石録》,第 96、101 頁。

⑤ R.A. Stein, “The Two Vocabularies of Indo-Tibetan and Sino-Tibetan Translations in the Dunhuang Manuscripts”, A.P. McKeown tr. and ed., *Rolf Stein's Tibetica Antiqua with Additional Materials*, Leiden-Boston: Brill Academic Publishers, 2010, pp.71 – 79. 内藤丘認爲,sku bla 不等同於 sku lha,sku bla 儀式是西藏帝國神聖王權意識形態的核心要素,由贊普的封臣予以祭祀,參見 N.W. Hill, “The sku bla Rite in Imperial Tibetan Religion”, *Cahiers d'Extrême-Orient*, Vol.24, 2015, pp.49 – 58。

⑥ 《噶迴寺碑》第 27 行: dbu snyung dang bro bor te/;《桑耶寺碑》第 19—20 行: dbu snyung dang bro/bor ro//。參見王堯:《吐蕃金石録》,第 156、168 頁。

⑦ Li Fang Kuei and South W. Coblin, *A Study of the Old Tibetan Inscriptions*, pp.34 – 137.

誓”(dbu snyung mdzad),或爲不解原意所致。

三、結　　語

後世藏文史籍有關長慶會盟的記述,不僅未曾中斷,且大多史源清晰。後世藏文史籍在承襲、改編《唐蕃會盟碑》的過程中各具特色,其中一些史籍特徵鮮明。《拔協》主要對碑文進行敘事類引用。《西藏王統記》吸納《拔協》中的敘事類引文,並做删減,在此基礎上又補入引述類引文;其他增補部分,則兼具敘事性和現實性,既加入了“三讀碑文”的故事性敘事,又補入了碑文四面書寫的情況。《雅隆教法史》對《拔協》的承襲度尤高。《賢者喜宴》擅長彙集、融合各種史料,綜合承襲了《拔協》《西藏王統記》《雅隆教法史》,内容最爲豐富。至於其他史籍,基本承襲前人論著,僅在表述上略作改變。

後世藏文史籍除了引述《唐蕃會盟碑》,其中還有一些額外内容。例如,《拔協》首次提及漢地和尚及吐蕃班智達居中調解之事,《西藏王統記》首次提及碑文書寫情況以及“三讀碑文”即可報仇之事。這些内容,與所引碑文一同,構成了後世藏文史籍中的會盟語段,大多繫於墀祖德贊時期。《西藏王統記》中的“三讀碑文”即可報仇語段,所謂“倘若不思已定盟文”(gal te chad mal bgyis pa'i yi ge 'di la ma bsam par .../),[①]似可對應《唐蕃會盟碑》西面 67—68 行“倘不依此誓”(gtsigs 'di bzhin du ma byas sam bshig na/)。[②] 後文所述若彼此興兵,“三讀碑文”即可報仇等語,則極具故事性,令人不禁聯想到吐蕃末代贊普朗達瑪(Glang dar ma, 838—842 年在位)讀《唐蕃會盟碑》碑文時被殺的故事。

值得注意的是,敦煌文獻在“《唐蕃會盟碑》—後世藏文史籍”這一文本脉絡中,具有承上啓下的地位。以成書較早的《拔協》爲例,除受到了碑文的影響,還受到了敦煌 P.t.16+ITJ 751.1 號《大夏玉園會盟願文》的影響。《拔協》所載唐蕃交戰、邊界建寺、置證爲誓及邊界樹碑等事,均可在《大夏玉園會盟願文》中找到類似内容。以日月指代唐蕃二君的敘事傳統,實際上也源自《大夏玉園會盟願文》。此外,見管本界、各自安樂等表述,可共見於《唐蕃會盟碑》與《大夏玉園會盟願文》。綜合來看,

① 薩迦・索南堅贊:《西藏王統記》,第 54a5 行。
② 《唐蕃會盟碑》拓本;並且參照《唐蕃會盟碑》手抄本,第 15b3 行。

敦煌文獻在《唐蕃會盟碑》與後世藏文史籍間起到了一個中介作用,向上承襲了碑文,向下影響了後世史籍中的敘事。

From Quote to Narrative: The Evolution of Quotations from the Sino-Tibetan Treaty Inscription in Later Tibetan Historical Works

Wu Qiongrui

In this paper, passages from later Tibetan historical records concerning the " Sino-Tibetan Treaty Inscription" (唐蕃會盟碑) are edited and studied. Based on the correspondence between the quotations and the original text of the tablet, the quotations are classified into two types: quotations and narratives, and the evolution and transmission of the quotations are explored. Through this study, the history of the evolution and transmission of the "Sino-Tibetan Treaty Inscription" is clarified, and the intermediary role of the Dunhuang P.t.16+ITJ 751.1, the "Prayers of De ga g.yu tshal" (大夏玉園會盟願文), between the "Sino-Tibetan Treaty Inscription" and later Tibetan historical records is further explored.

新見《新修本草》卷六殘片考略

王家葵
史　睿

唐高宗顯慶二年(656)右監門府長史蘇敬以陶弘景所著《本草經集注》流傳日久而"事多舛謬",上表請求修訂,詔可,於是組成由司空英國公李勣總負責的編寫隊伍,[①]撰成《新修本草》於四年正月奏上。《新修本草》全書五十四卷,其中本草正文二十卷,目録一卷;藥圖二十五卷,目録一卷,圖經七卷。其中本草部分是以《本草經集注》爲藍本加以增删補訂,通常所言的"新修本草"即指此部分。

《新修本草》成書後即頒行天下,甚至流傳外邦,成爲世界上第一部具有國家藥典性質的藥學文獻。此書開官修本草之先例,五代以來,後蜀、兩宋及明代多次效法"顯慶故事",在《新修本草》的基礎上進行"滚雪球"式的修訂。隨著時間推移,《本草經集注》《新修本草》《開寶本草》《嘉祐本草》等逐漸散佚,而這些本草的主體内容通過北宋後期唐慎微所撰《證類本草》保存下來。

今存《新修本草》原書殘件按文獻性質可分爲日本藏影寫本與敦煌出土寫本兩類: 影寫本存卷四、五、十二、十三、十四、十五、十七、十八、十九、二十共十卷,墨書,每卷基本齊完;敦煌出土寫本,據沈澍農《敦煌吐魯番醫藥文獻新輯校》統計,主要有卷十殘卷(P.3714),卷十七、十八、十九殘卷(S.4534 與 S.9434 綴合),卷十八摘録本殘件(P.3822),序例殘卷(BD12242 與羽 040 綴合)[②],以上材料中,唯有法藏

① 工作之初總負責人爲太尉趙國公長孫無忌,書成時領銜者變動爲李勣。

② 沈澍農主編:《敦煌吐魯番醫藥文獻新輯校》,北京: 高等教育出版社,2016 年,本書主題索引,第 81 頁。

P.3714 卷十殘卷爲朱墨雜書，完全保持原書風格，餘件皆是墨書。

最近，法藏敦煌文獻整理小組又從法藏敦煌文獻 P.2546 pièce 1 比定出《新修本草》殘片一件，朱墨雜書、雙行夾注，録文如下（原件朱書用黑體表示，墨書用楷體，加框爲半字補全者）：

久服輕身和顏色令人好容體**一名**

萬歲一名豹足一名求股一名交時生恒山

山谷山石間五月七月采陰乾□□□□□□□□

土上細葉似柏卷屈狀

如雞足青黄色用之去下近

石有沙土處。

細辛味辛温無毒**主欬逆頭痛腦**

動百節拘攣風濕痺痛死肌温中下氣破

□□□開胸中除喉痺齆鼻風癇癲

□□□□□□□血不行安五藏益

經與《新修本草》輯復本勘比，這是該書卷六殘片，存卷柏條後半和細辛條前半。此件保留文字雖然不多，但卷六在日藏影寫本與此前發現的敦煌寫本中皆付闕如，故具有重要校勘價值；不僅如此，現存朱墨雜書寫本，在卷十以外，又增添一件標本，更足珍貴。①

本草文獻之朱墨分書是陶弘景著《本草經集注》時開創的體例，爲了使《神農本草經》原文與魏晉名醫添加的内容不相混淆，他創造性地采取"《神農本經》以朱書，《名醫别録》以墨書"，即"朱墨雜書"的辦法來區别文獻，②吐魯番出土《本草經集注》殘片即是朱墨雜書的實物標本。《新修本草》沿用這一體例，敦煌所出卷十及此新發現的卷六殘片應該都是原書原貌。

《新修本草》兩件朱墨寫本的高度均爲 27.7 cm，書寫格式則明顯不同：卷十每條藥名高出一字，足行大字 15—18 字，字距勻稱，朱書墨書間銜接自然，似爲按文句

① 朱墨分書本草不僅是輯復《本草經集注》《新修本草》的模板，也是"合本子注"的實物標本，相關意義在"《本草經集注》研究三題"（見王家葵輯復：《本草經集注》，南京：鳳凰出版社，2023 年）中已經闡釋，此不贅述。

② 此句出自《嘉祐本草》，至於"朱墨雜書"則是陶弘景《本草經集注・序録》中的原話。

連續書寫，只是按需要更换朱筆、墨筆；卷六藥名爲平抬，足行大字 13—17 字，字距稀疏，朱書墨書間銜接偈促，似每條先用一種顔色寫完，預留空白，再换筆填寫，如“細辛味辛温無毒主欬逆頭痛腦”一行的朱墨過渡非常不自然。從書寫特徵來看，兩件的筆法都很嫻熟，卷十行筆疾迅，點畫送到即轉；卷六行筆稍慢，結體近歐陽詢風格，捺筆多數有波腳，如第二行“足”“股”“交”三字非常典型。綜上分析，基本可以保證兩件不出於一人之手筆，但此究竟是兩部《新修本草》的各自殘卷（片），還是出自不同抄手的同一部《新修本草》，暫時無法結論。

常見的朱墨兼書書籍分爲兩種類型，一種是朱色字迹濃厚清晰，但朱字與墨字之間留有字數不等的空格，另一種是朱色字迹暗淡，而朱墨文字之間有固定的空格或緊密相連。從這兩類寫本的特徵上分析，我們大致可以推斷，第一種朱色字迹清晰的寫本是分爲兩步書寫而成，先寫全部墨字，留下朱字字數相同的空白，第二步再於預留空白處寫朱字；而第二種朱色暗淡的寫本則顯然是朱墨連續書寫而成。之所以出現這樣兩種書寫工藝，必須綜合考察中古時期的毛筆、硯石、墨、筆架等書寫工具的物質形態、製作工藝和使用方法。首先，朱砂是較爲珍貴的書寫材料，製作過程和工藝較之一般墨塊更爲複雜，不是窮苦民衆能購買使用的，多爲官府書手、寺院寫經機構、中産以上人家所用 。另外，朱墨硬度比一般碳墨更高，唐代常見普通石硯、陶硯都無法研墨朱砂，必須使用高硬度的瓷硯或端硯中的白端，這樣的硯臺多見於皇室、高官的墓葬，如昭陵陪葬墓長樂公主墓出土的白瓷辟雍硯，也非一般之家可以擁有的。以上兩個條件決定了朱墨兼書必定是高級寫本，出自官府、寺院或富裕人家。此外，如上所述，中古時期毛筆主要爲纏紙筆，少則一層紙張纏束筆毫，多則至四五重纏束，這樣的毛筆在使用時存在一個重要缺陷，就是不易清洗，墨在纏束的紙張和筆毫上長期附著，其中膠質部分容易造成筆毫的黏結，再次使用則極爲不便，爲了延續毛筆的使用壽命，便於使用，必須經常長時間浸泡、深入清洗筆毫。與此密切相關，無論普通書寫墨還是朱砂墨，其中必須加入動物膠才能保證碳粉在紙張上的附著力，尤其是經過捶打、砑光、上蠟、塗膠處理的光潔紙張上。同時，中古時期爲了保證筆毫保持濕潤的筆帽還不常用，即使高端纏紙筆，爲了不傷筆毫所用的筆帽也是鏤空的，並不具備保濕功能。在書寫之時，如果臨時擱筆，宋代以來常見的筆山也是極少的，唐代常見筆架，如吐魯番唐墓出土筆架，唐代真子飛霜鏡圖案中所見筆架,都是如兵器架一般的樣式,毛筆插入時筆毫在上,筆跗在下。偶見出土唐硯留有插筆之孔,也是如此使用。這樣最容易造成含有膠質的墨汁在纏紙筆的筆柱部分凝結,難以清洗,不宜再用。總之,墨中含有膠質與纏紙筆毫清洗不便這組矛盾經常困擾著中古時代的書手。我們看到的朱墨兼書之所采取分步書寫的方式,多是由於以上物質形態和條件綜合造成的。書手先研磨碳墨,書寫墨字,爲朱字部分預留空格,待墨字寫完,浸泡清洗墨筆,放置留待下次使用,另外用高級石硯或瓷硯研磨朱墨,另換毛筆書寫朱字。這樣能够有效避免書寫中途换筆造成墨膠在筆毫上凝結,無法書寫的弊端。如果想連續書寫朱墨兩種顔色,則往往不是研磨朱墨,而是用水調製朱砂,由於這樣的朱砂不含膠質,没有凝結筆毫的問題,書手自然不必再分爲兩步書寫,但是帶來的嚴重問題是不含膠質的朱砂在光潔紙張上附著力很低,時間一久朱色字迹就自然暗淡了。

殘片雖僅存百餘字,畢竟是原書之孑遺,仍有重大校勘價值。《新修本草》依靠寫本流傳,至宋初已經“朱字墨字無本得同,舊注新注其文互闕”,於是《開寶本草》采用刻板印刷,改寫本之朱書墨書爲刻本之白字黑字,①然後經過《嘉祐本草》,最終保存在《證類本草》中。朱墨寫本可以用來校驗《證類本草》黑字白字的準確性,此其校勘意義之一。

《證類本草》有《大觀本草》《證類本草》兩個傳本系統,卷柏、細辛兩條傳本間無差異,其中白字與殘片朱書僅有一字之差,即細辛藥味“辛”《證類本草》作白字《本草經》文,殘片作墨書《名醫别録》文。通觀《證類本草》中的《本草經》文,能够獲得“一藥一味一性”的印象,②並可作爲通例,故此處細辛的“辛”顯然屬於《本草經》文,而書寫者誤筆。

但從書寫的角度考慮,此行墨書“辛”與“無毒”更像是朱書寫後補填,寫手至少有兩次機會觀察底本,③所以很可能寫手所據的底本就已經誤成墨書了。這究竟是《新修本草》的原貌,還是某一傳本系統的筆誤,則不得而知;甚至無法判斷,《開寶本草》所據的《新修本草》的“辛”本是朱書,或者也作墨書卻被《開寶本草》校訂爲

---

① 皆見《開寶本草·序》。
② 參王家葵撰:《〈神農本草經箋注〉本草經小史(代前言)》,北京:中華書局,2024年,第41頁。
③ 一次是朱筆寫完“味”以後,根據底本來留出空白,一次是改用墨筆時對照底本寫出“辛”字。

白字。至於此行"逆(逆)"字朱書誤寫成"羊",因爲"欬逆"是醫藥書常用詞彙,也證明寫手一定是對底本照抄,而不關心句子的意思。進一步觀察,墨筆所添"辶",筆勢、墨色似皆不出於寫手,或許是某一位校閲者的手筆。如此看來,《開寶本草》所説"朱字墨字無本得同"的情況確實存在,但綜合卷十的校勘成果來看,這一現象也不是特别嚴重。

進一步與《證類本草》對勘文字,卷柏條小字第一行闕文爲"今出近道叢生石",字迹殘痕完全吻合;細辛條"破"字後,"開胸"前,《證類本草》爲"痰利水道"四字,從字迹殘痕來看,末字似"水",且殘爛處僅能容納三字,故猜測寫本作"淡利水"[①],無"道"字。通檢《新修本草》現存部分,橘柚、榆皮、豬苓、竹筍、桑根白皮、松蘿、葶藶、蕘花、溲疏、髮髲、白鴨屎、練石草、扁前條,全部作"利水道",故判斷此處爲書寫者脱漏,原文仍以"利水道"爲正。另外,細辛條末行闕文大致可依據《證類本草》確定爲"疾下乳結汗不出",位置基本吻合,"出"字末筆依稀可辨,其後"血不行安五藏益"皆尚存半字,也能按《證類本草》補完。

另一個差異是卷柏"生恒山山谷山石間",《證類本草》作"生常山山谷石間",其中"山石間"與"石間"在《證類本草》中都有使用,意思差别不大,故難於判斷是前書衍還是後書脱;更有意思的是"恒山"與"常山"的不同,這涉及《新修本草》的通例,與輯復此前後本草書的準確性。[②]

最簡單的解釋,"恒"是宋真宗趙恒的諱,故《嘉祐本草》改"恒"爲"常",《證類本草》因之,亦作"常山"。比如《新修本草》寫本卷十中的藥物"恒山",在《證類本草》即改題爲常山,正可以作爲佐證。但輯復《新修本草》卷柏條是否應該按照殘片作"生恒山山谷山石間",乃至以此爲通例,將《證類本草》中全部"常山"地名改回"恒山",則需具體討論。

真實情況遠較此複雜,《新修本草》現存寫本中涉及"恒山"的産地共有九處,除卷六殘片卷柏寫作"生恒山山谷山石間"外,卷四凝水石"生常山山谷",卷十大戟

---

① 《新修本草》"痰"皆寫作"淡"。

② 小嶋尚真、森立之輯《本草經集注》,尚志鈞輯《本草經集注》,王家葵輯《本草經集注》,岡西爲人輯《新修本草》,尚志鈞輯《新修本草》,尚志鈞輯《開寶本草》和《嘉祐本草》,因爲無緣得見殘片,此段都依據《證類本草》作"生常山山谷石間"。

“生常山”,卷十二枸杞“生常山平澤”,卷二十合玉石“生常山中丘”、石肝“生常山”、封石“生常山”、離樓草“生常山”、神護草“生常山北”,並没有寫作“恒山”。按,“恒”也是唐穆宗李恒的諱字,但《新修本草》影寫本所據底本有日本天平三年(731)題記,卷十殘卷背面爲乾封二年(667)以來案卷,時間都早於唐穆宗李恒即位,完全可以排除傳寫中避諱改字的可能。如此一來,卷六殘片之“生恒山山谷”反而成了孤例。考慮到“恒”“常”兩字的形音皆不相同,在“恒”成爲諱字以前,書手無理由也無可能“即興”改字,所以底本如此的可能性較大。但此處的“恒山”,究竟是《本草經》原貌如此,或《本草經集注》改字,還是《新修本草》改字,已難準確探知,聊貢假説如下。

回顧“恒”字的避諱歷史,在唐穆宗以前,也是漢文帝劉恒的諱字,“常山”即是“恒山”避諱改名而來,如《漢書·地理志》常山郡下張晏注:“恒山在西,避文帝諱,故改曰常山。”在本草而言,“恒”字避諱直接影響藥名和産地的寫法。《神農本草經》中既有以此山爲名的藥物,也有藥物出産的地名,經文究竟寫作“恒山”還是“常山”,輯復《本草經》諸家意見不統一。如果確信《本草經》成書於東漢早期,藥名、地名自然應該與《漢書·地理志》一樣,寫作“常山”。檢《五十二病方》療狂犬齧人方:“取恒石兩,以相磨也。”整理者認爲此處恒石即《本草經》藥物長石,[①]意見可從。《本草經》改“恒石”爲“長石”,應該就緣避諱,由此推論,書中的“恒山”全部也都寫作“常山”。

《本草經集注》成於齊梁之際,自然不遵守漢諱,五嶽名字也已經恢復“恒山”,參考敦煌出土《本草經集注·序録》殘卷,共四處藥名也都寫作“恒山”。藥名肯定恢復爲“恒山”,出現在産地中的“生常山山谷”之類,有無改爲“恒山”,卷一殘卷中没有綫索,吐魯番所出卷六殘片也未能提供相關信息,但據《新修本草》凝水石條引録《本草經集注》的文字,凝水石“生常山山谷,又中水縣及邯鄲”,其後有陶弘景注釋云:“常山即恒山,屬并州。”此能證明《本草經集注》原書的産地仍寫作“常山”,從《本草經集注》著作通例來看,既然凝水石産地寫作“常山”,其他各處的産地應該

① 馬繼興認爲:“按‘恒’與‘常’二字古義相同,古籍通用,如《周易·豫》‘恒,不死’,虞注:‘恒,常也。’恒石即常石。常又假爲長。常與長上古音相同,均定母,陽部韻。”見馬繼興著:《馬王堆古醫書考釋》,長沙:湖南科技出版社,1992年,第380頁。

也是“常山”,卷柏條自然不會例外。

陶弘景謂恒山屬并州,乃是根據《周禮·職方氏》“并州,其山鎮曰恒山”而來,專門拈出注釋,意思是此處的“常山山谷”乃指五嶽恒山,而不是常山郡,故特別加以辨析。此外,薏苡人條陶弘景針對“生真定平澤及田野”,也有注釋説:“真定縣屬常山郡,近道處處有,多生人家。”更可證明凝水石條所言“恒山”是指山嶽,而非郡縣。

因爲“常山”兼有山嶽與郡縣兩意,或許可以猜測《新修本草》爲了減少歧義,將經文中表示山嶽的“常山”修改成了“恒山”,除了卷柏條外,黑芝條的“生常山”,可能也改成了“生恒山”。留下凝水石條的“生常山山谷”,原因是陶弘景的注釋根據“常山”立言,不方便改動的緣故。① 宋真宗以後,“恒”字避諱特別嚴格,今天《證類本草》中不僅藥名、地名,乃至作時間副詞的“恒”,全部都改成了“常”,於是“恒山”“常山”變動痕迹完全泯滅,幸賴這張卷六殘片留下一絲綫索。

最後還可對細辛條中“齆鼻”兩字稍作説明。據《漢語大字典》引《龍龕手鏡》謂“齆”同“癰”,舉《史記·扁鵲倉公列傳》“後五日當齆腫”爲用例。但此字與“癰”並見於《新修本草》影寫本中,用法則有異。影寫本共四十餘處“癰疽”“癰腫”“癰傷”,皆寫如“癰”,而桂條的“鼻齆”,蕤核條的“齆鼻”則寫作“齆”;再檢視影寫本中與“鼻”連用之三十餘例,除“鼻齆”“齆鼻”外,也未見有“鼻癰”的寫法。由此可知,《新修本草》原書中,“齆”可能是某種鼻病的專用字,卷六細辛條“齆鼻”二字再次證明這一觀察成立。

在《證類本草》中,桂、細辛、蕤核條皆寫作“鼻齆”“齆鼻”,該書卷二諸病通用藥也以“鼻齆”爲標目,與其他各處的“癰疽”“癰腫”“癰傷”字顯然有别。不僅如此,在敦煌出土《本草經集注》序録殘卷諸病通用藥中,雖寫如“鼻癰”,其“癰”字下半有被塗去的“肉”字,應該是由“齆”改寫。綜合以上信息推測,“齆”有可能在唐代前後是表示鼻疾的專門字,後來被“齆”取代。從“鼻齆”後世本草寫如“鼻齆”來看,“齆”的確切解釋應該不是癰疽,而是如《廣韻》所言“鼻塞曰齆”,指鼻塞不通。

① 宋代避諱嚴格,《嘉祐本草》乃將凝水石條的陶弘景注釋修改爲“常山屬并州”。

A Newly Discovered Fragment of the *Xinxiu bencao*

Wang Jiakui, Shi Rui

This paper reports a newly discovered fragment of the *Xinxiu bencao* (Newly Revised Materia Medica). The fragment contains part of the sixth volume of the *Xinxiu bencao*, written in black and red. This paper studies the palaeographic characteristics of the fragment, and compares the text with the *Zhenglei bencao* (Classified Materia Medica), with a particular attention to the words *huanshan* (Mount Huan) and *koubi* (Mouth and Nose).

P.4092《新集雜别紙·月旦賀官》初探

——兼論月儀的類型*

山本孝子

現存《新集雜别紙》寫本有 P.4092(首尾完整)及 S.5623(首缺尾全)兩件,均爲小册子。其名稱據 P.4092 首頁(封面)及第 3 頁“新集雜别帋(寫本中的“帋”字,下文中移録時皆用“紙”字)”五字而定。

P.4092 首頁“紙”字下部寫本缺損,但可確認出有幾個殘字筆畫。另外,“乙丑年四月七日别紙書竟”“别紙馬判官本是”“顯願瑞寫取也”等抄寫題記,以及“伏惟順時倍嘉(加)保重”“如是我聞一時經/如是我聞一時”“墨盡書字不得收却”我我須菩提”“賀正别紙”等雜寫,從抄寫筆迹、墨色來看,封面與正文應是不同時間由不同抄手所書寫的。第 2 頁首行開頭亦有“别紙”二字,其餘則空白無字。正文則由第 3 頁開始書寫,第 1 行有“新集雜别紙”之書題,其下有篇名目録曰:“月旦賀官玖拾貳首”,另起一行云“知聞來往别紙八十八首”,其篇名僅見於此處。第 2 行“知聞來往别紙八十八首”之下,空幾格書寫了“正月”的標題,接著從第 3 行開始寫書札正文。《月旦賀官》最後 1 首《十二月》之後,緊接著開始抄録《賀洺州推官》,中間則無《知聞來往别紙》之篇名。最後 1 首書札寫到“方恩冰彩,俄捧瑶緘,是何眷”句,看似書札結尾的套語,在此推測應是没有抄完。

S.5623 則僅保留《知聞來往别紙》的後半部分。首行由“當奈何”寫起,最後 1 首文範則與 P.4092 相同,以“方恩冰彩,俄捧瑶緘,是何眷”句結束,其餘則均空白無

* 本文爲 JSPS 科研費 21K00335 的階段性成果。

字。因此,僅 P.4092 保留了《月旦賀官》的内容,但也只是抄録了 92 首之中的 16 首,不到原先的六分之一。除《正月》《三月》《四月》各 2 首外,其餘的《二月》及五至十二月則各有 1 首,十一月的文範後,另有《賀冬》1 首。吴麗娱先生認爲"推測是抄寫者在抄寫過程中,有所省略之故"。①

本文欲將 P.4092《月旦賀官》與月儀系統的書儀進行比較,試圖復原其原貌。

一、月儀的體例

月儀屬於書儀的一種,以供寫信時可參看運用,有些亦可視爲書法作品,則具有臨本或摹本性質。② 這類書札文範,可以追溯至西晉・索靖《月儀》,③甚或更早,④並長期流行至唐五代。除了獨立成册者外,還作爲書儀的主要編排方式之一,至宋代仍在使用,⑤亦給日本往來物的發展帶來深遠的影響。⑥

以十二個月的形式來編排是月儀系統書儀的共同特徵,但細究其結構及體例則各有不同,最大的差别在於每一個月的書札數量。大致可分爲以下三類:

第一種是採一月一書形式的。現存書儀中並不多見,敦煌寫本書儀中有P.3931《(擬)靈武節度使表狀集》,《正月賀》至《十二月》共收録 12 首書札。

① 吴麗娱:《關於晚唐五代别紙類和應用的再探討——〈新集雜别紙〉研究之二》,《魏晉南北朝隋唐史資料》30,2014 年,第 190 頁。

② 丸山裕美子:《敦煌寫本「月儀」「朋友書儀」と日本傳來『杜家立成雜書要略』》,土肥義和編:《敦煌・吐魯番出土漢文文書の新研究》,東京: 汲古書院,2009 年,第 115—133 頁;蔡淵迪:《俄藏殘本索靖〈月儀帖〉綴合及研究》,《敦煌吐魯番研究》12,2011 年,第 451—462 頁;丸山裕美子:《ロシア科學アカデミー東洋寫本研究所藏「索靖月儀帖」斷簡についての基礎的考察》,《愛知縣立文字文化財研究所年報》6,2013 年,第 106—91 頁(逆頁);毛秋瑾:《俄藏敦煌文獻〈月儀帖〉殘本與索靖書法》,《南京藝術學院學報(美術與設計)》2021 年第 1 期,第 120—125 頁。

③ 敦煌寫本中亦發現有其殘片。前揭《敦煌寫本「月儀」「朋友書儀」と日本傳來『杜家立成雜書要略』》,第 116—119 頁。

④ 周一良:《敦煌寫本書儀考(之二)》,周一良、趙和平:《唐五代書儀研究》,北京: 中國社會科學出版社,第 72 頁。

⑤ 《新編婚禮備用月老新書》後集・卷之一《四六新體分十二月式》、《婚禮新編》卷之一《十二行啓式》等篇章均是按月編排的。

⑥ 山田英雄:《書儀について》,《對外關係と社會經濟: 森克己博士還曆記念論文集》,東京: 塙書房,1968 年,第 31 頁;周一良:《唐代的書儀與中日文化關係》,《歷史研究》1984 年第 1 期,第 47—49 頁;丸山裕美子:《書儀の受容について正倉院文書にみる「書儀の世界」》,《正倉院文書研究》4,1996 年,第 150 頁。

正月賀

伏以玉燭調元,青陽應候,睹堯蓂之初圻,頌舜曆之重新。伏惟尚書德冠標時,功名間代,履此三春之慶,更資百福之榮。虔祝之情,倚積微懇。伏惟俯賜照察。謹狀。

每月的書札形式、内容基本相同,皆從"伏以"寫起。第1首《正月賀》較爲完整,其餘各月末尾的套語,即相當於"伏惟俯賜照察。謹狀"的部分則往往被省略。成書年代較早的72TAM169:26(b)《(擬)高昌書儀》亦以月份排列,每月設有不同的收信人,只收録往書,不附答書。《相聞儀》的發信日期爲正月十五日,《與伯書》爲二月四日,《與叔書》爲三月八日,《與姑書》爲四月廿五日,《修兄姊書》爲五月,《與弟妹書》爲六月,《姑與兄弟子書》爲七月,《與外祖父書》爲八月(五月以下僅有月份,無日期。《與外祖父書》後半以下殘缺不存)。據其體例堪稱月儀型的内外族書儀,可看出月儀與吉凶書儀之間的互動關係。①

第二種則是往還各1首,2首爲1組,如:敦煌本《朋友書儀・十二月相辯文》及《同書・朋友相念》。《朋友書儀》的寫本現存有15件,分别是:P.2505、P.2679、P.3375、P.3420、P.3466、P.4989v、S.361v、S.5472、S.5660、S.6180、S.6246、歷博51(貞松堂本)、上海圖書館所藏本、磯野武男所藏本、Dx.10465。② 是一種相當普及的書儀,敦煌寫本中還可見有通過《朋友書儀》學習的痕迹,今將P.3715v的文字移録於下:

1　自從面别之後,\愁轉深深/想思在心,攀戀仁念之情,恒

2　思在意,【A】懸心二處,隔塞嶺而煙雲,鳥欲别如分,

3　梟見離墜而結怨,余\家人情/即僕絶,【B】無處陳申,憂

4　晨夕傍(彷)徨,將\情/詞何述? 愁隨年而容改,貌逐

5　月而顔消,想憶此情,何時可忘? 尚況大德,孟冬漸

6　寒,伏惟蒙兄法師尊貴(體)勝康。念即日□□

① 敦煌發現的吉凶書儀中,未見有採用月儀體例者,而僅收録《年敍》,即時令問候語,並非每月書札的文範全文。《年敍》的内容還可見於敦煌本《朋友書儀》,此相當於元代《居家必用事類全集》及《新編事文類聚啓箚青錢》的《時令》,可説是一脈相通。(《時令》之語,已出現於宋・劉應李《新編事文類聚翰墨大全》卷之四《諸式門・文類・書札記事往復條目》的記載,其曰"時令,孟春謹月、孟春猶寒之類"。)

② 前揭《敦煌寫本「月儀」「朋友書儀」と日本傳來『杜家立成雜書要略』》,第121頁。

7　空門法將梵宇笙道,毋三乘未過,七步手揮,

8　如\童/能指蓮宫,口宣真宗,化百億徒衆。

9　孟冬漸寒,伏惟

10　劉法師尊體起居萬福。即日慶圖侍奉外□

劃綫部分【A】【B】,分别見於《朋友書儀・十二月相辯文》《正月孟春》及《五月仲夏》。今據P.3375、P.3466引相應部分[1]:

P.3375

正月孟春猶寒、尚寒、余寒、太簇。……〔中略〕……【B】無處申陳,寒外彷徨,知將何述?愁隨年而容改,貌逐月而顔銷。遠念朋交,何時可忘?……〔以下省略〕……

P.3466

五月仲夏,闕敘兩鄉,阻關河之風月。【A】懸心二處,隔塞嶺之煙雲。鳥欲别而難分,㲋見離而結怨,……〔以下省略〕……

雖然若干文字有出入,但仍可以看出兩者之間的相互關聯性,P.3715v無疑是參看《朋友書儀》後寫的。[2]

最後一種是一月多書者,如:P.3723《記室備要》下卷收録從《孟春月》到《季冬月》12個月的36首書札,每月3首的内容,爲往書1首及復書2首。[3]

除敦煌寫本書儀之外,《五杉練若新學備用(五杉集)》亦有收録屬月儀類的書札,即卷中《十二月節令往還書樣》及《四季惣敍》,與敦煌書儀有相互關連。《十二月節令往還書樣》以月爲序,收録一年十二月的往還書札。《賀正》《十月》《賀冬》各2組,其餘皆2首爲1組,共15組30首。其中未見到以《一月》《十一月》爲題者,而是以《賀正》《賀冬》呈現,正如《新集雜别紙・月旦賀官》那般,結合了節日景

① 鑒於寫卷的殘存情況及與P.3715v之間的相似程度,分别引自不同寫本。關於敦煌本《朋友書儀》的系統,趙和平先生認爲"大致可分爲三個抄寫系統",王三慶、黄亮文兩位先生分得更細。趙和平:《敦煌寫本書儀研究》,臺北:新文豐出版,1993年,第124—125頁;王三慶、黄亮文:《〈朋友書儀〉一卷研究》,《敦煌學》25,2004年,第22—28頁。

② 文字的不一致可能是P.3715v抄寫人應用的結果(纔會出現正月與五月的組合),也可能反映出他參看的版本與現存本之間的差異,如:《五月仲夏》劃綫【A】部分,P.3375、P.2505作"鳥欲别而分飛,見離心而結怨",P.2679作"鳥欲别而難分,㲋見離而結戀"。

③ 其詳細内容,請參看拙文《『記室備要』に見られる月儀——書儀としての性質と製作の過程に着目して》,《敦煌寫本研究年報》18,2024年,第85—104頁。

物與季候特色的描寫特徵（詳後述）。[1]《四季惣敍》則可以説是月儀的變種，不按月，改以季節來編排的。是與“稍尊人”“平交人”之間的往還書札，除夏季缺“平交人”之外，春秋冬各有 2 組 4 首，合計共 14 首。根據發信人與收信人兩者之間的尊卑親疏關係，行文措辭亦隨之調整。可視爲 72TAM169：26（b）《（擬）高昌書儀》與《朋友書儀·十二月相辯文》組合而成的另一種形式。

每月的問候和節氣祝賀的排列方式也頗具特色。主要可分爲兩種類型：一是兩者獨立分開。即除了十二個月的書札文範之外，另收録正月、端午、冬至等賀狀，主要見於 P.3723《記室備要》、P.3931《（擬）靈武節度使表狀集》等表狀箋啓書儀，《月旦賀官》亦可算是其中之一，《十一月》與《十二月》之間列有《賀冬》（非“月旦”的祝賀）的文範。二是兩者結合。像是《五杉集·十二月節令往還書樣》以《賀冬》代替“十一月”的問候。這類型以一月一書的 12 首或 12 組爲基數，在此意義上可説是保留更多傳統月儀的體裁特色。

二、《月旦賀官》的特徵

P.4092《新集雜别紙·月旦賀官》與月儀的體例相似，按月份排序來收録文範，並列舉當月的時令問候、稱讚、祝頌等書札用語。《月旦賀官》原由 92 首書札組成，因而不屬於每月一書共 12 首，或各一組往還書札共 24 首的類型。那麽，已略去的内容有哪些呢？我們可從現存 16 首書札文範來看出一些製作特點。

表 1：各月書札文範比較表

	1	2
正月	僕射	【缺損】
二月	司空	
三月	司空	司空
四月	【缺損】	司空

[1] 前揭《關於晚唐五代别紙類和應用的再探討》，第 191 頁。以《正月》《三月》爲例，指出文範中所使用的與元正歲首、寒食有關的表現。

續 表

	1	2
五月	司空	
六月	司空	
七月	司空	
八月	尚書	
九月	司空	
十月	厶官	
十一月	司空	
賀冬	司空	
十二月	司空	

關於《月旦賀官》的收信人,僅保留“僕射”“司空”“尚書”等官稱,也使用常見於吉凶書儀的“厶官”,不同於《新集雜别紙》後半《知聞來往别紙》會出現具體人稱,[①]同時也看不出收信人的所在地域或姓氏,看似是形式較具規範但又有些抽象的虚擬文章。[②]

一月收兩首的《正月》《三月》《四月》之中,《正月》第 2 首及《四月》第 1 首由於寫本缺損,故收信人的身份不詳。《三月》兩首書札的收信人皆爲“司空”,可知兩首不是往書與答書的組合。其内容如下:

正月

伏以磔雞令序,獻鳩良辰,七十二候之初,三百六旬之首。伏以僕射魏珠挺價,楚寶齊賢,振公道於明庭,被彩服於内署。今則節當更始,候屬元正,永延松栢之姿,長奉雲天之澤。厶叨蒙恩異,方遠門牆,□□祝而則深願,趨承而莫遂。謹專奉狀[起居]。

① 《知聞來往别紙》所收録的書札標題有《賀洺州推官》《賀邢州太傅高》《洺州張司空》等,皆透露出具體且真實的收信人信息。

② 吴麗娛先生亦指出《月旦賀官》與《知聞來往别紙》之間的差異,並云:“《月旦賀官》按月分别的嘉詞偶句表明是依據常規預先設計的範文,但《知聞來往别紙》卻是使用過的書信集成”。前揭《關於晚唐五代别紙類和應用的再探討》,第 194 頁。

[　　…缺損…　　]碧潭,星迴而寒野雪銷,斗轉[而]皇州春[　　…缺損…　　]明鄭弘二鹿之祥,早彰懿續(績),楊震三鱣之異,夙播芳聲。今則爰自元正,更迎爲慶。厶叨承眷奬,今遠旌麾,禱祝之誠,倍越常懇。謹奉狀起居。

三月

伏以晝鴨嘉辰,鬪雞令節,柳坼而黄鶯顕瑞,花鮮而曰鸞呈祥。伏惟司空貫寇齊聲,龔黄並價。夙著治民之續(績),久彰及物之仁。爰自窮春,更延殊祉。厶叨承賸異,令(今)遠旌麾,虔禱之誠,輸罄何及。

又

伏以謝雪方□飄□花正媚[1],是落(洛)水乘舟之日,乃會稽修禊之辰。伏以司空德冠堯時,道符舜日。罇俎盡折衝之美,衣服居彩繪之結,[爰自]窮春,更迎殊渥。厶叨蒙奬異,曠披[　　…缺損…　　]

[四月

伏以　　…缺損…　　]戚,青春變節,何縣之花方謝,彭澤之柳□□。[伏惟　　…缺損…　　]深賜玉。爰自積和之氣候,更迎丹闕之朝榮。厶叨奉知憐,倍增[忻抃],無由拜款,益抱瞻依。謹專奉狀起居。

又

伏以巽風乍變,離日方臨,庭樹陰濃,岫雲峰出。伏以司空家傳鍾[鼎]。慶襲弓裘,顕倅名藩,屢彰懿績,爰因改候,更集寵恩。厶叨休(沐)知憐,未經趨謁,禱戀之懇,夙宵不忘,謹奉狀起居。

將各月第1首與題爲《又》的第2首進行比較,可知其形式、結構等頗爲相似,尤其是劃綫部分的套語基本一致。《二月》及五至十二月書札的情况也大同小異,但書札末尾的套語"謹奉狀起居"則多被省略。今引《二月》爲例:

二月

伏以玄鸞將來,黄鸝欲語、冰盡銷於池玉,柳已褭(裊)於園金。伏惟司空令比風雷,恩同兩露。藴千鈞之重德,懷萬古之雄名。當跿(蹤)履於三春,便

① 此處兩個方框"□"的部分,寫本上僅有空格而無字,並非是因字形不完整或缺失而無法辨認的字。或許P.4092之底本亦是如此,也可能是P.4092的抄寫人懷疑有脱字而保留空白。

□蕃於福□(祉)。某叨承賸奬,常切祝望。趨覲未由,思戀空極。

抄録於 P.4092 的 16 首中不見有答書,這並非表示就没有回賀書的習慣。[①] 可能是在《"新集"雜别紙》前的一種别紙文集基礎上而形成的,如:張敖《"新集"吉凶書儀》即從舊儀中"在於凡庶,固無所施"的内容"採其的要",[②]而僅選録 92 首賀書,並未附有答書;抑可能是 P.4092 抄寫者摘録的結果,抄寫時原有的答書(連同往書末尾反復出現的套語)皆被省略,僅保留他欲參看的内容。[③]

屬於月儀系統的書儀中,如:《月旦賀官》每月爲不同對象設計的書儀,已於上文提及的《五杉集》卷中《四季惣敍》。《五杉集》爲南唐・釋應之作,成書年代與《新集雜别紙》(後唐)[④]相近。鑒於《月旦賀官》原有的書札數量以及現存部分"僕射""司空""尚書""厶官"等諸位收信人,可推斷《月旦賀官》每月擬設定的收信人應不止一人,至少像《正月》《三月》《四月》那樣收録兩種文範,其體例應接近於《五杉集・四季惣敍》或《同書・十二月節令往還書樣》的《賀正》《十月》《賀冬》。但是,這並不表示《月旦賀官》也收録了與上官(尊人)以及給平交的兩種不同層次的書札。據書札格式"别紙"及其用途"賀官"[⑤]來判斷,收信人均爲尊人,而非平交關係。

---

① 月旦的答書見於 P.2539v《(擬)靈武節度使書狀集・延州汝州鳳翔陝府侍衛左衛月旦書》。據所用的賀語判斷,應爲仲夏的書札。其末尾曰:"謹專復※狀謝陳(陳謝)。伏惟俯賜鑒察"(※"復"字墨迹與正文不同,校改時所加的文字),於敦煌書儀中並不多見,但是《五杉練若新學備用》卷中所收録的各種書札的答書中,則往往出現"謹復狀陳謝"句。《同書・論書題高下》亦云:"卑人與尊人書後'伏惟仁慈俯賜鑒察'",從此可知,這月旦答書是下屬給左衛的書札。

② P.2646《新集吉凶書儀》序曰:"敍曰:人之有禮即安,無禮即危,以識材(才)通明於儀禮。是以士大夫之家吉凶輕重而禮經繁綜,卒難尋檢,乃有賢才撰集,纂要吉凶,號曰書儀,以傳時世,是爲齊(濟)要。自大唐前後數十家著述,紙墨頗繁,理詞歸一,且夫死哀之初,禮儀(宜)貴於寧戚;悲號之際,情豈假於玄(炫)文。所以綜其舊儀,校(較)量輕重,裁成一絶(紙?),亦盡哀情。今朝庭遵行元和新定書儀,其間數卷,在於凡庶,固無使(所)施,不在於此。今採其的要,編其吉凶,録爲兩卷,所(使)童蒙易曉,一覽無遺,故曰纂要書儀。敍之云耳(爾)"。

③ 例如,成尋將自己收到或寄出的公文私書記録於《參天台五臺山記》時,根據自己的需求篩選文書,有時照原樣摹寫全文,有時則省略部分内容。拙文《成尋『參天台五臺山記』と宋代の手紙文——文書作成や書儀編纂の方法を知る手がかりとして》,《敦煌寫本研究年報》17,2023 年,第 187—203 頁。

④ 關於成書年代,趙和平先生認爲是後唐・天成末或長興初,約爲 10 世紀 30 年代前半期;吴麗娱先生亦提出天成四年(930)至長興元年(931)的看法。趙和平:《敦煌表狀箋啓書儀輯校》,南京:江蘇古籍出版社,1997 年,第 158 頁;吴麗娱:《關於晚唐五代别紙類型和應用的再探討——〈新集雜别紙〉研究之一》,《唐研究》19,2013 年,第 419 頁。

⑤ 《月旦賀官》可能與起居儀有關。起居儀是在朔望、節日等時間由下屬向長官必須執行的官場禮儀。關於月賀起居,可參看吴麗娱:《試論敦煌書儀中的官場起居儀》,劉進賓、高田時雄主編:《轉型期的敦煌學》,上海古籍出版社,2007 年,第 269—272 頁。

從《新集雜"别紙"》的書名來看,《月旦賀官》收録的各文範也應是"别紙"。P.3906《(擬)書儀》(五代)有"凡修書,先修寒温,後便明體氣,别紙最後"的注釋之後,揭示"寒温""體氣"的文範,其云:

孟春猶寒,伏惟厶官尊體動止萬福。即日厶乙蒙恩,限以守務,拜謁未由,謹奉狀起居。不宣。謹狀。月日具銜。

官位時,不審近日尊體何似,伏惟順時善加保護,下情所望,但增瞻戀之至。謹狀。

該書儀中,另收録《賀正别紙》《端午别紙》《冬至别紙》《寄信别紙》《與父母受業師父等别紙》等爲不同對象設計的各種别紙。[①] 但是,《與兄姊等狀》卻没有别紙,"寒温"與"體氣"也没有分段,而是將三段内容合并在一起。

與兄姊等狀

孟春猶寒,伏惟家兄尊體動止萬福,即日弟厶蒙恩,不審近日體氣何似?伏惟順時特加保護,下情所望。一自奉以職役,經旬久阻仁姿,蓋緣王事有期,因玆甚難面都(睹)。今且江川遥遠,磧漠近遰(滯),未謁尊兄,倍增悵戀,伏惟俯賜照察。謹狀。年月日厶狀上。弟厶狀封。

封題 謹上家兄座前。

《五杉練若新學備用》卷中亦收録《上尊人闊遠書》,標題下有文字釋云:"内二幅寒暄、問體",其書札正文同於 P.3906《(擬)書儀》,由三個部分構成,即寒暄、問體及别紙。[②] 據此可推斷,别紙是對尊人使用的一種書札格式,雖然 P.4092《新集雜别紙・月旦賀官》現存部分未保留"寒温/寒暄"、"體氣/問體"的内容,但原來應是附有相應文範的。

三、小　　結

《朋友書儀》是在敦煌寫本書儀中唯一全面採取月儀形式及體裁的書儀,由年

① 還有《與未相識狀》,也是與别紙爲一套的,但是《與未相識狀》的部分(即非别紙部分)僅有"寒温",没有相當於"體氣"的段落,或許是 P.3906 漏抄的,也或許是基於發信人與收信人兩者之間的關係。

② 關於吉儀中所見的三幅一套的書札,參看拙文《吉儀中是否有"三幅書"?——從通婚書説起》,《中國古代法律文獻研究》12,2018 年,第 368—382 頁。

敍①、《十二月相辯文》、《朋友相念》三種内容構成。與第一部分年敍相同的内容,可見於 S.6537v14 鄭餘慶《大唐新定吉凶書儀・年敍凡例》、P.2646《新集吉凶書儀》等吉凶書儀,②其文末各曰:“右按諸家[書]儀年敍凡例,四時景候多有不同,兼之删略至多”、“右諸家儀,四時景候多有不同,今衣(依)次庶(序)排比,兼加添輕重之間,並可入時行用”,正如所言,《朋友書儀・十二月相辯文》每月書札的開頭有加注,將一個月分爲上、中、下三旬,介紹相應時節的詞語,如:“二月仲春”條有注釋云:“上旬云‘漸暖’、中旬云‘較暖’、下旬云‘已暖’‘極暖’。夾種”,用以描述季節變化的詞語分得很細。③ 第二部分《十二月相辯文》是一月往書及答書一組,採儷偶之語,用典亦多,④可説是典型的月儀。第三部分《朋友相念》亦以十二月排列的往還兩首一組書札,其形式和内容與《十二月相辯文》不同。⑤ 雖然收録内容有與季候相符的各種寫景表現,但卻看不出與特定節氣結合的相關詞語。

歸納吉凶書儀的文獻中,卻未見有採取月儀的編排方式者,然而,關於節氣的書札則較爲豐富,有朋友之間的正歲、寒食、端午、重陽、冬至等相迎書之外,亦有下屬給長官的賀正、賀端午、賀冬至等獻物狀。後者與官場禮儀有著密切關係,同樣也收録於表狀箋啓書儀。《新集雜别紙》亦不例外,題爲《“月旦”賀官》而其内容應爲每月初一的祝賀,卻仍將《賀冬》列在一起。此外,每月的書札正文中出現了該月節日相關的描述。⑥ 未被抄録於 P.4092 的 76 首中,極可能有一些《賀正》《賀端午》《賀冬至》等節日的别紙,⑦也應附有“寒温/寒暄”、“體氣/問體”的内容。

---

① 寫本上未附篇名,今據 S.6537v14 鄭餘慶《大唐新定吉凶書儀・年敍凡例》,稱之爲年敍。

② P.3900《(擬)書儀》(武則天時期)卷首殘缺,但據現存文字可以確認原有相當於年敍的内容。

③ P.3900《(擬)書儀》(武則天時期),與其他吉凶書儀相比,較爲詳細,每半月有相應的敍述,如:“(八月)……十五日已前云“漸涼”、十五日已後云“甚涼””、“(九月)……十五日已前云“漸冷”、十五日後云“暮(甚)冷””等。

④ 與其他月儀不同的是,書札正文中部分詞語下有加注典故來源,但其注解内容簡繁不一,可能不是原有的注釋,而是寫本流傳過程中形成的,爲時人學習的痕迹。

⑤ 書札的用語和結構,與 P.3723《記室備要》下卷所收録的月儀相似之處。見前揭《『記室備要』に見られる月儀》,第 96—98 頁。

⑥ 前揭《關於晚唐五代别紙類和應用的再探討》,第 191 頁。以正月和三月爲例,指出其内容分别是與元正歲首時令和寒食節俗相結合的。

⑦ S.4374 除了社邑文書、《分書》、《從良書》等文範之外,還抄録相當於書儀的内容。其爲《封題樣》《賀冬至上大官别紙本》《同前冬至》《同前賀冬》《同前冬至》《賀正》《同前賀正》《端午》《同前》《同前》(寫卷到此爲止),收集的均爲祝賀節日的别紙。《月旦賀官》也可能收録與此相似的内容。

現通過與現存月儀系統的書儀的比較,根據之間忽隱忽現的繼承關係或相似的體例,我們大致可以了解《月旦賀官玖拾貳首》原有的内容。

Xinji-Zabiezhi and Monthly Correspondence between Officials

Takako YAMAMOTO

The extant text of *Xinji-Zabiezhi* 新集雜别紙 (*New Collection of Miscellaneous Papers*) in the Dunhuang manuscript Pelliot chinois 4092 contains a chapter titled *Yuedan-heguan 92 shou* 月旦賀官玖拾貳首 (*92 Greeting Letters for the First Day of Lunar Months among Officialdom*). However, there are only 16 copies of letters in P.4092, less than one sixth of the number in the original edition. With the aim of addressing the issue of the lost content, this article focuses on the style of *Yueyi* 月儀 (Monthly Correspondences), which were edited across the centuries, and then makes comparisons between the *Xinji-Zabiezhi* and them.

The findings of the research are that the missing letters of P.4092 should contain the following: (1) two or more examples of *biezhi* 别紙 (additional papers, the main content of the correspondence in actual use) each month between senders and receivers of different status; (2) seasonal/festival greetings for *yuandan* 元旦 (Lunar New Year), *dongzhi* 冬至 (Winter Solstice), *duanwu* 端午 (Double Fifth Festival), etc.; (3) model examples of *hanwen* 寒温 /*hanxuan* 寒暄 (report on weather conditions) and *tiqi* 體氣/*wenti* 問體 (enquiry about a person's feelings), used in the three-paragraph letter form.

依田利用《玉燭寶典考證》所見《月令章句》校記平議*

程蘇東

《玉燭寶典》是生活在北朝後期至隋的士人杜臺卿所編的一部月令、風俗資料總集。全書以月分卷,先録《月令》本文,附以鄭玄等各家注釋,並録蔡邕《月令章句》,繼而輯録各種經傳、緯書中與當月物候、政事有關者,再録崔寔《四民月令》,最後以"正説""附説"輯録世俗習説,並加以甄辨。該書於開皇初獻於隋廷,自《隋書·經籍志》至《宋史·藝文志》《直齋書録解題》等均有著録,《初學記》《白氏六帖》《藝文類聚》《歲華紀麗》《太平御覽》等唐宋類書也屢見徵引,明代後期士人陳第《世善堂藏書目録》中仍著録全帙,但陶宗儀《説郛》所録卻僅有一卷輯佚本,可知該書大概於元明時期佚於中土。所幸該書鈔卷早在平安時代就東渡日本,並得以持續傳抄。關於《玉燭寶典》在日本的流傳,中日學者已有討論。① 一般來説,以今藏日本國立國會圖書館、陸續鈔於嘉保三年(1096)至貞和四年(1349)的尊經閣文庫本爲最早,其他各本均據此轉鈔。比較重要的還有日本國立公文書館藏本,此本鈔校於文化二年(1805),先後爲昌平坂學問所、淺草文庫、内閣文庫遞藏,通常稱爲"内閣文庫本"。兩種鈔卷的照片均已在網絡公布。此外,澀江全善、森立之《經籍訪古志》還著録一種藏於楓山官庫的鈔本,目前下落不明。光緒年間,在日本訪書

* 本文爲國家社科重大項目"兩漢經學佚籍的新輯與研究"(23&ZD81)階段性成果。

① 石川三佐男:《古逸叢書の白眉『玉燭寶典』について—近年の學術情報・卷九の行方など》,《秋田中國學會 50 周年記念論集》,2005 年;包得義、王樹平、魏艷伶:《〈玉燭寶典〉的歷代著録與版本流傳考述》,《河北民族師範學院學報》2022 年第 4 期,第 28—31 頁。

的楊守敬獲見此書[①],不久由黎庶昌影鈔收入其所編《古逸叢書》。

江户後期的學者依田利用曾以"依田利和"之名參與文化初年内閣文庫本的校勘,至19世紀40年代又以一己之力完成《玉燭寶典考證》,對内閣文庫本的脱、訛、倒、衍進行全面校勘,是我們利用《玉燭寶典》的重要參照。據郝蕊介紹,[②]該書有兩種稿本存世,分别藏於日本國立國會圖書館和東洋文庫,前者已在網站公布,共四册,扉頁有島田翰藏書印,版心下部亦有"樂志堂"三字。就涉及《月令章句》的部分看,其校正或以他書所引《月令章句》爲據,如卷二"故重至日,同以用事",《考證》改爲"故重其至日,因以用事"[③],並言:"舊無'其'字,今依《通典》增。""舊'因'作'同',今依《通典》改。"校記中提到的參校文獻還有《毛詩名物解》等。或僅言存疑以示謹慎,如卷一"爵飲之",《考證》以爲"應有脱誤";卷五"鞞,大鞞也",《考證》以爲"'大鞞'疑有訛"。當然,多數情況下,依田氏會根據《月令章句》的體例及上下文意做出理校,其中不少可以通過尊經閣本或其他中古文獻得到確證。如卷一"昏、明星去日八十度",《考證》注意到全書均言"昏、明中星",故據文意增補"中"字;同卷"宿者所在也。離者,月所歷也",《考證》據文意補爲"宿者,日所在",今據《玉海·天文》引"蔡邕曰"、《禮記集説》録山陰陸氏引"蔡邕説",可證《考證》所補甚確。有些校補雖然無法通過其他文獻得到確認,但符合中古寫卷的常見脱漏。如卷二"存諸孤。特也。"《考證》改爲:"存諸孤。孤,特也。"校記言:"舊不重'孤'字,今以意增。"根據《月令章句》體例,一般先引本文,再對其中字詞加以訓解,故此處宜有"孤"字。按照中古寫卷通例,一般以重文號寫爲"存諸孤=特也",在傳抄過程中,重文號很容易脱漏,故自尊經閣本以下此處皆僅作一"孤"字。依田氏的增補具有合理性。又如卷一"東風解凍者,少陽之方,木位也。"從文意看,將"東風解凍"句理解爲少陽木位,頗爲不辭。《考證》言:"舊無'東'字,今補。"即補作"東風解

① 關於《古逸叢書》所據本《玉燭寶典》,崔富章認爲即森立之抄校本,但任勇胜對此説提出質疑。可参崔富章、朱新林:《〈古逸叢書〉本〈玉燭寶典〉底本辨析》,《文獻》2009年第3期,第144—150頁;任勇勝:《〈古逸叢書〉本〈玉燭寶典〉底本辨析獻疑》,《清華大學學報》2010年增刊第2期,第94—101頁。

② 可参郝蕊:《依田利用稿本的價值考述》,《日語學習與研究》2018年第1期,第40—48頁。

③ 依田利用《玉燭寶典考證》,日本國立國會圖書館藏,https://dl.ndl.go.jp/info:ndljp/pid/2605746?tocOpened=1。本文所引《玉燭寶典考證》均據此版本。

凍。東者,少陽之方,木位也。”少陽木位正指東方,無論從《章句》先引本文、後解字詞的體例,還是從訓詁的角度看,都非常合理。凍字右半作“東”,筆者頗疑此處原寫卷亦以重文號省略後一“東”字,故致脱漏。類似這種重文脱漏、《考證》以意增補者尚有不少。

不過,《考證》在校勘方面也存在不少缺憾,主要表現爲四種類型。首先,《考證》所據爲内閣文庫本,故自然沿襲了内閣文庫本的不少脱訛,如尊經閣本季春令“蒸變含血”後二字,内閣文庫本訛作“合西”,至《考證》則訛作“合而”。同卷尊經閣本“嬔乳之處”,内閣文庫本僅録“嬔”女字邊,“處”則作“變”,《考證》亦同。有時,《考證》會對這些誤字加以校改,但所改未必正確,如卷二“安萌牙”的“牙”,内閣文庫本作“”,其天頭校改爲“芽”,《考證》本正文作“可”,並指出應改作“芽”。此處校改於義雖通,但畢竟與本字不合。同卷章句“復父母勿笇二歲”,内閣文庫本“笇”訛爲“竿”,《考證》言:“竿,疑當作‘事’。”“其以平旦日入爲節”,内閣文庫本“平”訛爲“草”,《考證》知其誤,以意改爲“早”。這些校改不僅未能恢復《月令章句》原貌,反而造成了新的異文。所幸今有尊經閣本可以參校,相關訛謬也可得以改正。

其次,依田勇於理校,難免存在過度校勘的現象。如卷一“獺祭魚”章句言“春之時,乙以柔配庚剛”,意謂魚爲鱗蟲,於仲春月上冰,當乙,主柔;獺爲毛蟲,當庚,主剛,二者相配,故剛得殺柔,是以獺殺魚而祭。這裏“乙”即指魚,《考證》改作“以乙柔配庚剛”,形式上顯得更爲嚴整,但寫卷之文既可通,實無煩乙正。同卷“鴻雁來”章句“陽鳥。”《考證》補爲“鴻雁,隨陽鳥。”校記言:“舊無‘鴻雁隨’三字,不成義,今案文補入。”《毛詩・邶風・匏有苦葉》“雝雝鳴雁”鄭箋:“鴈者,隨陽而處。”《周易・漸》虞翻注:“鴻,隨陽鳥,喻女從夫。”[①]依田氏或據此補文。不過,杜臺卿此條附有自注:“今案《尚書・禹貢》曰:‘彭蠡既猪,陽鳥攸居。’孔安國注云:‘彭蠡,澤名。隨陽之鳥,鴻鴈之屬,冬月所居於此澤。’《卑雅》曰:‘去陰就陽,謂之陽鳥,鴻之也。”查今本《埤雅・釋鳥》“雁”下無此文,然《孔叢子・小爾雅・廣鳥》言:

① 《毛詩正義》卷二之二,(清)阮元校刻:《十三經注疏》,北京:中華書局,2009年,第638頁下欄B;李鼎祚:《周易集解》卷十一,北京:中華書局,2016年,第327頁。中華本“鴻隨陽鳥”未點斷。

"去陰就陽,謂之陽鳥,鴻鴈是也。"①知杜氏當有所據。從自注來看,無論是《禹貢》本文,還是其所據《稗雅》中"謂之"云云,都直接指向"陽鳥",可見"陽鳥"並非"不成義",杜氏完全可能是引據《尚書》孔傳或《稗雅》來解釋《月令章句》中"陽鳥"一詞,《考證》補字稍嫌武斷。又如卷六"水、火、金、木各主一時",考證改作"木、火、金、水各主一時",使四行循相生之序,但古人著述未必如此嚴整,此類行文不必强改。卷二引《詩經》"寢廟弈弈",《考證》據《毛詩》改爲"奕奕",但杜臺卿所據《詩》本究竟作何字,今已難考,從尊重底本的角度看,亦宜保持原貌。卷七"左個,申上室",《考證》增改爲"左個,申上之堂",這顯然是根據各卷對明堂居處的描述,如仲春令青陽大廟言"卯上之堂"、孟夏令明堂左個言"巳上之堂"等。不過,從《玉燭寶典》所見《月令章句》來看,其於各月明堂居處用詞無定,寅上、辰上、申上、亥上言"室",卯上、巳上、午上、未上、酉上、子上、丑上言"堂",實難判定何者爲是,故宜存舊以闕疑。

第三,《考證》中存在部分誤校。其中有的是由於其選擇的他校對象有誤。如卷二仲春令"祀不用犧牲"章句:"不犧牲者,言是月生養之時,故不用也。"《禮記正義》引"蔡説":"此祀不用犧牲者,祈不用犧牲,謂祈禱小祀也,不用犧牲。若大祀則依常法,故上云'以大牢祠高禖'是也。"②《考證》認爲兩者所解爲同一事,故據《禮記正義》將"不犧牲者"改爲"祈不用",但細究兩段引文,可知《玉燭寶典》引文討論的是此月何以不用犧牲,原因是仲春主升陽,故不行殺牲之事;而《正義》則進一步就"祀"字加以辨析,言有小、大之分,小者爲"祈",故"祈不用犧牲",至於"大祀"則仍不廢犧牲,並舉前文以太牢祀高禖之事爲例。《玉燭》引文意在解釋《月令》本文,而《正義》引文則針對《月令》内部出現的前後矛盾加以彌縫,兩者所解並非一事,不可據彼改此。又如卷六"蟋蟀居壁"章句"壁者,嬎乳之處也,其類乳於中,深埋其卵。"《考證》於"中"前增"土"字,校記言:"舊無'土'字,'卵'作'耶',今依《毛詩名物解》增改。"今案《毛詩名物解》引文:"其類乳於土中,深埋其卵,江東謂蚟蛁,又

① 遲鐸:《小爾雅集釋》,北京:中華書局,2008年,第339頁。
② 《禮記正義》卷十五《月令》,(清)阮元校刻:《十三經注疏》,北京:中華書局,2009年,第2951頁上欄A。

謂蚱蜢,善害田稺。"[1]就其前兩句看來,與此處章句的確非常相似,但從其後文所言又名及習性可知,所言應爲蝗蟲,對應的本文是卷四孟夏令中"則蝗蟲爲災"句,故不可據其校改此句。當然,内閣文庫本"卵"訛作"耶",依田改爲"卵"字,這是正確的。至於"中"字之前,單就此句來説,確實可能存在脱誤,但所脱絶非"土"字,因爲章句明以"壁"爲孚乳之處,故所脱者可能爲"壁"字。不過既然前文已有"壁者"云云,則"壁中"承前省略爲"中",亦非不可。此處仍宜存舊。

有的誤校源於對《月令章句》的誤解。如仲夏令"螳蜋生"章句:"螳蜋,虫名也,食蟬,煞虫也。是月升陰始煞,虫應而生也。"《考證》認爲:"'升'當在'始'下。"即作"是月陰始升,煞蟲應而生也。"其説與義可通,但就《月令章句》而言,仲春令"始雨水"章句言:"是月息卦爲《大壯》,升陽至四。"仲春於卦氣説爲《大壯》(䷡),由孟春《泰》卦(䷊)而來,陽爻自下升至四,餘二陰爻在上,以陽氣持續上升,故謂之"升陽"。又如季冬令"雉雊"章句:"是月升陽起於坙之中",以季冬爲《臨》卦(䷒),二陽自下上升,初爻、二爻於三才主地,故言"升陽"起於地中。總之,所謂"升陰""升陽"皆就十二消息卦而言。仲夏於消卦爲《姤》(䷫),自孟夏《乾》卦而來,一陰始升於下,故謂之"升陰";陰主殺,故謂之"升陰始煞",寫卷之文無誤。

有的誤校關係到對經義及漢代制度的理解。如季夏令章句"其禮迎於赤郊",《考證》改爲"南郊":"舊'南'作'赤',今依續志注改。"依田所謂"續志注"即《續漢書·祭祀志》劉昭注。這裏涉及迎時氣的制度問題。《周禮·小宗伯》言:"兆五帝於四郊",鄭注言:"黄帝亦於南郊",[2]賈逵《周禮解詁》亦言:"中兆,黄帝之位,并南郊之季,故云兆五帝於四郊也。"[3]是以南郊並迎赤帝、黄帝。不過,據《後漢書·明帝紀》永平二年(59):"是歲始迎氣於五郊",[4]《續漢書·祭祀志》言:"立夏之日,迎夏于南郊,祭赤帝祝融。""先立秋十八日,迎黄靈于中兆,祭黄帝后土"。[5] 可知東漢明帝以來實際施行的並非《周禮》"四郊"之制,而是别設中郊的"五郊"制。

---

① 蔡卞:《毛詩名物解》,清康熙十九年(1680)通志堂經解本,卷二葉四正。
② 《周禮注疏》卷十九《小宗伯》,(清)阮元校刻:《十三經注疏》,北京:中華書局,2009年,第1653頁上欄B。
③ 《魏書》卷五五《劉芳傳》,北京:中華書局,2017年,第1338頁。
④ 《後漢書》卷二《顯宗孝明帝》,北京:中華書局,1965年,第104頁。
⑤ 《後漢書》志第八《祭祀中》,第3182頁。

《月令》於季夏未言迎氣事,似乎正合"四郊"之説,但漢儒解釋《月令》卻頗據漢制爲説,如盧植注:"南郊,七里郊也。""中郊,五里之郊也。"①二郊顯然各有所在。蔡邕雖認爲《周禮》與《月令》同出於周公,但其於仲夏令章句言:"南郊七里,因火數也。"季夏令章句言:"去邑五里,因土數也。"顯然也認爲季夏迎時氣别有專所,故此句"赤郊"當作"中兆"或"中郊",並非"南郊"。《考證》虽舉出"續志注",但似乎未能充分了解漢制與《周禮》之間的差異,故致此誤。

有時《考證》意識到寫卷不辭,但所正亦誤。如孟春令"審端徑術"章句:"正也。步道也。術,車道也。"《考證》根據《章句》體例,認爲"正"前脱"徑"字,即以"正也,步道也"爲"徑"字説解,又以"徑"無"正"義,認爲當從《釋文》本作"經"。今案,"徑"指步道,《論語・雍也》"行不由徑"②,以"徑"指邪道,知其必無"正"意。"經"雖有"正"意,但並無"步道"之意,且此處"步道""車道"並舉,車道較步道更加寬正,無由獨於"步道"言"正",《考證》理解顯然有誤。實際上,"正也"應專釋"端"字,"步道也"乃釋"徑"字,此句應爲"端,正也。徑,步道也。"《玉燭》引文脱去出文,遂至《考證》之誤。又如季春令"命舟牧覆舟,五覆五反"章句:"必覆五覆以視表,五反五反以視裹,慎之至也。"《考證》言:"舊重'五反'二字,今删。"從《章句》文意來看,實應作"反五反",以與前文"覆五覆"相對。

第四,《考證》難免也有失校之處。如卷六中央令章句:"土以穀雨前三月受之於辰",據卷十孟冬令章句:"金用事七十三日,土用事於季秋十八日,至此而盡,水德受之。"知蔡邕以四時分主 73 日,其後各以 18 日奉土爲主,合 72 日,總爲 364 日。此言木主春 73 日,至穀雨前三日乃轉奉土主,時當季春建辰之月,故"月"當作"日",《考證》於此失察。

有的失校源於依田氏對《章句》體例及編纂背景的了解不够全面。如前文所言,依田非常注重根據《月令章句》的體例進行校勘,這幫助他實現了很多成功的校改,如《章句》各卷言節氣,卷二有"今曆中春,雨水節"、卷三有"今曆季春,清明節"、卷六有"今曆季夏,小暑節"、卷七有"今曆孟秋,立秋節"、卷八有"今曆仲秋,白露節"、卷十有"今曆孟冬,立冬節",卷十一"今曆仲冬,小雪節"、卷十二"今曆季

① 《魏書》卷五五《劉芳傳》,第 1338 頁。
② 程樹德:《論語集釋》卷十一《雍也》,北京:中華書局,1990 年,第 391 頁。

冬,大雪節”,至於卷一孟春令則僅言“孟春,立春節”,故依田校言:“‘孟’上當有‘今曆’二字。”所謂“今曆”,又見於《續漢書・律曆志》所載蔡邕奏議:“當今曆正月癸亥朔”①,即東漢章帝元和二年(85)所頒“四分曆”。與西漢武帝時頒定的太初曆和劉歆“三統曆”相比,“四分曆”對於十二月太陽行度的劃分各有不同,尤其是在節氣對應上,三統曆與“今曆”存在兩組差異,第一組是驚蟄與雨水,前者以驚蟄爲孟春之中,以雨水爲仲春之節,後者則相反;第二組是清明與穀雨,前者以穀雨爲季春之節,清明爲季春之中,後者亦相反。從《續漢書・律曆志》所載蔡邕奏議看來,面對東漢中期起來朝野對於“四分曆”的非議,蔡邕從曆數和經義兩個角度對後者的合理性進行了論證,因此,在《月令章句》中,他也頗言“今曆”,顯示出對於“四分曆”的推重。不過,細案《章句》所言二十四節氣,會發現其並未全用“今曆”,亦有間用“三統曆”者:

> 自危十度至壁九度謂之豕韋之次,立春、驚蟄居之,衛之分野。自壁九度至胃一度,謂之降婁之次,雨水、春分居之,魯之分野。自胃一度至畢六度,謂之大梁之次,清明、穀雨居之,趙之分野。

從十二月日次行度來看,“今曆”以立春日次爲“危十度二十一分進二”,三統曆則爲危十六度,蔡邕顯然采用“今曆”日次;從清明、穀雨的排序來看,以清明在前,亦合“今曆”之法。不過,從驚蟄、雨水的設置來看,蔡邕又采用三統曆,對於這種二曆混用的做法,他在《月令問答》中有所解釋:

> 問者曰:“既不用三統,以驚蟄爲孟春中,雨水爲二月節,皆三統法也,獨用之何?”曰:“孟春月令曰‘蟄蟲始震’,在正月也。中春‘始雨水’,則雨水,二月也。以其合,故用之。”②

由於《月令》在孟春令言“蟄蟲始振”,仲春令言“始雨水”,爲了配合《月令》本文,《章句》乃雜用三統法,將驚蟄定爲孟春中,將雨水定爲仲春節。蔡邕視《月令》爲周公所定,故其不盡合三統曆、“今曆”,亦情有可原。由此看來,其卷三季春言“今曆清明節”,這是實質性地區分今曆和三統曆,至於卷六以下所言“今曆”,則没有實質性的區分意義,主要是爲了表現其主用“今曆”的立場。至於卷二仲春令,其

---

① 《後漢書》志第二《律曆中》,第3039頁。

② 蔡邕《蔡中郎集》,清光緒五年(1879)陸心源刻十萬卷樓叢書本,卷十葉七正。

定爲"雨水節"顯非據"今曆",故《玉燭寶典》所引《月令章句》"今歷中春"之"今曆"二字恐有訛謬,宜爲衍文。依田氏據體例發現了卷一中的脱文,但對卷二中的訛誤卻未能注目,稍有遺憾。

總之,《玉燭寶典考證》糾正了内閣文庫本的不少訛誤,但也難免過度校勘以及誤校、失校之處。在對《玉燭寶典》的整理和利用中,應取尊經閣本爲底本,以内閣文庫本和《古逸叢書》本爲參校本,同時藉助依田利用《考證》的校勘成果,廣求異文,細加審驗,庶可求得最理想的整理效果。

Review of Yoda Toshimochi's Collating Notes on the *Yueling zhangju* as Seen in the *Textual Criticism of the Yuzu baodian*

Chen Sudong

Using the Cabinet Library copy of the *Yuzu baodian* as the base text, Yoda Toshimochi conducted a comprehensive examination of its errors of deletion, redundancy, inversion, and falsification by means of usage of other books or materials and inference and deduction, which is of significant value in the Textual Criticism. However, as far as the collation of the quotations from *Yueling Zhangju* (the Lunar Order's Chapters and Sentences) is concerned, some of the inferences are too bold. At the same time, due to the fact that there are many errors in the Cabinet Library edition itself, and that Yoda's understanding of the stylistic layout, interpretation, and social system of the Han Dynasty is skewed, there are some errors and mistakes in the Textual Criticism of the *Yuzu baodian*, which need to be taken care of in the use of the book.

新見景興三十七年靈寶科儀文書初探*

陳懷宇

一、引　　言

數年前因一個偶然的機緣走訪臺灣新北市許燦煌先生的越南文獻收藏文庫，許先生慷慨展示其所收藏的一些重要文獻，其中一件道教科儀文書引起我極大興趣。遂徵得許先生同意，獲得這件文書的照片進行初步研究，因爲藏品尚未編號，本文從略；亦未及測量尺寸，但該小册子約爲成人手掌大小，可知其作爲科儀文書方便手持的特點。（圖 1）許先生文庫藏品中的漢文文獻部分已經由許怡齡博士整理出來一個簡明目録，主要按照傳統的漢文典籍四部書類别介紹了這部分藏品。[①]也有很多喃文以及近現代時期的文獻尚待整理編目。目前所見的這件文書被列入子部下面的道教與俗信之威儀一欄。許先生文庫中道教科儀文書多達數十種，仍須時間逐漸加以整理刊布。但是這些科儀文書多來自民間，與從中國傳入或者在越南當地重印的道教經典完全不同，並非可以在傳統道藏中找到相應的版本，所以對研究其中反映的道教儀式傳統以及地方特色，非常有學術價值。

對於越南地區的道教文獻，當代學者已在近年來開始逐漸留意，越南學者撰寫了一系列文章介紹越南道教，如陳英濤《越南道教研究的簡介》、陳義《道教對越南漢字小説的影響》、黎文館《再談"三教同源"》、惠凱《越南道教的簡介》、阮維馨《越

* 感謝許燦煌先生慷慨應允拍攝寫本照片。此文初稿曾在 2019 年河南大學"域外漢文典籍國際研討會"上作過簡要口頭發表，與會者劉玉珺、許怡齡、阮蘇蘭教授等在會上和會後多所指點，感激不盡。也感謝余欣教授的不斷督促，最終得以成文。

① 許怡齡：《學界新資料：臺灣許燦煌先生所藏越南地區古籍》，《2016 年臺大高研院訪問學者學術研討會》，臺北：臺大高研院，2016 年，第 180—198 頁。

圖 1：景興三十七年靈寶科儀文書第一頁

南人與道教》等等，中國學者宇汝松在 2017 年出版了《道教南傳越南研究》，還有不少論文，比如王卡《越南訪道報告》等。孫瑞雪、黄永鋒則對越南道教文獻的範圍、歷史和館藏作了全面而簡潔的介紹，先是參考劉玉珺所著《越南漢喃古籍的文獻學研究》，指出越南古籍目録《玉山祠經書藏版目録》著録道教經籍最多，約 144 種，善書目録中則著録頗多道教善書，而《越南漢喃文獻目録提要》則著録道教類書籍 54 種。然後介紹了越南本土、法國、日本、東南亞以及中國民間收藏的越南漢喃文獻，特别指出民間收藏科儀文書約 20 多種。① 不過文章並未提及許怡齡著録的許燦煌文庫所藏道教科儀文書。這些文書的獨特性是值得注意的。另一點值得注意的是，近年來學者們也開始注意歐美以及東南亞地區收藏的中國西南地區道教文獻，特别是瑶族道教文獻，②這些文獻可能可以和越南的一些道教文獻進行比較，或許

① 孫瑞雪、黄永鋒：《越南道教文獻的範圍、歷史和館藏》，《道學研究》2022 年第 2 期，第 1—10 頁。

② 有關海外收藏瑶族文獻的介紹，見吴佳芸：《各國收藏之瑶族手稿及數位典藏概況》，《漢學研究通訊》第 38 卷第 2 期，2019 年，第 18—28 頁；Koos Kuiper ed., *Catalogue of Chinese and Sino-Western Manuscripts: In the Central Library of Leiden University*, Leiden: Legatum Warnerianum in Leiden University Library, 2005; Thomas O. Höllmann & Michael Friedrich eds., *Handschriften der Yao 1: Bestände der Bayerischen Staatsbibliothek München, Cod.sin. 147 bis Cod.sin. 1045.* （轉下頁）

也有相關聯之處。俄國學者葉可嘉(Ekaterina Zavidovskaya)刊布了台灣所藏來自西南地區壯族、瑶族使用的200多件道教科儀文本中的幾件,對其中所體現的道教正一教派度亡、濟生、占卜儀式做了基本介紹,指出這些來自越南北部地區的道教科儀與廣西地區的道教儀式很相似。①

我所見到的這件道教科儀文書是一件册子形式的寫本,但首部已經殘缺,存60頁,應該還有一些書頁散失了,所以並無定名。文字主要以漢文書寫,但其中夾雜很多異體字。因這件寫本結尾部分有提到年代和地點,可知其寫於"景興三十七年歲次丙申吉月吉日",所謂"吉月吉日"乃説明這件文書實際是一個樣本,可以在舉行儀式時根據功德主的需要由道教法師填寫舉行儀式的時間、地點等具體信息,據此本文將暫稱其爲景興三十七年文書。景興系大越國後黎朝顯宗(Hiển Tông)黎維祹(Lê Duy Diêu, 1717—1786年,其中1735—1786年在位)的年號,景興三十七年即公元1776年。這件寫本中也提到"玆臣謹奏爲大越國廣厶居奉道信主",可知這件寫本出自大越國(Đại Việt),而景興三十七年相當於大越國阮主(Chúa Nguyễn)統治時期。不過,後面所謂"廣厶(某)居"也證明這是一個樣本,需要根據功德主具體居住的地點改爲實際地名。但大越國時期,以"廣某"爲名的地方最可能是大越國所統治的廣南地區。結合許先生提供的收集地點在越南中部,也正是

(接上頁)Verzeichnis der Orientalischen Handschriften in Deutschland; 44. Stuttgart: Franz Steiner, 2004;Lucia Obi, "Yao manuscripts in Western collections",《瑶族文化研究所通訊》第3號,2011年,pp.15–23; Lucia Obi and Shing Müller, *Religiöse Schriften der Yao. Überblick über den Bestand der Yao-Handschriften in der Bayerischen Staatsbibliothek*, 1998; Bent Lerbæk Pedersen, *Catalogue of Yao Manuscripts*, Copenhagen: NIAS Press-Det Kongelige Bibliotek, 2016;郭武:《牛津大學圖書館藏瑶族道經考述》,《文獻季刊》第四期,2012年,第140—148頁;徐菲:《牛津大學圖書館藏瑶族手抄本新發現及其價值》,《西南民族大學學報(人文社會科學版)》2016年第10期,第74—78頁;何紅一:《美國國會圖書館館藏瑶族文獻研究》,北京:中國社會科學出版社,2017年;黄萍莉、何紅一、陳朋:《美國國會圖書館館藏瑶族手抄文獻的資源特徵與組織整理》,《圖書館學研究》24,2013年,第82—86頁;肖習:《德國巴伐利亞州立圖書館藏三類金門瑶經書抄本研究》,成都:巴蜀書社,2021年。有關瑶族道教的研究見 Eli Alberts, *A History of Daoism and the Yao People of South China*, Amherst: Cambrie Press, 2006;瑶族宗教文化在越南的影響,見 Phan Ngọc Khuê, *Lễ cấp sắc của người Dao Lô Gang ở Lạng Sơn*(諒山倮昂人的儀式),Hà Nội: Nhà xuất bản văn hóa thông tin, 2003;瑶族道教美術品的研究見 Jacques Lemoine, *Yao Ceremonial Paintings*, Bangkok: White Lotus, 1982。

① Ekaterina Zavidovskaya, "Daoist Ritual Manuals in Vietnam: Activating Stars and Trigrams", *Journal of Daoist Studies* vol.10 (2017), pp.102–126;同作者,"Daoist Ritual Manuals in Vietnam Self-Cultivation, Cosmic Steps, and Healing Talismans", *Journal of Daoist Studies* vol.11 (2018); pp.108–134。

歷史上的廣南地區。然而,景興三十七年大越國後黎朝處於鄭阮紛争時期,越南北方由鄭主統治,南方以富春城(順化)爲中心則由阮主(Chúa Nguyễn)統治,大越國的阮主並未稱王,稱"主",名義上仍奉後黎朝爲正朔,實際上是割據政權,所以其國號仍用大越國,實際上相當於割據政權"廣南國"(Quảng Nam Quốc,1558—1777年,1780—1802年)。① 越南出現鄭阮兩氏各自統治北南地區時,北部鄰邦在17世紀發生政權更替,明朝被推翻,清朝建立,一些明朝遺民逃亡越南,但鄭主政權擔心外部力量進入其統治區,對明朝遺民及其帶來的宗教與文化頗爲防範,而阮主政權則較爲歡迎明朝遺民,也接受了明人帶來的文化,其中包括道教。1771年廣南國境内出現阮氏三兄弟阮岳、阮侶、阮惠領導的西山起義,廣南國深受打擊。1774年北方的鄭森政權趁機派黄五福率軍南侵,1775年攻陷廣南國都城富春。② 在後黎朝時期,政府采取尊奉儒學的政策,對道教進行限制,儘管道教齋醮科儀在民間仍可舉行,常常爲君主和貴族祈福消災、祈雨求嗣,但道教仍然不斷走向頽勢。1802年阮朝(Nhà Nguyễn)建立以後,統治者阮福映(Nguyễn Phúc Ánh, 1762—1820年,其中1802—1820年在位)對道教齋醮、符咒、香火、風水等極爲厭惡,下令嚴厲禁斷。③ 相當多道教文獻被毁棄,逐漸流失在民間各地。這是這件景興三十七年寫本出現的歷史背景。

二、景興三十七年靈寶科儀文書所見儀式的歷史性及其地方性

這件文書没有封面,第一頁明顯不屬於原來的册子,乃是從他處移來臨時貼上去的某種道教科儀文本的一頁,系某種祈求保佑家宅平安的科儀文本,題名似乎爲"藏諸位先師家宅科",其中主要講以靈山神咒蕩除污穢,奉請聖賢之惠力,保護家内平安。文書正式的内容部分開始則是一系列道教科儀,其中包括"靈寶安諸位精

① 如 *Văn hóa, nguyệt san: tập-san nghiên-cứu và phổ-thông*(文化、月刊:研究與流行雜誌)(1965),p.35 直接用廣南國;有關廣南地區的歷史,參見 Phan Du, *Quảng Nam qua các Thời đài*(廣南歷代誌),Nha Trang: Cổ học Tùng Thư, 1974。

② 陳仲金(Trần Trọng Kim),《越南史略》(*Việt Nam Sử Lược*),Hà Nội: Trung Bắc Tân Văn, 1920。

③ 劉春銀、王小盾、陳義主編:《越南漢喃文獻目録提要》卷一,臺北:中研院中國文哲研究所,2002年,第785頁。

科”“靈寶安師科”“靈寶安將科”“靈寶安當境行遣科”“靈寶安南曹北斗科”“靈寶安五帝科”“靈寶安三寶科”,然後是兩部帶著濃厚道教色彩的所謂佛教經文:《佛差神通破邪破瘵靈驗妙經》《佛説破邪破瘵破病破魔大陀羅尼妙經》;最後一部分是“靈寶獻壇祖精癆瘵科”。從這些科儀文書的描述,可以大概了解文書所反映出的宇宙觀和儀式基本内容和結構。而其中相當多内容可以從傳統道教文獻中找到其來源,特别是宋元時代道教文獻與儀式,但其中出現的所謂“聖賢”也包括佛教和越南本地的神祇。從文書所列科儀順序來説,或許是用於大型道教儀式過程中與圖像的展示相結合的功能。比如所謂“安師科”“安將科”“安南曹北斗科”“安五帝科”“安三寶科”等實際上可能是配合展示和安置這些道教師、將、神祇、五帝、三寶等圖像的儀式表演。文書中以“靈寶安諸位精科”的描述最爲詳盡,其中所描述的儀式包括蕩除污穢、召唤神兵神將、焚香供養、爲功德主祈福等環節。這一部分也正是本文探討的重點。

文書首文“靈寶安諸位精科”開篇先是一首五言詩説明安置法祖列聖以祈福,其文云:“諸位安法祖,列聖保人生;仰祈開太佑,信主得安寧”,然後即描述蕩穢儀式的作法,其中的描述可以從唐宋以來道教科儀文書中找到來源,其文云:“夫天地之内,塵寰互起妖氛。捧一水盂蕩乾坤之秽氣。洞中虚玄,恍朗太原。蕩除妢秽天尊,琳琅振響,十方肅清。法鼓三通,萬神集悉。隨機赴感天尊,[①]以今謹召壇所,四靈四獸神君,九鳳破秽靈官,五方五帝,天仙兵馬,年月日時解秽將軍,悉赴壇所,指揮疾疾。外有牒文,合行宣示(印)宣牒走馬一氣次發遣而焚之。向來文牒,已行宣示,各請嚴莊,絡繹列陣,排兵於壇場内外,四向八方,或有伏屍故氣,土木妖精,[②]一切兇穢,於道順者,盡赴魁罡之下,入地升天,毋令動作,急々如律令!”其中可見而更早似出自唐宋之際成書的《太上元始天尊説北帝伏魔神咒妙經》所載北帝所傳《解穢鬪屍咒》:“洞中玄虚,晃朗太元;八方威神,使我自然;靈寶符命,普告九天;斡

① 臺灣高屏地區放赦科儀《淨壇咒》:“琳琅振響,十方肅静。河海静默,山嶽吞煙。萬靈振伏,召集群仙。天無氛穢,地絶妖塵。明慧洞清,太量玄玄。十方肅静天尊。”對比臺南地區,此咒語乃係於十方肅静天尊前增衍“明慧洞清,太量玄玄”八字,而更貼近於古本原貌(參見《元始無量上品度人妙經》卷七)。姜守誠:《南臺灣靈寶道派放赦科儀之研究》,《世界宗教學刊》第15期,2010年,第99頁。

② 參見杜光庭《行軍僕射醮宅詞》:“其有伏屍故氣,金土邪精,滯爽遊魂,幽靈暗魄,各乘善力。”《廣成集》卷十一,上海:商務印書館,1922年影印本,第9頁。

羅怛那，洞罡太玄；斬妖縛邪，殺鬼萬千；中山神咒，元始玉文；我誦一遍，卻鬼延年；按行五嶽，八海知聞；魔王束手，侍衛我軒；兇穢消散，道氣長存，急急如律令！"①經文説"此咒，北帝神祕之法。若世人得此，常能行之，可以制禦諸惡，添福益筭，延年度厄，禳災卻禍，救護生人，無有枉横，男女長幼，總可奉行。"而"靈寶安諸位精科"所描述的蕩穢儀式亦可追溯到黄禄大醮："靈寶玄壇，以今恭依道典，肅建瑶壇，將格真靈，合光蕩魔，欲揚清静，必仗神功，須至公父，右牒請四靈神君，解穢官吏，及九鳳之官君，召五方之兵吏，蕩除厭穢，清肅壇場，守鎮四方，奠安八極，故牒。"②後文《佛説破邪破瘵破病破魔大陀羅尼妙經》中提到"天蓬大將捉鬼，天猷大將捉邪；保德解空神瘵，"天蓬乃爲北極四聖真君、北方四元帥之一，這四者包括天蓬元帥真君、天猷副元帥真君（又名天佑副帥）、翊聖保德真君（又名黑煞將軍）、靈應佑聖真君（又名真武將軍）。這也可以在《太上洞淵北帝天蓬護命消災神呪妙經》找到："爾時，説頌既畢。天樂玄音，空中自振，飛花散香。無量數衆與天蓬大將部從威神，各各稽首大道，几前同聲讚詠。慈雲廣布，惠澤遐宣。誓願流傳，化度群品，作禮奉辭而退。"③對召唤四靈神君、解穢官吏、九鳳靈官來保護靈壇的描述，可以看出其基本上繼承了中古以來的道教科儀傳統。

實際上，這件文書後文各科中出現的很多名稱亦可在宋元道書中找到其來源。比如後面的《佛説破邪破瘵破病破魔大陀羅尼妙經》中出現了"火風火雨火箭，火輪

---

① 見《中華道藏》第30册（016號），北京：華夏出版社，2004年，第170頁；收入《正統道藏》正一部；中國明清以來各地道教中常見的《淨天地解穢咒》（或稱《淨天地神咒》）版本略有不同："洞中玄虚，晃朗太元，八方威神，使我自然。靈寶符命，普告九天。乾羅答那，洞罡太玄。斬妖縛邪，殺鬼萬千。中山神咒，元始玉文。持誦一遍，卻鬼延年。按行五嶽，八海知聞。魔王束首，侍衛我軒。兇穢消蕩，道炁長存，急急如律令。"見《太上三元賜福赦罪解厄消災延生經誥》（1450年），巴伐利亞州立圖書館藏（Res/4 L.sin. C 219），第3頁；亦見於《敕封保安廣澤尊王真經》（《鳳山寺志略》收録，光緒年間本），見 Kenneth Dean, *Taoist Ritual and Popular Cults of Southeast China*, Princeton: Princeton University Press, 2014, appendix III，第207頁，但文中"卻鬼延年"作"卻病延年"。

② 明代周思得編《大成金書》卷34《黄籙大醮儀》"淨壇四靈牒"，胡道静、陳耀庭、段文桂、林萬清等主編：《藏外道書》第十七册，成都：巴蜀書社，1992—1994年，第427頁。

③ 另外，《道法會元》卷一五九《上清天蓬伏魔大法》云：天蓬大將，姓駱名芮。即北斗第一貪狼星也。四面八臂，執斧鉞弓箭劍戟印鐸，領兵萬衆。神光赫奕，震驚天地。雖百萬凶魔，威光一照，俱化爲塵。《道法會元》卷二一七又曰：天蓬元帥三頭六臂，赤髪，緋衣，赤甲，跣足；左一手結天蓬印，右一手撼帝鐘；又左一手執斧鉞，右一手結印擎七星；左一手提索，右一手仗劍，領兵吏三十六萬騎，雷公電母，風伯雨師，仙童玉女，羽衣赫赫，各持金劍，乘北方太玄煞氣、黑氣，氣中有五色氣，從空降壇。

火馬火車”,也可以追溯到《道法會元》卷121《南宫火府烏暘雷師祕法》中的敍述:呪曰:“赤帝火王,圍中明煌。刀劍如雨,斬鬼火王。符召立至,急攝無疆。謹請南方火德熒惑星君,火鈴將軍,火鈴神將,火鈴童子,火鈴吏兵,火輪火車將軍,驅雷光,撼火鈴。攝丙丁,駕火雲。上下八方都罩定,邪鬼出者化爲塵。急急如南極火鈴帝君律令勑煞攝。”①許氏文庫這件文書中出現的文字如“太上傳符篆,初皆遇鶴鳴,積功朝帝所,彩惜攝雲騈;接引彰詞奏,克遂凡世情;脩延當奏請,俯願鉴精誠”一節,其第一聯“太上傳符篆,初皆遇鶴鳴”、第三聯“接引彰詞奏,克遂凡世情”、第四聯“脩延當奏請,俯願鉴精誠”應來自宋人所編《無上黄籙大齋立成儀》卷36所收之《請天師頌》“太上傳符籙,初因遇鶴鳴。積功超玉闕,列位侍三清。接引章詞奏,克隨凡庶情。修齋當奉請,願俯鑒精誠。”②而“靈寶安師科”“靈寶安將科”“靈寶安當境行遣科”等篇均以宋徽宗《步虚詞》開端,如“積功朝帝所,彩惜攝雲騈”當來自宋徽宗皇帝御製《步虚詞》第二:“大梵三天主,虚皇五老尊。尚難窺徼妙,豈復入名言。寶座臨金殿,霞冠照玉軒。萬真朝帝所,飛舄躡雲根。”③所以亦可知宋元以來的道教文獻在越南影響深遠。

“靈寶安諸位精科”在描述天尊指揮神將神兵來壇場之後,則是焚香供養儀式:“金爐馥郁,瑞氣氤氲,十方三界普聞知,萬聖千賢同降鉴,以今焚道香、德香、無爲香、清淨香、妙洞真香、靈寶惠香、超三界香,滿瓊樓玉京,徧周天法界,以今焚香,虔誠供養。”供養對象包括:無上三寶天君、靈寶五師真君、北極四聖真君、神霄真王、長生大帝、五雷判府、東極青花大帝、六天洞淵大帝、可韓司丈真人、上

---

① 以及《太上三洞神咒》中所收的“烏暘火城咒”:赤帝火王,圍中明煌。刀劍如雨,斬鬼火王。符至立至,急攝無疆。謹請南方火德熒惑星君,火鈴將軍,火鈴神將,火鈴童子,火鈴吏兵,火輪火車將軍,驅雷光,撼火鈴,攝丙丁,駕火雲。上下八方都罩定,邪鬼出者化爲塵。急急如律令。都天大雷火咒:唵吽吽救,起九天都火令,炎帝之精。流金聖者,火鵶神兵。擲火萬里,掃蕩妖氛。焚燒鬼賊,風發離宫。通天火索,黑焰黑風。飛火赫奕,大神應沖。吾行火法,各執帝鐘。撼動三界,妖魔滅蹤。謹請南方火德熒惑星君,部領先天真大百萬火衆。火星童子,腥煙使者,鐵面神王,三五將軍,驅逐火輪、火車、火龍、火馬、火弓、火箭。上奉玉清真王,長生朱陵大帝,救風火鳴條,燒天烈地。九江滚沸,四海翻濤,烹江煮海。煆鍊蒸,炮火焚灰,滅山魈,木客古怪,妖精輩屍故炁。五酉夫人,獵射三界不正妖魔。五猖邪巫鬼怪,氣候瘟神,遇丙丁之火,急走千里。巽風霹靂,萬鬼滅形,化爲微塵。急急如律令。

② 《請天師頌》後收入元明歷代道教文獻,如元代《三洞讚頌靈章》卷中、靈寶東華派齋儀道法全書《靈寶領教濟度金書》卷四,文字略有不同。

③ 北宋張商英編《金籙齋三洞讚詠儀》卷下所收宋徽宗《步虚詞》第二。

清十一曜真君[1]、皇天星主、南曹六司延壽星君、北斗九皇解厄星君、敬啓天地神通將吏、上方聖主吽伽囉金剛、中方聖主醯伽嚕金剛、下方聖主軍茶利金剛、東方青帝九夷氣君[2]、五方更改普庵院白衣大聖、觀世音菩薩、清微教主、正法道師、祖法齊天大聖、遺教元君、普庵金禪、張老和尚禪師、孔路、覺海、達麽禪師。這裏面雖然大部分神祇如三寶天君、四聖神君、長生大帝、青花大帝、洞淵大帝、可韓司丈真人、上清十一曜真君、皇天星主、南曹六司延壽星君、北斗九皇解厄星君等等可以在中古以來的道教傳統中找到其來源,但也有一些明顯來自道教以外的傳統,特别是佛教。如吽伽囉金剛出自唐代密教僧人不空所譯《金剛頂瑜伽降三世成就極深密門》:"歸命聖主宰,普賢金剛手,爲降伏一切,現吽迦囉身。"[3]醯伽嚕金剛、軍茶利金剛也都是密教中的金剛神名字。其他如普庵院白衣大聖、觀世音菩薩、達摩禪師等等也來自佛教。普庵金禪或即臨濟宗第十三代法嗣普庵禪師,因其各種靈迹而獲得信衆崇拜,在元、明、清三代均受朝廷册封,成爲地方信仰的重要神祇,後傳入臺灣,成爲民間信仰神祇,享有自己獨立的寺廟。[4] 從景興三十七年寫本來看,普庵禪師在越南也走出佛教的範圍之外,被道教納入其神譜。張老和尚禪師則見於《純陽帝君神化妙通紀》卷七《度張和尚第一百八化》,乃是一個典型的以道化佛的故事:"衡山僧智玄,張其姓也。一日遊衡山紫蓋峰修真院,遇帝君共語,機鋒敏絶契合。帝君曰:《華嚴經》釋迦佛與多寶佛入塔融會,紫金榻上不分左右,説何事? 僧無答,遂作禮問,答曰: 此佛祖正法眼藏,真相空實,教外心傳之妙。二佛融會,性命雙融也,不分左右,體一太虚也。汝執一邊,以見性爲能了,何其偏乎? 僧再拜,求點化。遂授密

---

① 出自唐宋時期的《元始天尊説十一曜大消災神咒經》,亦見於元明之際的《上清十一曜燈儀》;参見鈕衛星:《唐宋之際道教十一曜星神崇拜的起源與流行》,《世界宗教研究》2012 年第 1 期,第 85—95 頁;廖暘指出《元始天尊説十一曜大消災神咒經》内容與形式與佛教文獻《消除一切災難陀羅尼經》相似,或許説明宋代道教受佛教影響,道教也發展出十一曜的圖像藝術,反過來影響了佛教藝術創作;見廖暘:《熾盛光佛構圖中星曜的演變》,《敦煌研究》2004 年第 4 期,第 71—79 頁;孟嗣徽認爲西夏的諸曜星神圖像受到道教的影響,見《衢地蒼穹: 中古星宿崇拜與圖像》,北京: 三聯書店,2023 年,第 172—208 頁。

② 《女青鬼律》裏已出現;見 Terry Kleeman, *Celestial Masters: History and Ritual in Early Daoist Communities*, Cambridge: Harvard University Press, 2020, p.121, footnote 9。

③ 《大正藏》21 册(T 21, no. 1209, p.39b29 - c1)。又後文稱:"金剛即變成,吽迦囉金剛,暴怒處月輪,身流火光聚,遍體玄青色。"

④ 吴永猛:《普菴禪師與民間信仰》,中華文化復興運動委員會編:《佛教與中國文化國際學術會議論文集》中輯,臺北: 中華文化復興運動總會宗教研究委員會,1995 年,第 485—497 頁。

旨,僧曰：不遇真師,幾乎誤此生。帝君點化首,遂贈詩云：得道純陽亡百秋,五湖四海任風流;此身已出三千界,一日須遊數十州;醉倒清風明月夜,踏翻紅蓼白蘋洲;禪門衲子休相笑,我在華嚴最上頭。僧謝,出門乘雲而去。"①很顯然,前面幾位原本出自佛教的神祇,在這個語境中也應被視爲已經被道教弘化的佛教聖賢。②

更有意思的是,也有來自越南本土的聖僧出現在這件寫本的神譜中,如孔路、覺海。孔路即禪僧楊空路(Dương Khổng Lộ, 1016—1094),覺海爲阮覺海(Giác Hải),兩人本來都是越南李朝時期(1009—1226)的高僧,相傳可降龍伏虎,遂被傳奇化,逐漸成爲地方神祇,受信衆供養崇信,並發展出諸多神迹敍事。《嶺南摭怪列傳》卷二收有楊空路、阮覺海傳記。其文云:

> 海清嚴光寺空路禪師,姓楊氏,海清人也。世業漁釣,乃舍其業而僧焉。居常念加持伽羅尼門經。李神宗(Lý Thần Tông, 1116—1138,其中 1127—1138 年在位)彰聖嘉慶中,與覺海爲道友,潛居荷澤棲焉。所在求食,殆忘其身。外絶馳騖,内修禪定,心神耳目,日覺爽然。便能飛空履冰,伏虎降龍,萬怪千奇,人莫能測。尋本群州寺以居之。一日,有侍者啓云:"某自到來,未蒙指示心要。敢呈詩云:'鍛煉身心好得精,森森直干對棋庭。有人來問空之法,身坐屏邊影集形。'"師覺曰:"汝將由來,吾將汝接,汝行水來,吾爲汝授,何處不與汝'心要'?"乃呵呵大笑。師常説偈曰:"選取蛟龍地中居,野情終日樂無餘。有時直上孤峰嶺,長嘯一聲寒太虚。"會祥符大慶十年己亥六月初三日示寂。門人收舍利,葬於寺門。有詔廣修其寺。時蠲户二十人,以奉香火。
>
> 覺海禪師,亦海清人也。居於本郡延福寺,姓阮氏。幼慕漁釣,常以一小艇爲家,浮游江海。每二十五,遂舍其業,落發爲僧。初,與空路俱事師,棲荷澤寺。尋歸空路法。李仁宗(Lý Nhân Tông, 1066—1127,1072 年—1127 年在位)時,常與通玄真人召入蓮甕涼石寺侍坐。忽有蛤蚧對鳴,聒耳可惡。帝命

① 《中華道藏》第 46 册 030 號,張繼禹主編,北京：華夏出版社,2004 年,第 482 頁上欄。

② 有關 18 世紀越南的佛道交涉,參見 Anh Q. Tran, *Gods, Heroes, and Ancestors: An Interreligious Encounter in Eighteenth-Century Vietnam*, *Errors of the Three Religions*, Edited, translated, and introduced by Anh Q. Tran, Oxford：Oxford University Press, 2018。

玄止之，玄默咒，先墜其一。帝笑謂師曰："尚留一個，與沙門師咒之。"少頃，一個亦墜。帝異之，作詩曰："覺海心如海，通玄道亦玄。神通能變化，一佛一神仙。"師由是聲名馳於天下，僧俗俱尚。帝每以師禮待之，駕每幸海清行宫，必先詣其寺。一日，帝謂師曰："應真伸足，可得聞歟？"師乃作八遍誦，身凌虚空，去地五丈，俄而復下。帝及群臣皆合手相嘆。於是賜肩輿出入闕庭。

迨神宗朝，累召赴京師，辭以老病，不就。有僧問："佛與衆生，誰賓誰主？"師作偈云："不覺汝頭白，報你作餞客。若曰佛境界，龍門遭點額。"將示寂，告衆偈云："春來花蝶善知時，花蝶應須便應期。花蝶本來皆時幻，莫將花蝶向心持。"是夜，有大星隕五丈室西南隅。詰旦，師端坐而逝。詔蠲三十户以奉香火，官其子二人以褒賞之。①

後來兩人逐漸成爲地方神祇，在各處顯示神迹，被寫入各地的神迹記録。② 如1572年《美舍總寥舍社神迹》及1883年《南定省直寧縣神路總各社神迹》都提到他們顯示神迹的傳奇故事。③ 不過，在後來的越南文獻敘事中，兩人的事迹不斷被改寫、神化。如：越南漢喃研究院圖書館藏寫本《孔路覺海二聖祖事迹》（Khổng Lộ Giác Hải Nhị Thánh Tổ Sự Tích）則説空路原名阮至誠，係寧平省嘉遠縣譚舍社人；覺海爲阮國醫，南定省膠水縣海清社人。二人曾同去西竺學道，並與徐道行結交；回國後，空路爲李神宗療疾，被封國師；覺海滅除木猩，因賜國姓。這與早期文獻的敘事已有很大差異。1848年寫本《乂安省興元府文園總各社村神迹》更將他們成稱爲菩薩：大聖空路王菩薩（Đại Thánh Không Lộ Vương Bồ Tát）、覺海大法禪師（Giác Hải Đại Pháp Thiền Sư）。

民間寫本甚至稱空路爲佛祖、如來。越南學者阮蘇蘭博士向我展示一件未刊寫本，名爲《南越佛祖空路遺迹禪林古事玄機妙集》，題名中出現佛祖，而内文裏面

① 孫遜、鄭克孟、陳益源主編：《越南漢文小説集成》第一册，上海古籍出版社，2010年，第60—61頁。英文介紹見 Cuong Tu Nguyen, *Zen in Medieval Vietnam: A Study and Translation of the Thiền Uyển Tập Anh*（禪苑集英），Honolulu：University of Hawaii Press，1997，pp.241－242。

② 其故事在越北的流傳見 Vi Liên Ngô, *Tên làng xã và địa dư các tỉnh Bắc kỳ: tuyển tập các công trình địa chí Việt Nam*（北方各省的村莊、公社名稱與地理：越南地理著作集），Hà Nội：Nhà xuất bản Văn hóa thông tin，1999，pp.897－901。

③ 劉春銀、林慶彰、陳義主編：《越南漢喃文獻目録提要補遺》上册目録，臺北：中研院文哲所，2004年，第176、209頁。

竟然稱空路爲南天竺國大師。而天長府膠水縣行宫社皂隸神光寺官員爲其鑄像,則稱其爲"聖祖空路大法師"。其他寫本則稱之爲"南無空路如來"。已經"成佛"的空路,其生前在越南的事迹則以"本行"的形式被民間書寫、傳揚。還有專門的科儀發展出來崇奉空路,如《請聖空路科》,其文云:"香奉獻供養聖祖,請御前弟子虔將香奉獻,一切衆生亦復然,大雄大力來應現,願成鑄器滿方圓。南無大聖空路王菩薩摩訶薩!"《大南神録》將他們列爲與城隍神、土地神一個等級的下等神,顯示出很强的地方色彩:卷一爲帝王皇后諸神,如雄王、蜀安陽王、李南帝、徵女王、丁先皇、黎大行、李太祖、陳太宗、黎太祖以及皇太后、皇后等;卷二爲諸上等神,如關聖帝君、太上老君、九天玄女、真武帝、白馬神、朔天王、靈郎大王等;卷三爲諸中等神,如阮復、銅鼓神、黎都統(黎奉曉)神、吴府君(吴義)、姜公輔、范子儀等;卷四爲諸下等神,如城隍爺、土地神、空路、覺海等。

除了越南本土的神祇之外,這件文書後面的文字中也出現了一些神祇和人物,似乎也與中國史密切相關。如在《佛説破邪破瘵破病破魔大陀羅尼妙經》中出現金齒蠻王、摩尼白衣兩個饒有趣味的名字,則分别顯示這件文書與中國西南地區和東南地區民族與宗教傳統的聯繫。金齒蠻王應出自中國西南地區的傣族部落首領名稱。如《新唐書》卷222,列傳第一百四十七《南蠻》下《群蠻》條提到:"群蠻種類,多不可記。有黑齒、金齒、銀齒三種,見人以漆及鏤金銀飾齒,寢食則去之。"又,樊綽《蠻書》卷4云:"黑齒蠻、金齒蠻、銀齒蠻、繡腳蠻、繡面蠻,並在永昌、關南,雜類種也。黑齒蠻以漆漆其齒,金齒蠻以金鏤片裹其齒。有事由見人,則以此爲飾,食則去之。皆當頂爲一髻,以青布爲通身袴,又斜披青布條。繡腳蠻則於踝上排下周匝刻其膚爲文彩,衣以緋布,以青色爲飾。繡面蠻初生後出月,以針刺面上,以青黛傅之。"樊曾在咸通年間(860—873)在安南都護府任職,或許那時候已經將有關所謂金齒蠻的信息傳到越南地區。

而摩尼白衣則或與曾在東南地區流行的摩尼教有關。在福建晉江草庵曾有銘刻云"勸念清淨光明大力智慧無上至真摩尼光佛正統乙丑年九月十三日",即摩尼光佛在1445年仍爲當地人所知。而明代摩尼教的符咒也被民間用來驅魔趕鬼。但在明末摩尼草庵已被視爲道觀,見萬曆年間黄克晦《萬石峰草庵得家字》:"結伴遥尋太乙家,峨峨萬石映孤霞。"摩尼光佛的名稱和摩尼教儀式或許在摩尼教逐漸融入當地並消亡後還延續了很長時間。[1] 不過,這件越南道教文書使用"摩尼白衣"字樣而非"摩尼光佛"亦顯示其已吸收"摩尼"和"白衣"的名字,但並未使用"摩尼光佛"字樣。無論如何,看起來越南道教也接受了中國東南地區傳來的信息,或許來自明末流散到廣南地區的移民。

三、結　論

本文只是對這件景興三十七年靈寶科儀文書的初步研究,但可以明確幾點。一是這件出自越南中部地區的道教科儀文書不僅保留了很多中國宋元以來道教儀式的特色,特别是儀式表演的過程,仍然有設壇、請神、蕩穢、上香、供養等環節,而其所展示的衆神譜則一方面繼承了宋元以來的道教儀式傳統,另一方面也引入了佛教乃至民間崇奉的神祇,如空路、覺海等等。在傳寫過程中,有些神祇的名字略有變化,排列順序也和傳統道教典籍中的敍述有區别,但大體上保留了其基本結構和面貌。寫本中所列出的"安師科""安將科""安當境行遣科"則以宋徽宗《步虚詞》爲開端,這些都説明這件寫本保留了宋元以來道教文化的一些特色,很可能與越南中部地區在阮主時期對明朝遺民遷入和文化傳入比較寬容有關,和北方的鄭主政權對北方民衆和文化的影響較爲抵制不同。不過,在 19 世紀以後,道教受到嚴厲打壓,地方道教發展逐漸没落。這件文書可能也是越南道教在 18 世紀末葉落日餘暉的寫照。

這件文書也體現出一種很强的以道化佛色彩,不僅體現在引入了佛教的神祇如金剛、觀世音菩薩、傳奇禪師孔路、覺海,以及感化張和尚的故事,甚至直接以佛經的形式改寫文本,爲道教服務。而且這種改寫佛經的文本還出現了一些非常有趣的名字,如"金齒蠻王"和"摩尼白衣"等等,前者體現出中古時期中國西南地區的邊疆部落的認知,後者體現出中國東南地區舊有宗教文化的特色。從而可以看出景興三十七年阮主政權風雨飄摇之際民間所抄寫的這件文書所體現的複雜文化因素其實來自歷史上一個極爲廣泛的亞洲各地内部文化交流網絡。

---

[1] 有關摩尼教的歷史演變,參見林悟殊:《摩尼教及其東漸》,臺北:淑馨出版社,1997 年增訂本;廖大珂:《摩尼教在福建的傳播與演變》,《中國文化研究》2005 年秋之卷,第 10—18 頁。

附録:景興三十七年靈寶科儀文書録文[①]

靈寶安諸位精科　陶通用

諸位安法祖,列聖保人生,仰祈開太佑,信主得安寧。夫天地之内,塵寰互起妖氛,捧一水盂,蕩乾坤之秽氣,洞中虚玄,恍朗太原。[②] 蕩除紛秽天尊,琳琅振響。十方肅清。[③] 法鼓三通,萬神集悉。隨機赴感天尊,以今謹召壇所,四靈四獸神君,九鳳破秽靈官,五方五帝,天仙兵馬,年月日時解秽將軍,悉赴壇所,指揮疾疾,外有牒文,合行宣示(官印)宣牒走馬一氣次發遣而焚之。向來文牒,已行宣示,各請嚴莊,絡繹列陣,排兵於壇場,内外四向,八方或有伏屍故氣,土木妖精,一切兇穢,於道順者,盡赴魁罡之下,入地升天,毋令動作,急々如律令。

隨機赴感天尊,勅天靈地靈,天地交精,兵隨印轉,將逐令行,吾遣功曹神將,不得久停,速去速來,吾在壇前,卓釼相侍,分明报應,指揮疾々。一念通三界地户,書符鬼字,卓釼穿鬼心,噴水一口誦云:蕩除氛穢天尊,金爐馥郁,瑞氣氤氳,十方三界普聞知,萬聖千賢同降鉴,以今焚道香、德香、無爲香、清淨香、妙洞真香、靈寶惠香、超三界香,滿瓊樓玉京,徧周天法界,以今焚香,虔誠供養無上三寶天君、靈寶五師真君、北極四聖真君、神霄真王、長生大帝、五雷判府、東極青花大帝、六天洞淵大帝、可韓司丈真人、上清十一曜真君、皇天星主、南曹六司延壽星君、北斗九皇解厄星君。敬啓天地神通,將吏上方聖主吽伽囉金剛、中方聖主醯伽嚕金剛、下方聖主軍荼利金剛、東方青帝、九夷氣君、五方更改普庵院白衣大聖、觀世音菩薩、清微教主、正法道師、祖法齊天大聖、遺教元君、普庵金禪、張老和尚禪師、孔路、覺海、達麽禪師,[④]伏聞天高地原,在禱祈而必應,以今焚香,虔誠供養。兹臣謹奏,爲大越國廣厶居奉道信主厶一延,其諸册捆,具載。

靈寶安師科

太上傳符箓,初皆遇鶴鳴,積功朝帝所,彩惜攝雲駢;接引彰詞奏,克遂凡世情,

---

① 寫本中所見異體字已經儘量找到相近的漢字替代,個别無法找到漢字則保持原狀。通假字則出注。

② 應作“元”。

③ 應作“静”。

④ 應作“達磨”。

脩延當奏請。俯願鍳精誠，嚴排隊仗，大列威儀，寶節前驅，暫離後集，天闕默降，人寰鍳以禱祈，證明修奉，按人　和　各恭信。吾師既降，鶴駕來臨，不捨慈悲，上登壇陛，信主虔誠，上香進獻，洞按炉香裊，同根生異氣，散！無爲道彷香，馥郁更芬芳，滿！師尊列位前，供養道場衆等，各執運心，皈命禮師尊，一切信念，列疑投誠，預告盟司於三界，修延行道，先啓白於師尊，三天扶教輔元大法天師，北方鎮天真武玄天上帝，嗣師係師，王、趙二真人，仗請師慈，宣楊法食，禮納供養，轉災爲福。

靈寶安將科

水噴魔宫攝，登開夜府冥，九天風靖默，四極氣澄清；嘯詠朱陵宫，遨遊白玉京，志誠何以祝，官將降威靈。[1] 法箓仙靈將吏，虚空照鑒，感應吏靈，司日直功曹使者，香官騎吏，一切威靈。伏聞名超三界，列位帝庭，爲聰明正直之神，作剎伐剛强之將；捧符執節，上遊乎太極仙宫；斬妖縛邪，下入乎微塵世界。不可乾坤高下，能窮水陸幽冥；有感必通，有求必應；除邪輔正，助國救民；掌上真拯拔之儀，扶教旨顯行之德；左輔右弼，前遏後迎；舉措於施考召，必當乃戢扶持。守護於神靈，分布威靈；不違元始之律言，俯順有情之正命。今則將建玄壇，嚴呈行瘼，仗請諸司將吏，流甲騎以森嚴；合請吏兵，附旌旗而拱列；即使壇場潔淨，麼漳不侵，信主虔誠，上香進獻，寶牒開，不教胡，散！珍珂長伴，滿！諸司官將前供養。

靈寶安當境行遣科

華夏吟哦赿，人生自柳楊；殿閣沉壇散，曲折合宫商，志誠何以祝，樓台月露霜。[2] 以今焚香虔誠供養，當年厶王行遣，當戢主宰；本土城埠大王，當境行遣；土地正神，戢當歲分，隸屬鄉坊，除災集福之年，一域安危之柄；凡在修营之事，豈無開告之儀，有願必從，無求不應。今信主厶以今月日，請命道士就干淨處，修設靈寶禳除祖精重喪祈安法壇一延，[3]信主虔誠，上香進獻，几席三旬，散！香灯百福，满！當境行遣前供。

---

① 北宋張商英編《金籙齋三洞讚詠儀》卷下所收宋徽宗《步虚詞》第九："水噀魔宫懾，燈開夜府明。九天風静嘿，四極硿澄清。嘯詠朱陵曲，翱翔白玉京。至誠何以祝，國祚永安榮。"文字略不同。

② 北宋張商英編《金籙齋三洞讚詠儀》卷下所收宋徽宗《步虚詞》第十："華夏吟哦遠，人聲自抑揚。沖虚歸道德，曲折合宫商。殿閣沉檀散，樓臺月露凉。至誠何以祝，多稼永豐穰。"文字略不同。

③ 即"筵"。

靈寶安南曹北斗科

五帝垂科教,一時作聖明;南曹生秘法,北斗死塵精;諸天增恩佑,福禄寿真形。伏以恢々玉相,俯臨蓬蓽之中;皎々金容,曲降塵寰之請。仰勤尊相,可達誠心,削兇除死籍長生,殄滅災殃增延福禄,轉除瘵神,咳嗽喘嗆,瘲痰之疾。伏願:垂慈俯臨降格,按人　和　各恭信,志心皈命。請:南曹定籍司判官,北斗削數司判定。惟願:救助群生,度開慈憫,回逆數而轉順宫,除短然而增長命,光降道場,證明功德。寶座臨金殿,豪光照玉軒。所有微誠上香進獻:南曹開大德,三旬相可獻,散!北斗降洪恩,百福自然來,滿!南曹北斗二司判官前供養。

靈寶安五帝科

五帝居仙品,三生善惡人;祥光臨宇宙,惠澤感精誠;登路祈天佑,虔誠望聖恩;災殃皆解脱,福蔭永無根。五方五氣天君,五方法壇請師安鎮,志心焚香。奏啓:東西南北中央五氣君,伏望降臨道場。證明修奉,留丹牙之正氣,護信主之肝心脾肺肾神,落滅惡相,增延福寿,信主虔誠,稽首設拜:洞空天尊!所有微誠上香進獻,浅浅黄金萼,韶光長不老,散!匀匀白玉英,何處覔仙都,滿!五帝真君前供養。

靈寶安三寶科

三寶流塵世,諸仙列上清;九天功德滿,八百有心成;禮請修真教,神通作證明;金霄雲馭降,白殿兩潤生。竊以燭映紅瑶,影圓光之璀燦;爐煙翠裊,集瑞氣之氤氳。仰勤尊相之照臨,俯曆寸忱之懇祷;保护全家,增延吉慶,讃揚三寶,展皈依,咸冀慈悲,俯垂降格,按人　和　各恭信,志心皈命。禮請:清微天天寶君、禹餘天靈寶君、大赤天神寶君,生天生地,生萬物之本根;造道造經,造玄機之奥典。恭望:道經、師、寶,光降道場,證明功德。寶座臨金殿,云云。三寶垂慈,諸真洞鋻,信主虔誠,上香進獻,洞按同根,散!無爲馥郁,滿!三寶前供養:無上三寶天君、玄元始三氣、太上老君,己未午出,臣等身中,泱本命印,三五功曹,左右香官,騎竜乘虎,吏兵侍香,官金童傳言,讃花玉女,子午卯酉,五帝直符,直日香官,各三十六人,出午未申者,莊嚴顯服,開啓此間,土地里域,真官正神。臣今尒燒香。奏爲　大越國廣南處居奉道信主厶々一延,其諸災厄,則受災屯,以今願得:太上十方至真其生氣,下降流人。臣等身心,泱本命印,今臣所啓,速達徑御太上無太極御前:無上三寶天君,中天星主,北極紫微大帝,南北二斗星主,四方二十八宿星君,三台花蓋星君,天地所生，三元四聖，五師七政，日月星晨，陰陽所造，養育成形，信延列位，一切威靈，伏聞：上帝好生之德，下民懇祷之情，陰司赦佑，改疾病以消除，仰祈厄難之遠去，鮮除瘵神之殄滅。伏願：諸真洞鉴，萬聖證明，信主虔誠，上香奉請：諸聖玄邈遠，云々。具法位ム臣謹々焚香奉請：日宫月府帝，承天昊法，后土地祈，臣恭望聖慈，云々臣々，三元四聖，五師真君，中天星主，北微大帝，臣恭望聖慈，云々臣々，無上三寳天君，今年行遣，土地正神，臣恭望聖慈，云々。寳座臨金殿，豪光照玉軒，面來奉請，既沐光臨，各序真階，咸分列坐，信主虔誠，上香進獻，几席三旬，散！香灯百福，满！上帝前供養，盛禮延三獻，雲輦在九重，道場衆等，各執簡當，心平座，丹朱口唇，靈寳天尊，勅吾身中，元始安鎮，洞中玄虚，北斗七真。

《佛差神通破邪破瘵靈驗妙經》

佛差天兵竺國，佛差金幽陀羅；佛差神通大將，佛差老祖摩耶；佛差黑虎大將，佛差白象九牙；佛差雷霆霹靂，佛差和尚僧伽；佛差天王大將，佛差八部龍蛇；佛差金剛八部，佛差菩薩河沙；佛差左師右將，佛差前馬後車；佛差天罡大聖，佛差刹伐瘟魔；佛差除神破鬼，佛差除精除邪；佛差龍王水府，佛差地界閻羅；佛差山君食鬼，佛差海岳停波；佛差城�主者，佛差捉鬼妖魔；佛差破瘟破庙，佛差黑虎白蛇；佛差送除殃厄，佛差破鬼破魔；佛差破諸兇惡，佛差破衆喧花；佛差破彰破逆，佛差破吐破嘔；佛差破咳破嗽，佛差破热破寒；佛差除諸外道，佛差破神建破；佛差破行災病，佛差破尽冤家；破解自頭至足，破解五鬼奔波；破解形呼拘挍，破解注煞建破；破解四時百病，破解十二時訛；破解重喪連喪，破解地網天羅；破解傳屍勞瘵，破解鬼賊頑邪；破解殗殜妖死，破解大魔小魔；破解衝父衝母，破解尅公尅婆；破解害子害孫，破解夫婦不和；破解姑姨妣妹，破解冤僭迩遐；破解叔伯兄弟，破解眷屬冤家；破解仇讐执對，破解鬼魅摧破；破解前绿業彰，破解瘵主交欹；觀音割断痨瘵，勢至降幅河沙；金剛消除疾病，菩薩解送群魔。

《佛説破邪破瘵破病破魔大陀羅尼妙經》

如是我聞，一時佛在西天竹國金山會上，會同三界，八萬蓮花，河沙諸佛，天仙聖衆，上説法音，等々佛師，講《陀羅經》，八萬金剛，四天天王，山神地祇，羅漢聖僧，金童玉女，黄幡豹尾，青龍白虎，朱雀玄武，勾陣滕蛇，十二時辰，九江八海，十二源派，山川大小，岳瀆水靈，諸洞仙宫，三府會同，護衛神經，證明弟子。臣字玄ム，受持威力,救度人間,救苦救難,消災厄難,所求稱遂,必皆靈驗,欲富者增,欲貴者榮,求子生多,求孫鼎盛;救飢救渴,救病救貧,水火刀兵,虎狼盜賊,一時消滅,除災限厄,怪異妖魔,一切鬼邪,瘟瘟疫癘,各諸冤疰,前過後愆。一切聖賢,同來破瘵,隨經呪力,大法明王,觀音菩薩,八萬金剛,破癆破疰,七十神王,破邪破病。救苦救難,破魔破瘵妙經:大慈大悲破鬼,千手千眼破邪;齊天大聖割斷,玄天大聖驅破;都天大聖斬伐,東方大聖拘枷;南方大聖拘捉,西方大聖禁吒;北方大聖食鬼,上方大聖吞魔;中方大聖滅鬼,下方大聖摩訶;左手金鎚鐵棒,右手鐵鎖金戈;斬除瘟瘟疫癘,相分怪異妖魔;諸位龍神土地,跟尋鐵扇夜叉;捕捉生禽精壯,斷除各衆冤家;除災除殃除厄,破兇破惡破邪;剎妖剎精剎鬼,滅瘟滅病滅魔;結界五方謹密,收來大小群魔;天降天兵捉鬼,地將地兵縛邪;南天炎帝燒魅,東仙金界捉魔;西川虎將食鬼,北海龍精食魔;白衣大聖破病,青衣真武破邪;赤衣使者破瘵,黄衣除魔破魔;黑衣掃除鬼魅,驕驕拿病奔波;密迹金剛斬鬼,上界金剛斬邪;保身金剛解病,煉性金剛禁吒;伏願金剛改死,長年金剛注生;變化金剛破病,護身金剛破魔;國化神王破病,造化神王破邪;遠化神王滅鬼,真道神王滅魔;護身神王滅鬼,破禁神王吽吒;天道金剛打鬼,地道金剛斬魔;天火金剛燒祟,地火金剛燒邪;火首金剛焌鬼,火尾金剛焌魔;滅勇金剛救病,神力金剛斬邪;陽德金剛祛僞,陰德金剛拷魔;順德金剛伐惡,返德金剛驅邪;大力金剛送怪,小力金剛驅魔;雄威金剛攡鬼,太初金剛捉邪;太易金剛拘魅,太素金剛拘魔;太清金剛捉縛,太極金剛拘枷;太始金剛速到,上清金剛河沙;玉清金剛度死,會集割斷冤家;千千力士速到,萬萬精兵摧破;火風火雨火箭,火輪火馬火車;火龍火虎火戟,雷霆電掣奔波;東方提頭禁鬼,南方毘婁禁魔;西方博吒解怪,北方沙門除邪;中央天王破瘵,四大天王除魔;天蓬大將捉鬼,天猷大將捉邪;保德解空神瘵,北極火鐵夜車;黑煞破諸神瘵,或瘵在海在河;或瘵橋樑道路,或瘵陵里鄰家;或瘵祖宗内外,或瘵叔伯邇遐;或瘵弟兄朋友,或瘵夫婦交和;或瘵同床同席,或瘵父母瘫欬;或瘵孤宸寡宿,或瘵男女冤家;或瘵子孫兄姪,或瘵淫慾喧花;或瘵兇邪惡黨,或瘵誓願山河;或瘵陰謀罷對,或瘵累刧冤家;或瘵毒生毒死,或瘵地網天羅;或瘵君臣返逆,或瘵父母冤家;或瘵邪魔盜賊,或瘵觸犯建破;或瘵異鄉道路,或瘵他處他家;或瘵巡遊世界,或瘵出入門家;或瘵爲男爲女,或瘵爲精爲邪;爾現爲妖爲怪,爾現爲鬼爲魔;爾現入同門户,爾現痡瘼山河;爾現年々月々,爾現日々時々;爾現心中作怪,爾現内外頑邪;爾現觀音作病,爾現上將斬魔;爾現婆路羯帝,爾現勾結陀羅;爾現兇神新死,爾現疾病冤家;爾現白衣破瘵,爾現吽泮陀羅;爾現除瘵破瘵,爾現除精破精;爾現天王天竺,爾現老祖除邪;爾現菩薩衆等,爾現張老祖師;爾現麒麟食鬼,爾現獅犽吞魔;爾現青龍白虎,爾現朱雀滕蛇;爾現玄武勾陣,爾現割衆妖魔;一切殡殤道衆,一切人道等衆;一切鬼魅等衆,一切魔王等衆;一切父母等衆,一切叔伯等衆;一切夫妻等衆,一切朋友等衆;一切祖考等衆,一切公婆等衆;一切兄弟等衆,一切姑姨等衆;一切男女等衆,一切宗親等衆;一切元君捕捉,一切猛吏巡羅;一切邪精妖怪,一切各衆瘟魔;一切世界勅下,一切諸府河沙;一切弘王救苦,一切破衆頑邪;一切神通感應,一切癆瘵摧破;一切經呪轉誦,一切咳嗽精邪;一切精兵萬萬,一切力士千々;救助衆生煩惱,諸王尊户壇場;金齒蠻王天竺,驅除破解殡殤;摩尼白衣捉鬼,婆路黑虎逐精;青龍食衆妖怪,赤蛇吞縛妖形;他方越去萬里,奔滕急走脱生;不得往來侵入,勿存脊戀人精;隔别陰陽二路,相分南北斷靈。吟偈曰:普施法界透仙宫,一箓氤氲徹人同;佛境慈悲來擁護,生人康泰永增隆。謹識神燈,東方震宫,寅卯干支神官,解除癆神,咳嗽喘喼,涎痰之症,送去他方。奉爲信主厶佑福平安,稽首皈依,虔誠讚詠。長生保命天尊:謹識神燈。南方離宫,巳午干支神官,解除癆神,諸災消滅。奉爲信主厶身躬康泰,命位平安,稽首皈依,虔誠讚詠。消災解厄天尊:謹識神燈,西方兑宫,申酉干支神官,解除傳屍癆瘵,等神遠去他方。奉爲信主厶各保平安,生人康泰,稽首皈依,虔誠讚詠。福生無量天尊:謹識北方,神燈坎宫,亥子干支神官,解除伏屍故氣,土木妖精,越去他方。奉爲信主厶病者安寧,身躬吉慶,信主虔誠,皈依讚詠。宥過賜福天尊:謹識神燈,中央兑宫,辰戌丑未干支神官,解除兇神遠去。今信主厶壽福河沙,稽首皈依,虔誠讚詠。燈光普照天尊:向來讚燈功德。事畢上祈。高真。

靈寶獻壇祖精癆瘵科

太極分高原,行溢三千數。以今焚香虔誠供養。志心奉請。東方青帝,角姓,甲乙木震宫,寅卯神官;南方赤帝,微姓,丙丁火離宫,巳午神官;西方白帝,商姓,庚辛金兑宫,申酉神官;北方黑帝,羽姓,壬癸水坎宫,亥子神官;中央黄帝,宫姓,戊巳土中宫,辰戌丑未神官。謹請一白二黑、三碧四籙、五黄六白、七赤八白、九紫天干地地支,十二時辰神君,法壇列位,一切等神,各降來臨本壇,護其信主厶,解除災厄,斷絶前愆,自今面後,永得平安,身心吉慶,命位千年,消除疾病,仰賴聖賢,其諸丹悃,具載言:寶香普供天尊:諸神玄邈遠,寥郭下冥冥。向來召請,天地殑殤,一切等神,聞吾請降,既到壇前,信主虔誠,上香進獻諸神等衆前供養:韶光長不老,何處覓仙都,[①]幾席延馭御,散!香燈建寶臺,[②]三旬相可獻,五福自然來,滿!向來獻壇事畢,上祈高真降幅,[③]同賴善功,證無上道,云々。

景興三十七年歲次丙申,吉月吉日,南窗敬筆,可勸後來,恭敬珍重,正宗陶公奏

A Preliminary Study on an Eighteen-century Daoist Liturgical Manuscript in the Hsu Ts'an-huang Collection

Chen Huaiyu

This paper aims to examine a Daoist liturgical manuscript dated in 1776 in the Hsu Ts'an-huang collection. The manual was probably from central Vietnam where Daoism was declared to cease functioning several years after the fall of the local regime centered around Quảng Nam region. The format of this manuscript is a booklet which constitutes a manual for performing a large ceremony with a series of Daoist rituals, such as consecrating the ritual space, purifying the ritual space, inviting gods and deities, and making offerings for blessing, etc. It seems that local patrons requested Daoist priests to perform the ritual for easing the suffering of the constant war in the Quảng Nam area. This surviving booklet offers a detailed ritual procedure. By analyzing this ritual

① 見北宋張商英編《金籙齋三洞讚詠儀》卷下所收宋徽宗《散花詞》第四:"綽約縈空際,繽紛落座隅。韶華長不老,何處覓仙都。"

② 同上《散花詞》第八:"几席延穴馭,香燈建寶壇。丹心無可獻,碎錦灑雲端。"

③ 此處"幅"應作"福"。

manual, this paper will reveal the structure of the ritual, the cosmological thought behind the ceremony, and the hierarchical order of the Daoist pantheon. Moreover, many terms in this ritual manual illustrate that the Daoist ritual performed in this area is similar to that of some minority groups in Southwest China. So it might appear as the evidence to study the transnational network of Daoism. Furthermore, some terms also indicate that same as local Daoist practice in Southeast China, both Buddhist and Daoist deities entered the ritual in central Vietnam. Finally, it should be noted that local Vietnamese cultic figures were worshipped in the Daoist ceremony, which suggests that Daoism in central Vietnam has absorbed local deities in its practice in order to take root in local society.

南京大學藏甲骨的流傳與著録

多高昂　程少軒

自1899年甲骨文被真正發現起,一百二十餘年來甲骨的流傳與收藏從未停止。十幾萬片甲骨散落在全世界十餘個國家和地區,收藏於二三百個機構或個人之手。其中南京大學藏甲骨(以下簡稱"南大甲骨")近六百片,數量在全國高校所藏中位列前三。南大甲骨數量既多,内容亦十分重要。它覆蓋從武丁到帝辛的所有王世,包含天氣、農業、田獵、戰争、生育等多種事類,還呈現出首甲錯磨、刮削改刻等特殊現象,以及若干罕見字和僅見字,對於古史研究、文字研究、甲骨占卜研究均有裨益。

南大甲骨全爲殷墟出土,屬於早期非科學發掘品。它們經由私掘出土,坑位信息不明;又在私人藏家之手幾經輾轉,流傳脉絡雜亂。學界對其遞藏情況和著録情況並不十分清楚,影響這批材料的科學利用。我們在整理南大甲骨的過程中,爬梳已有統計文章①和舊著録序言中的相關記載,逐片核對甲骨實物及其館藏信息,已經基本理清五個批次的流傳序列和著録情況。現將五批甲骨按片數由多至少的順序介紹如下。

一、原中央大學文學院史學系購藏近300片

原中央大學文學院史學系購藏甲骨(以下簡稱"史學系藏甲骨")是五批甲骨當

① 主要包括:胡厚宣《八十五年來甲骨文材料之再統計》,《史學月刊》1984年第5期,第17—24頁;孫亞冰《百年來甲骨文材料統計》,《故宫博物院院刊》2006年第1期,第24—47、157頁;胡厚宣《大陸現藏之甲骨文字》(以下簡稱《大陸現藏》),《史語所集刊》第67本第4分,1996年,第815—876頁。《大陸現藏》記載最詳。

中數量最多的一批,佔據南大甲骨總數一半以上。南京大學博物館藏品編號(以下徑稱"南大"某號)5629—5883 均屬史學系藏甲骨,此外碎片 JF0－JF42 中至少有四片通過原骨標注①或綴合復原的方式明確屬於本批。因此,以現藏計史學系藏甲骨總數應在 259—298 片之間,我們暫時給出"近 300 片"這一約數。甲骨越晚越碎,三十年前《大陸現藏》稱"歷史系 256 片",應該有其依據。

史學系藏甲骨是在全面抗戰之前入藏中央大學文學院史學系②,具體由誰購買、何年購入,已不可考。關於其來源與最早著録,目前所見唯一可靠的論述出自金毓黻③爲《中央大學史學系所藏甲骨文字》一書所作的《題記》,④還需通過逐片核對甲骨實物進行信息補充。根據《題記》,1940 年,即中央大學西遷重慶之第三年,時任中大史學系主任金毓黻檢得系内所藏甲骨二百餘片,並向"在校甚久"的胡小石(光煒)教授詢問其由來,得知這是中大西遷之前史學系分兩次收購所得,其中"十之七八"爲劉鶚舊藏,餘者則葉玉森之故物。劉鶚曾有甲骨 5 000 餘片,僅有 1 000 餘片收入《鐵雲藏龜》(抱殘守缺齋 1903 年石印本);劉氏身後甲骨流散,而葉玉森購得 1 300 餘片,僅有 240 片收入《鐵雲藏龜拾遺》(五鳳硯齋 1925 年石印本)。史學系藏甲骨多不見於《鐵雲藏龜》《鐵雲藏龜拾遺》等舊著録,此時尚待刊布。金毓黻原計劃以照片形式印行,可惜戰事方殷,"蜀中艱於製版,且所費不貲";於是改照片爲摹本,請胡小石的兩位學生李孝定負責摹寫,蔣維崧負責釋文,於 1940 年 8 月在重慶中央大學石印出版《中央大學史學系所藏甲骨文字》(以下簡稱《中大》)一書。《中大》摹本錯漏頗多,釋文因而多誤。通過逐片核對我們發現:(1) 很多錯摹漏摹之字實物非常清晰,但是受到盾溝、泐痕干擾不易拓出;(2) 很多甲骨反面摹本誤將鑽鑿邊緣當作甲骨邊緣;(3) 很多有弧度的牛骨摹本照片窄而摹本寬。⑤種種迹象表明,《中大》摹本不是根據實物而是根據拓本所作,在《中大》面世之前應

① JF0 實物反面標有"中 68"字樣,"中"即中央大學史學系藏甲骨編號。

② 當時的史學系與中文系同屬文學院。下引金毓黻《題記》落款爲"二十九年(即 1940 年——筆者注)八月遼陽金毓黻記於渝州之中央大學文學院史學系",可以爲證。

③ 爲使行文簡潔,本文稱引人名不加"先生",如有不敬,懇請見諒。

④ 見於:李孝定、蔣維崧《中央大學史學系所藏甲骨文字》,重慶中央大學 1940 年石印本;後收入《甲骨文研究資料彙編》,北京:北京圖書館出版社,2008 年,第 18 册,第 539—584 頁。本段引文均出自《中大》之《題記》。

⑤ 各舉兩例,另文詳論:南大 5657＝中大 68,南大 5767＝中大 139;南大 5702 正反＝中大 91 正反,南大 5835 正反＝中大 208 正反;南大 5862＝中大 236,南大 5964＝中大 238。

該已有一套拓本在史學系(現已不知所終)。《中大》的水平受到拓本質量的嚴重限制,因而不應僅歸咎於李、蔣二人;作爲第一次將史學系藏甲骨公之於世的著録書,《中大》應在學術史上佔有一定地位。

或許感到《中大》著録過於倉促,1942 年,金毓黻又請在成都齊魯大學任教的胡厚宣對這批甲骨進行重新整理。根據《甲骨六録》前的《自序》,[①]金氏"親携來蓉,囑爲整理",親自將甲骨帶到了成都。因此胡厚宣得以目驗史學系藏甲骨之原物,以拓本、摹本、釋文三位一體的方式收入 1945 年出版的《甲骨六録》之中,題爲"中央大學所藏甲骨文字"(以下簡稱《六中》)。《六中》後出轉精,在能目驗實物的條件下規避了《中大》的大量錯漏,同時也對《中大》有所借鑑。雖然拓本質量依舊較差,但是摹本之精、釋文之全,多有後世所不及者;釋文之下還特别標注時代、質料、行款、塗朱塗墨等等,爲研究者留下盡可能多的有用信息。[②] 迄今爲止,《六中》仍然是史學系藏甲骨最系統、最完備的著録。

在《甲骨文合集》[③]和《甲骨文合集補編》[④]面世之前,系統收録史學系藏甲骨的著録書僅有上述兩種。其中,《中大》收録摹本 252 版,有字者 242 版;《六中》收録拓本、摹本各 277 版,全部有字。兩者所收總數不同,對應關係也很複雜,有些甲骨《中大》有而《六中》無,有些《六中》有而《中大》無。造成總數差異和對應問題的原因多樣:一,《中大》常常不收反面,《六中》不但收録反面而且正反分爲兩號;二,《中大》不論有字無字一概收入,《六中》按照體例不收無字甲骨;三,《中大》所收整片甲骨,個别在《六中》製拓時已經折斷;四,《中大》所收殘斷甲骨,個别在收入《六中》時加以綴合。後來,《合集》選録史學系藏甲骨 116 片,《合補》選録 11 片,凡 127 片,佔總數近一半。需要説明的是,《合集》《合補》所收拓本相比《六中》清晰很多,恐怕不應是從後者當中直接選出;而且《合集》所收 116 片甲骨中有三片並不見

---

① 見於:胡厚宣《甲骨六録》(齊魯大學國學研究所專刊之一,甲骨學商史論叢三集),成都齊魯大學 1945 年石印本;後收入《甲骨文研究資料彙編》,第 10 册,第 551—768 頁。

② 可以參看:劉源《材料搜集與研究並重的〈甲骨六録〉》,《博覽羣書》2005 年第 6 期,第 113—116 頁。

③ 郭沫若主編、胡厚宣總編輯,中國社會科學院歷史研究所編:《甲骨文合集》(全十三册),北京:中華書局,1978—1983 年,以下簡稱《合》或《合集》。

④ 彭邦炯、謝濟、馬季凡主編:《甲骨文合集補編》(全七册),北京:語文出版社,1999 年,以下簡稱《補》或《合補》。

於《中大》《六中》,[1]也爲這種猜想增加了可信度。結合《甲骨文合集材料來源表》[2](以下簡稱《來源表》)、《〈甲骨文合集補編〉資料來源索引總表》(載於《合補》下編,以下簡稱《合補來源表》)中的蛛絲馬迹,我們推測《合集》《合補》拓本的真正來源是一套"南大拓本",很可能是1970年後南京大學歷史系文物室所拓。其實不止史學系藏甲骨,其他四批甲骨選入《合集》之時,用的應該也是這套"南大拓本"。

二、原中央大學文學院中文系購藏172片

原中央大學文學院中文系購藏甲骨(以下簡稱"中文系藏甲骨")的數量僅次於史學系藏甲骨。《大陸現藏》稱"中文系172片",[3]準確無誤,對應實物的編號爲南大1344—1515。此外《大陸現藏》將中文、史學兩系所藏甲骨均歸爲劉鶚之舊藏,同樣可信。與史學系藏甲骨一樣,中文系藏甲骨也不見於《鐵雲藏龜》系列著録,大概也是"餘而又餘者"。[4] 中文系藏甲骨的片數與來源都已確定。

疑難問題在於,這批甲骨是如何從劉鶚手中輾轉入藏中大中文系的?中間環節是怎樣的?我們至今尚未找到任何有關這批甲骨之流傳序列的確切記載,只好暫付闕如。試作猜測,中文系藏甲骨有可能和史學系所藏一樣由中央大學出面收購,也可能是胡小石、王伯沆(王瀣)、陳中凡等人在中文系任教之時購得。幾位先生曾在20世紀20年代共同購買一批劉鶚舊藏甲骨,葉玉森在《鐵雲藏龜拾遺》自序中稱自己與王伯沆、柳詒徵共收1 300餘片。然而據《大陸現藏》之"附表二",王伯沆所購甲骨後來歸入原中央研究院歷史語言研究所;胡小石購藏甲骨身後捐贈南京博物院;陳中凡於1926年所得甲骨則已收入《甲骨六録》,題爲"清暉山館所藏甲骨文字"(簡稱《六清》),似乎均與南大無關。但不排除一種可能,即某位或某幾位教授將自己所購甲骨的一部分贈予中大文學院中文系,這一部分未曾收入其他著録。此外,《甲骨年表》記載,民國十四年(1925),"丹徒柳詒徵翼謀得劉家所藏甲

---

① 分別爲:合8941=南大5878,合20256=南大5880,合10835=南大5881。

② 胡厚宣主編,肖良瓊、謝濟、顧潮、牛繼斌編:《甲骨文合集材料來源表》,北京:中國社會科學出版社,1999年。

③ 仍需强調,當時的史學系與中文系同屬文學院。《大陸現藏》正文稱"中文系",附表二卻將"文學院"與"史學系"並列,不確,當以正文記載爲是。

④ 語出《中大》金毓黻之《題記》。

骨文字三百版”。[①] 柳詒徵藏甲骨(又稱“劬堂藏甲”)傳至曾孫柳曾符時僅剩七十三片,其中六十片曾於 2019 年現身西泠秋拍,[②]其餘二百餘片下落不明,很有可能與原中央大學(史學系或中文系)購藏甲骨有關。當然以上僅爲推測,尚待查證。

《合集》選録中文系藏甲骨 16 片,《合補》15 片。根據《來源表》《合補來源表》,這 31 片甲骨的“著拓號”和“選定號”都是“南大”某號,[③]也就是説初次著録和實際來源都是那套“南大拓本”。實物調研也印證了這一點,就我們目力所及,中文系藏甲骨無舊著録,對於當今學界這是一批全新材料,值得加以系統著録。

三、原金陵大學舊藏福開森捐贈 70 片

原金陵大學舊藏福開森捐贈甲骨(以下簡稱“福氏甲骨”)數量位居第三。《大陸現藏》稱“前金陵大學藏(原福開森藏)70 片”,準確無誤,對應實物的編號爲南大 758—827。福氏甲骨是南大所藏五批甲骨中,除史學系藏甲骨外最爲人所知的一批。

福氏甲骨的來源、流傳與著録情況非常清晰,可以參考商承祚《福氏所藏甲骨文字》(以下簡稱《福》)一書前的《自序》。[④] 根據這篇《自序》,福氏甲骨皆劉鶚、徐坊[⑤]二人之舊藏,前者較多後者較少。劉鶚舊藏甲骨毋庸贅述;與劉鶚的情況類似,徐坊所藏甲骨亦在身後流散,大部分被燕京大學購去,收録於容庚、瞿潤緡編《殷契卜辭》(哈佛燕京學社 1933 年)當中,數逾千片。容庚在該書之《序》中提及,“徐氏所藏,雖不詳其購置年月,然彼卒於民國五年(即 1916 年——筆者注),其時贋品猶少,故此中僞刻不及百分之一。”可知徐坊所藏甲骨的真實性比較可靠。徐氏所藏

① 董作賓、胡厚宣:《甲骨年表》,上海商務印書館 1937 年排印本;後收入《董作賓先生全集乙編》,臺北:藝文印書館,1977 年,第 6 册,第 1—126 頁。

② 參看:西泠印社拍賣有限公司官網《劉鶚、柳詒徵遞藏殷墟甲骨六十件》,2019 年,http://www.xlysauc.com/auction/detail/id/182493/order/lot_no/sort/asc.html。

③ 例如合 15284 = 南大 1347,合 29325 = 南大 1504,等等。按照《來源表》體例,“選定號”一列空白,表示與“著拓號”相同。

④ 見於:商承祚《福氏所藏甲骨文字》,金陵大學中國文化研究所 1933 年石印本;後收入《甲骨文研究資料彙編》,第 13 册,第 539—585 頁。

⑤ 商承祚《自序》原作“徐枋”,非是。徐坊字士言,號梧生。清末民初便常有人誤作“徐枋”,大概是受其號影響。徐氏在《清史稿》有傳,附於《梁鼎芬傳》之下,其名就作“徐坊”(趙爾巽《清史稿》,清史館 1928 年排印本,卷四七八,葉五背至六正)。而且徐梧生爲藏書家,在古籍題記中往往落款“坊記”(例如臺北故宫博物院藏明代萬曆二十七年[1599 年]趙開美翻刻之宋本《傷寒論》),名從主人,爲“坊”無疑。

還有一少部分流入其他藏家之手,福開森就是其中的代表性人物。福開森(John Calvin Ferguson, 1866—1945),美國教育家、傳教士,生於加拿大安大略,自幼移居美國,1886 年來到中國,1943 年被日本侵略者遣返,前後在華五十餘年。福開森與南京大學有直接的關係。1888 年美國美以美會在南京創辦匯文書院,福氏受邀出任院長(相當於校長)。其後 1910 年匯文書院與宏育書院合并爲金陵大學,也就是南京大學的"二源"之一,而福氏作爲金陵大學的一位創辦人,厥功甚偉。此外,福開森還是一位文物收藏家。據商承祚《自序》記述,福氏"酷嗜中華文物,舉凡殷商甲骨、周秦彝器、漢魏碑碣、宋元書畫,以及磚甓陶瓷、經史典籍,藏之無不備,其鑑别之精,有非尋常考古家所可企及者。"對其藏品之數量與質量,商承祚都給出很高的評價,其中就包括本文涉及的 70 片源自劉鶚、徐坊之殷墟甲骨。20 世紀 30 年代初,福氏已有意將多年以來耗費巨資收藏的近一千件文物捐贈給金陵大學,可惜藏品多未編目,更未整理。1932 年,時任金陵大學中國文化研究所研究員的商承祚赴北平搜集商周文化史料,並受研究所主任徐養秋囑託,拜訪時居北平的福開森,福氏遂將手中甲骨交給商承祚代爲整理。此時福氏手中只有 70 片中的一部分,另一部分(八函甲骨)業已寄至金陵大學,爲了便於整理又重新從南京帶回北平。福氏甲骨原本有一完整拓本,70 片甲骨全部包含,這套拓本如今就與實物一起珍藏於南京大學博物館。不過福氏甲骨中有一些無字或只有兆序的碎片,於是商承祚精選 37 片有字甲骨,製成 44 版拓片(其中 4 片甲骨有骨臼刻辭,3 片甲骨有背面文字,正臼、正反均需拓出,故此拓片數量較之原骨數量多出 7 個;其中第 7、8、9、11、13、29 六版來自徐坊,餘者來自劉鶚),並且逐一加以釋文,最終於 1933 年 2 月由金陵大學中國文化研究所石印出版《福氏所藏甲骨文字》一書。此書拓本清晰,排版清朗,釋文之下常常附加考釋説解,見解偶有後世所不及者。《福》是福氏甲骨的第一次系統著録,在甲骨學史上佔有重要地位。稍早於《福》,丹徒陳墨移(邦福)作《福氏藏契考略》,專門考釋福氏甲骨,《福》曾予以引用;不過陳書並非著録,此處不多介紹。後來,《合集》選録福氏甲骨 38 片,不僅將《福》中 37 片悉數收録,還囊括一片未著録甲骨,[1]再次證明《合集》所收南大甲骨拓片並非取自舊著録書,而應來自一套

[1] 即合 15533=南大 814,根據《來源表》,合 15533 的著拓號和選定號都是南大 814,不見於《福》,實物核對無誤。

"南大拓本"。

《福》書編成出版之後,福氏甲骨就歸金陵大學所有,不過一直寄存北平。由於福開森時任北平古物陳列所文物鑒定委員會委員,這些甲骨實物長期由古物陳列所代爲保管。1948年古物陳列所并入北平故宫博物院,福氏甲骨隨之進入故宫存放,直到1949年方纔運回金陵大學。[①] 是時福氏本人已經不在人世。值得再次强調的是,這批甲骨本是福開森斥巨資所購,最終並未流落海外,而能悉數留存南大,福氏高誼不可忘懷。

四、方曾壽捐贈68片

方曾壽捐贈甲骨(以下簡稱"方氏甲骨")數量位居第四。《大陸現藏》稱"方岡藏(原方地山藏)68片",[②]數字無誤。對應實物的編號爲南大7362—7429。方氏甲骨的數量與福氏甲骨大致相當,但是學界了解比較有限。關於這批甲骨的來源與流傳,主要記載語焉不詳,需要重新鈎沉索隱。

著録情況相對簡單。中華人民共和國成立前方氏甲骨未見著録;1955年出版的《甲骨續存(上編)》[③](以下簡稱《續存上》)選録"方曾壽先生藏"甲骨145號,[④]南大所藏方氏甲骨大多收録其中,當然還包括流入其他機構的部分。後來,南大所藏的68片方氏甲骨有26片收入《合集》,4片收入《合補》,均不出《續存上》的收録範圍。[⑤]《合集》拓本不排除取自《續存上》的可能,但有更大概率取自"南大拓本"。

方氏甲骨的來源與流傳問題很多。上文已經出現三個名字:方爾謙(字地山)、方曾壽、方岡(《來源表》作方剛)。他們之間是怎樣的關係?《大陸現藏》正文及其"附表三"提供的流傳序列是"羅振玉—方地山—方岡—南京大學圖書館"。胡厚宣在《續存上》的《序》中寫道:"一九五四年國慶節我去南京參觀,過鎮江,順便

① 相關情況參看:《故宫博物院藏殷墟甲骨文》總敘,見於《故宫博物院藏殷墟甲骨文·馬衡卷》,北京:中華書局,2022年。

② "方岡"之名恐有訛誤,詳後。

③ 胡厚宣:《甲骨續存(上編)》,北京:羣聯出版社,1955年。

④ 《續存上》之《采録資料索引表》作"一四五片",不確,這一數字是將一片甲骨之正反、正臼分列兩號的結果,所以此處改用"號"字。

⑤ 不過其中有四片的現藏一欄,《來源表》標注有誤,合6871、合7579作"方剛",合15578作"元嘉",合10973空白,實際均爲南大藏品,分别對於南大7375、7369、7420、7368。

去揚州参加揚州文管會展覽。由耿鑑庭先生協助,得参觀方曾壽先生所藏甲骨。原物三百片,爲其先人方地山氏舊藏。"可知方曾壽爲方地山之後人,具體關係没有説清。范毓周稱"方地山也買到300片左右,後歸其子方曾壽。"①以二人爲父子關係,非是。2023年,方地山之曾孫方明出版了一部傳記《聯聖大方:一位才情洋溢、經歷傳奇的文化名士》,②彙集了關於方地山(方地山號大方)及其家族的大量資料。此書不但明確方地山與方曾壽爲祖孫關係,而且對甲骨的流傳過程記載清晰:

> 大方先生的次子方慶莊在揚州開了個古董店,父親生前將部分藏品傳給方慶莊以示對其事業支持。方慶莊的長子方曾壽才學兼備,爺爺對他寄予厚望,他1934年考入清華大學時,大方將300多片甲骨送給他作紀念,方曾壽從此對甲骨文研究興趣濃厚。③

鑑於此書作者與傳主的緊密關係,我們認爲上述記載比較可信。方曾壽别號"曾三",《續存上》書前附有"曾三手拓"之印蜕,也可佐證流傳序列中確有"方地山—方曾壽"這一環節。然而另一環節"方曾壽—方岡(或作方剛)"卻於傳無徵。上引傳記中稱,"……幸而方曾壽在戰亂中精心保存了300多片爺爺的甲骨舊藏,他在20世紀50年代響應國家號召,將所藏甲骨文原物捐贈給國家。"④此説非虚。首先通過上引胡厚宣《序》可以看出,1954年時方家所藏甲骨尚在方曾壽處,捐出應在1955年《續存上》成書之後;而後通過目驗南大所藏方氏甲骨實物,我們發現甲骨背面全部標有以"59-"開頭的編號,進而推測這批甲骨入藏南大的時間是1959年。那麽方曾壽捐獻甲骨一事便可基本鎖定在1955—1959年間。據此,流傳序列應爲"方地山——方曾壽——南京大學圖書館"。至於"方岡"或者"方剛",我們遍查傳後所附"方氏家族世系圖",未見此名;唯有方曾壽之弟方壬壽次子名岡森,與之稍近,但方岡森1952年方纔出生,顯然與南大甲骨没有關係。⑤ 或許方氏自留甲骨傳入岡森之手,《來源表》《大陸現藏》有所訛混,此事尚待驗證。等到編纂《合集》的

① 范毓周:《甲骨文》,北京:人民出版社,1986年,第35頁。
② 方明:《聯聖大方:一位才情洋溢、經歷傳奇的文化名士》,北京:團結出版社,2023年。
③ 同上,第476頁。
④ 同上,第477頁。
⑤ 同上,第585—587頁。

時代,方家所藏甲骨已經散爲數家。在《來源表》中檢索收入《合集》的"方曾壽先生藏"甲骨,發現其現藏信息至少有"南博""南大""方剛""蘇博""歷博""元嘉"等數種情況,前三者之佔比最大。

流傳序列已經明晰,接着便是來源問題:方地山藏甲骨購自何處?方地山(1873—1936),名爾謙,以字行,揚州人,工書法善楹聯,時人目爲"聯聖";又雅好藏弆,以古幣爲最,而甲骨收藏,則罕有記載。《大陸現藏》、胡厚宣《序》幾乎一字未提,相關情況卻在一位學生的信件中得以揭示。這封信記載在董作賓《方地山所藏之一版卜辭》[①]中。根據董文,1937 年 3 月 11 日,上海吴淞中國公學的一名學生陳松茂致信董作賓和李濟,欲將自己手摹的八十餘版甲骨文字送給歷史語言研究所替他出版。董作賓看他所附一張摹本"不甚高明",[②]於是没有答應,最終也未回信,但有感於陳氏"極其熱心",遂將原信摘録公布。我們將其中有關方氏甲骨來源問題的内容移録如下。

> 松茂在去年(即 1936 年——筆者注)的秋天,曾經到過天津,謁見了方地山先生,獲見先生所藏的九十餘版甲骨。九十餘版的來源,據説是和羅振玉合資購買拆來的。並且羅方曾有約,説羅印前編,方印後編。後來方先生牽於人事,和愛好點的不同(喜收藏古錢),終究没有刊出。

方地山與羅振玉、劉體智、袁克文等都是古泉學社中人,過從甚密。信中所説羅方二人合購甲骨之事應該是可信的,那麼《大陸現藏》認爲方地山藏甲骨來自羅振玉,就有失準確。不過,信中"九十餘版"之説也很可疑,很可能陳松茂並未見到方地山所藏甲骨之全部。1936 年 12 月方地山於天津病逝,所藏甲骨多數運回揚州,這就是 1954 年胡厚宣所見之 300 片原物。後來甲骨流散,南大、南博成爲主要的接收者,大抵也是近水樓臺之故。

五、黄玉瑜捐贈 5 片

圖書館黄玉瑜捐贈甲骨(以下簡稱"黄氏甲骨")在五批甲骨中數量最少。《大

① 此文原載董作賓《中國文字》第 9 册,後收入《董作賓先生全集乙編》,第 3 册,第 541—542 頁。本文根據後者引用。

② 該片後來收入《合集》,即合 36168=歷拓 10320,原骨現藏天津博物館。

陸現藏》稱“圖書館方玉瑜藏及未編號數片”,[①]可能是受前文“方地山”“方岡”的影響,姓氏寫錯,誤“黄”爲“方”。核對實物,黄氏甲骨共有5片,對應實物的編號爲南大8019—8023。雖然數量極少,但是存字較多,内容重要。[②] 5片全部屬於劉鶚舊藏,不是身後流散,而是生前作爲嫁妝贈予黄家,其特殊性可見一斑。

黄氏甲骨的流傳與著録情況比較清晰。根據《劉鶚年譜》,[③]劉鶚一生共有二女六子,長女儒珍,二女佛寶;劉氏與泰州黄葆年友善,遂將長女儒珍許配葆年之子壽彭,後儒珍生一子名黄玉瑜,黄玉瑜即劉鶚外孫。當年儒珍出嫁之時,劉鶚從自藏甲骨中選出5片作爲妝奩贈予黄家,後來便傳給黄玉瑜收藏。20世紀50年代開始,黄玉瑜在南京大學圖書館任職,在此期間他將這5片甲骨無償捐贈給我校。[④]與前述方氏甲骨類似,黄氏甲骨背面同樣標有年份編號,以“73-”開頭,《來源表》“著拓號”采録的就是這種編號。1973年有可能是5片甲骨入藏南大的時間,也有可能是歷史系文物室編號的時間,但無論如何,黄玉瑜捐贈甲骨應當不晚於1973年。黄氏甲骨中有3片收入《合集》;後來,1996年出版的《甲骨續存補編》[⑤](以下簡稱《存補》)卷六收録黄氏甲骨4片,傳拓5版(第一片有背文)。《存補》失收的一片恰爲《合集》所收(即合3796),因此5片甲骨目前都有拓本可見。

南大甲骨五個批次大體如是。中華人民共和國成立後,隨着1952年全國高校院系調整,原中大史學系、中文系購藏甲骨和金大福開森舊藏甲骨一并成爲南京大學藏品。後來,方氏、黄氏舊藏甲骨先後入藏南大,南大甲骨藏品規模最終定型。是時學校尚未建立一座成熟的博物館,因此這些珍貴文物曾長期存放於南京大學圖書館。20世紀70年代,南大甲骨全部移交歷史系文物室保管,工作人員將之與其他文物、金石拓片一起編號登記,所定編號(也即“南大某號”)沿用至今;同時很

---

① 所謂“未編號數片”,可能是將一些無字碎片(這些碎片後來都有編號,以JF開頭,參看本文第一部分)和用作教具的仿刻甲骨算在此處。

② 例如:南大8019=合21036是一塊𠂤組小字類甲骨,卜辭完整,内容與“子辟”罹患眼疾有關,用“臣”爲“目”,有罕見字“𦣻”——這是目前所見此字唯一有義可尋的用例。

③ 蔣逸雪:《劉鶚年譜》,濟南:齊魯書社,1980年,第9、12—13頁。

④ 參看:李文《南京大學珍藏·甲骨》,《南京大學學報(哲學·人文科學·社會科學版)》2013年第3期,第F2頁。

⑤ 胡厚宣輯,王宏、胡振宇整理:《甲骨續存補編》,天津古籍出版社,1996年。

可能對全部甲骨製作了新拓本,部分拓片選入《合集》。後來南大甲骨入藏南大考古與藝術博物館。2015 年 9 月,綜合性的南京大學博物館成立,這批甲骨轉入館中珍藏。2022 年 11 月,"南京大學博物館藏甲骨整理項目"啓動,這批重要的文物資源即將發揮新的價值。

The Transmission and Cataloging of Oracle Bones in the Nanjing University Collection

Duo Gao'ang, Cheng Shaoxuan

Nanjing University boasts a collection of nearly 600 pieces of Shang Dynasty oracle bones (i.e. NJU Oracle Bones), ranking among the top three in the collections by universities in China. NJU Oracle Bones cover all generations from Wuding to Dixin, and the inscriptions include various aspects from agriculture to war. Since NJU Oracle Bones are not the product of scientific excavation, their transmission and cataloging are not very clear. NJU Oracle Bones can be divided into 5 batches: I. Collection by the History Department of former National Central University, nearly 300 pieces; II. Collection by the Chinese Department of former National Central University, 172 pieces; III. Collection by University of Nanking (donated by Prof. Ferguson), 70 pieces; IV. Donation by Fang Zengshou, 68 pieces; V. Donation by Huang Yuyu, grandson of Liu E, 5 pieces. All the 5 batches originate in the collections by the earliest collectors such as Wang Yirong, Liu E and Ye Yusen. Some oracle bones have been cataloged, and some have not. Through textual research, more details regarding the transmission and cataloging of NJU Oracle Bones have been revealed.

法國東亞文明研究中心敦煌學和先秦兩漢寫本研究藏書*

張　超撰　羅慕君譯

法國東亞文明研究中心（CRCAO，UMR8155）中國組圖書館，坐落於法蘭西公學院的勒莫萬紅衣主教（Cardinal Lemoine）院區，①收藏有約 5 000 種圖書和 70 種期刊。這些中文、日文、法文、英文、德文和俄文資料主要涉及中國及中亞的古代到近代以前這段時期，包括敦煌學、先秦兩漢寫本和中國金石學等專業的重要收藏。該館藏品的獲得要感謝中心四個監管機構（法蘭西公學院、法國高等研究應用學院、法國國家科學研究中心、巴黎西岱大學）的資助，也得益於書籍捐贈，得益於與法國及國外機構的書籍互換。

該圖書館始建於 20 世紀 70 年代，當時一個由戴密微（Paul Demiéville，1894—1979）倡導、由蘇遠鳴（Michel Soymié，1924—2002，法國高等研究應用學院）領導的多學科研究團隊於 1973 年在法國高等研究應用學院的第四部成立。該團隊名爲"敦煌寫本及相關資料研究組"（ERA 438）（國内學界常稱之爲"敦煌研究小组"），並與法國國家科學研究中心合作，旨在繼續編寫法國國家圖書館伯希和中國藏品所收的敦煌寫本的詳細目録。②

* 譯者按：原文由任職於法國高等研究應用學院和東亞文明研究中心的副研究員張超（Garance Chao Zhang）用法文撰寫，發表於法蘭西學院主辦的第 16 届亞洲文獻日"亞洲文獻的數字處理：手寫文本識别（HTR）、光學字符識别（OCR）、數據庫"會議（2023 年 6 月 21—23 日，法蘭西學院，巴黎）。

① 巴黎第 5 區，勒莫萬紅衣主教街 52 號（52 Rue du Cardinal Lemoine，75005 Paris）。

② 以下有關法國國家圖書館伯希和中國藏品的描述轉述自法國國家圖書館（BnF）網站：https://archivesetmanuscrits.bnf.fr/ark：/12148/cc50534。

法國國家圖書館伯希和中國藏品主要由伯希和(Paul Pelliot, 1878—1945)領導的中亞考察團(1906—1908)於1908年在敦煌莫高窟所獲的中國寫本組成。敦煌位於中國甘肅省的西端,標誌著絲綢之路通往西方的起點。印度和中亞的佛教徒也行走在這些路綫上。這些路綫促成了印度和中亞佛教文本和圖像的傳播,以及與中國傳統文化的融合。許多寺廟在此建立,佛學研究也蓬勃發展。1990年,在無數洞窟中的一個洞窟(現編號爲第16窟),道士王圓籙偶然發現了一個封起的小窟(現編號爲第17窟),窟中堆放著50 000多件文獻,諸如佛經抄本、道教和文學著作、行政和社會文書、絲綢畫、儀式禮器等等。這些文物可追溯到5至11世紀,對中國和中亞的歷史、宗教、經濟、語言和地理研究具有極其罕見而豐富的價值。

在他的第二次中亞考察(1906—1908)期間,斯坦因(Aurel Stein, 1862—1943),進入了第17窟,他是第一個進入該窟的外國人。在他考察的一年之後,伯希和在這個窟中度過了三個星期,得益於他無與倫比的漢學造詣,他選取了藏經洞中最有學術價值的文本。此外,他還收集了藏經洞以外的其他文獻,包括近400個洞窟中題記和塗鴉的記録,碑刻拓片,以及壁畫攝影。近4 000份文獻構成了伯希和中國藏品,其中有近700個殘片(或稱"碎片")是通過剥離重新獲得的。

伯希和親自給寫本編號,並起草了第一份簡要清單。該清單經由京都帝國大學(現京都大學)的那波利貞教授(1890—1970)在其1932年至1933年逗留巴黎期間加以補充。1936年到1939年期間,中國古籍專家王重民(1903—1975)繼續編號和整理,完成了第2001號至第2488號寫本的著録工作[①]。他的工作在1952年至1955年期間由當時在國家科學研究中心工作的謝和耐(Jacques Gernet, 1921—2018)和國家科學研究中心的技術合作者吴其昱(1915—2011)繼續,完成了第2001號至第2500號寫本的編目。此外,寫本的寫本學描述還有待撰寫,這項工作由米歇爾·庫桑(Michèle Cousin)及魏普賢(Hélène Vetch)負責,至於準備索引,則由隋麗玫(Marie Rose Séguy)負責。1970年,《法國國家圖書館藏伯希和敦煌漢文寫本目録》第一卷問世。此後的整理工作由左景權(1916—,法國國家科學研究中心)在1955年至1973年間完成。

① 譯者按: 此即《伯希和劫經録》,該目現收於《敦煌遺書總目索引》中。

該目録第三卷至第五卷的編寫工作被交給了上文提及的"敦煌寫本及相關資料研究組",該組於 2006 年擴展成爲東亞文明研究中心。成立之初,該團隊設在威爾遜總統大街(avenue du Président Wilson),辦公場地由法蘭西公學院提供。團隊固定成員包括戴仁(Jean-Pierre Drège,法國高等研究應用學院)、梅弘理(Paul Magnin,當時是即將完成學位論文的博士生)、侯錦郎(國家科學研究中心)、左景權、吴其昱、郭麗英(Kuo Liying,法國遠東學院)、瑪麗-帕斯卡爾·蒙尼埃(Marie-Pascale Monnier,國家科學研究中心)、童丕(Eric Trombert,國家科學研究中心)、施耐德(Richard Schneider,法國高等研究應用學院)等。偶爾也有其他人員加入團隊,比如:桀溺(Jean-Pierre Diény,法國高等研究應用學院)、畢梅雪(Michèle Pirazzoli-t'Serstevens,法國高等研究應用學院)、康得謨(Maxime Kaltenmark,法國高等研究應用學院)和施舟人(Kristofer Schipper,法國高等研究應用學院)。國家科學研究中心分配給該團隊的微薄經費僅用於購買文具;至於文獻資料,蘇遠鳴先生借出了他自己關於敦煌研究的書籍,許多該領域重要國外學者的捐贈又補充豐富了這批文獻。

後來,資金短缺的問題逐漸得到了緩解,這使團隊得以大量複印文獻,包括論文抽印本(約 200 至 300 份)和敦煌寫本(約 7 000 件)。與此同時,團隊開始複製法國國家圖書館保存的伯希和寫本的微縮膠卷,以便在編目時方便查閱。最後,這些資金也幫助改善了設備,其中最昂貴的要數帶有記憶功能的打字機和初代電腦。

1983 年,團隊的集體努力取得了成果:目録的第三卷出版了,即《法國國家圖書館藏伯希和敦煌漢文寫本目録》第三卷,編號 3001—3500 號,蘇遠鳴主編,巴黎,辛格-波利尼亞克(Singer-Polignac)基金會資助。團隊預算隨之增長,購置圖書便是從這一時期開始的。購書優先考慮了中國大陸的出版物,以及任何關於敦煌地區及其周邊區域如吐魯番和黑水城的資料和研究。那時,圖書還只能手工盤點,直到 20 世紀 90 年代才開始由法蘭西公學院高等中國研究所圖書館建立和維護數字化編目(我們收藏的所有圖書編目都以字母"DH"開頭,"DH"代表敦煌,以此體現敦煌領域在我們收藏中的歷史重要性)。這種操作的主要困難在於將中文字符整合到西方字母數據庫中。爲解決這個問題,團隊副研究員施耐德(Richard Schneider)創建了一個專用的編碼系統。

這批關於敦煌研究的詳盡的圖書爲後續兩卷目録的編寫提供了重要參考,這兩卷目録分别於1991年和1995年出版。一是《法國國家圖書館藏伯希和敦煌漢文寫本目録》第4卷,編號3501—4000號,蘇遠鳴主編,巴黎,法國遠東學院特刊,1991年。二是《法國國家圖書館藏伯希和敦煌漢文寫本目録》第5卷,編號4001—6040號,蘇遠鳴主編,巴黎,法國遠東學院特刊,並受辛格-波利尼亞克(Singer-Polignac)基金會資助,1995年。如今,這些紙質目録已經全部由法國國家圖書館電子化並上傳網絡。

這些文獻還促成了團隊成員的許多個人成果,它們以其開創性作用和卓越質量,構成了全世界敦煌學的基礎。如:蘇遠鳴主編的《敦煌學論文集》第1卷〔1979年,日内瓦、巴黎:德羅茨(Droz)出版社〕;《敦煌學論文集》第2卷(1981年,日内瓦:德羅茨出版社);《敦煌學論文集》第3卷(1984年,巴黎,法國遠東學院)。

在該研究中心政策的鼓勵下,這一專業藏書在過去40年中不斷增長,現已成爲涵蓋敦煌學所有分支學科的綜合藏書,包括:考古學、壁畫(DHA)、寫本學、社會歷史學、政治和經濟(DHH)、宗教文學(DHR)和通俗文學(DHL)。除了原始資料和研究著作外,它還收有收藏於各大圖書館和館藏地的敦煌文獻的書目資料、複製品、縮微膠卷和照片複製品等,以及吐魯番文書和黑水城西夏文文獻的照片複製品。特别是上海古籍出版社自1989年以來出版的寫本照片系列,其中包括漢文、藏文等。中心已擁有約60種(編號爲“DHGF”),並將繼續收購其餘部分,如法國國家圖書館藏敦煌藏文文獻、俄藏敦煌文獻、法藏敦煌西域文獻、俄藏黑水城文獻。這一收藏在法國以及在整個歐洲都是獨一無二的,它吸引了,並將繼續吸引來自世界各地的研究者和學生。對他們而言,該館不僅蘊藏了無盡的知識源泉,也是一個國際交流的地方,一個世紀以來,對話和交流在這裏持續進行著。

除了占館藏大部分(70%—80%)的敦煌學文獻外,東亞文明研究中心還收藏了大量關於中國簡帛文書的著作(編號爲“DHJB”),該收藏始於20世紀90年代後期。曾參與敦煌寫本研究的馬克(Marc Kalinowski,法國高等研究應用學院)領導了一個集體項目,該項目旨在追溯敦煌手稿的“祖先”,即戰國至漢代(從公元前5世紀到公元3世紀)的所有寫本。其次,發現於現在的新疆的樓蘭古國遺址(公元3—4世紀)的文獻也被考慮在内。這些被記録在絲綢和竹簡等各類材料上的文獻在20世紀中國大陸大量出土,更新了我們對先秦兩漢時期中國的認識。因此,它們越來越受到學者的關注。爲了對這類文獻進行系統的探究,東亞文明研究中心的收藏力求詳盡無遺。事實上,它代表了歐洲在該領域最豐富的藏書且有多種類型的出版物,包括:專著、期刊、目録、字典、原始資料的攝影複製品等等。其中許多藏品是其他地方所没有的(約500卷)。

不斷更新的藏書爲團隊成員的研究提供了重要支援,促成了許多國際研討會和著名出版物。比如,由戴仁領導的研究組主要關注先秦兩漢和中古寫本的寫本學方面(戴仁[主編],牟和諦[合著],2014年,《讀物製作:先秦兩漢與中古中國寫本的文本形式》,法國漢學研究所系列,巴黎:德博卡出版社);①童丕關於中國人試圖征服廣袤西域的研究(童丕,2020年,《劍和犁——中國士兵和農民征服西部的故事:一段失敗的歷史》,法國漢學研究所系列,巴黎:法蘭西公學院);②雷米·馬修(Rémi Mathieu,法國國家科學研究中心)對寫在竹簡上的先秦兩漢哲學文本的翻譯(馬修,2022,《郭店竹簡儒家寫本》,巴黎:友豐出版社);③由馬克主持的《日書》研究項目(夏德安和馬克編輯,《早期中國的命書和大衆文化:戰國、秦、漢時期的〈日書〉寫本》,萊頓:博睿出版社);④以及勞格文(John Lagerwey)主持的先秦兩漢中國宗教研究集體項目〔勞格文編,2009年,《中國先秦兩漢和中古的宗教與社會》,巴黎:鹿出版社;勞格文和馬克編,2009年,《中國早期宗教》,第一部分,商朝到漢朝(公元前1250年至公元220年),萊頓:博睿出版社〕。⑤ 2012年,東亞文明研究中心是第四届歐洲中國寫本研究協會研討會(European Association for the Study of Chinese Manuscripts,EASCM,海德堡)的主辦方之一,該研討會在巴黎舉行。在這次活動中,約50名主要來自歐洲和北美的與會者饒有興致地查閱和研究了我們的

① Drège, Jean-Pierre [dir.], Moretti, Costantino [collab.], *La Fabrique du lisible : La Mise en texte des manuscrits de la Chine ancienne et médiévale*, coll. IHEC, Paris: De Boccard, 2014.

② Trombert, *Le glaive et la charrue. Soldats et paysans chinois à la conquête de l'Ouest. L'histoire d'un échec*, coll. IHEC, Paris: Collège de France, 2020.

③ Mathieu, *Manuscrits confucianistes sur bambou de Guodian*, Paris: You Feng, 2022.

④ Donald Harper & Marc Kalinowski, eds., *Books of Fate and Popular Culture in Early China: the Daybook Manuscripts of the Warring States, Qin, and Han*, Leiden: Brill, 2017.

⑤ Lagerwey, éd., *Religion et société en Chine ancienne et médiévale*, Paris: Le Cerf, 2009; Lagerwey John & Kalinowski Marc, eds., *Early Chinese Religion. Part 1. Shang through Han (1250 BC – 220 AD)*, Leiden: Brill, 2009.

藏書。最後,許多年輕的研究人員,如我們的博士生和博士後(Arnaud Bertrand,鐘量 Zhong Liang 和 Laetitia Chhiv 等),他們的論文和工作也主要依靠這批藏書。

最後,值得關注的還有我們圖書館的第三類文獻。在 20 世紀 90 年代,中心開始投資購買中國金石學的專業書籍(編號"DHE"),以支持一個關於保存在歐洲的中國拓本的集體研究項目。事實上,一些歐洲的圖書館和博物館,如法國漢學研究所(Institut des Hautes Etudes Chinoises, IHEC)、法國遠東學院(École française d'Extrême-Orient, EFEO)、法國亞洲學會(Société asiatique)、吉美博物館(Musée Guimet,)、牛津博德利圖書館(Bodleian Library)、大英圖書館(British Library)、蘇黎世里特伯格博物館(Musée Rietberg),都保存著自 19 世紀末以來彙集的大量拓本,總數超過 10 000 件。該項目也是由戴仁領導的。其成果是一套成系列的光盤三張和一個在綫數據庫: https://www.efeo.fr/estampages/index.php。該數據庫彙集了有關這批文獻的重要資料,却常常被西方學者和愛好者忽略。在該項目實施期間和之後,中心購置了大量資料,包括原始資料的複製品、參考書、金石學手册和西方語言作品。比如,由海德堡科學院的同名項目編輯的《中國佛教石經》大全集。此外,在那個還没有綫上數據庫的年代,東亞文明研究中心是法國唯一擁有一個全文數字化的重要金石銘文數據庫的機構,即《中國歷代石刻史料彙編》光盤系列。該數據庫被團隊的許多研究人員和學生以及中心以外的外國研究人員使用。

今天,中國組的兩個集體研究項目繼續開拓金石學領域,並在這批不可或缺的藏書的幫助下取得成果。第一個項目,"歐洲藏中國銘文和寫本資料",由戴仁和風儀誠(Olivier Venture,法國高等研究應用學院)共同主持。繼上文提到的拓本項目之後,該項目計劃,一方面繼續出版法藏中國拓本目録,另一方面將整理展示法蘭西公學院所藏甲骨文資料。第二個項目,"漢文異體字",由風儀誠和牟和諦(Costantino Moretti,法國遠東學院)共同主持,該項目關注長時段下整個漢文化圈的異體字現象。它涉及金石學、敦煌寫本和簡帛文書等諸多方面。該項目計劃建立一個異體字數據庫,從而創建一個比現有工具更符合研究人員需求的在綫專業字典。

書評《個人寫本：抄寫、草稿和筆記》(*Personal Manuscripts: Copying, Drafting, Taking Notes*)*

胡曉丹

在傳統的史學範式中，寫本曾一度主要被視作史料的載體，史家從中抽取出歷史信息，對其進行解構和分析。在這樣的定位下，文本内容是寫本對於史學研究的唯一價值。而寫本的分類也是基於其文本内容。寫本中的一些特定類型受到了史學界的偏愛和重視，另一些則並没有受到同等的關注，比如個人寫本就曾是較爲邊緣化的一類寫本。

《寫本文化研究》(*Studies in Manuscript Cultures*)叢書的第三十卷《個人寫本：抄寫、草稿和筆記》(*Personal Manuscripts: Copying, Drafting, Taking Notes*)是2020年在漢堡的寫本文化研究中心所舉行的會議的論文集，由漢堡大學寫本文化研究中心(Centre for the Study of Manuscript Cultures)的於爾根·保羅(Jürgen Paul)教授和大衛·杜蘭德-蓋迪(David Durand-Guédy)博士主編。前者是漢堡大學寫本文化研究中心伊朗和中亞史的資深教授，後者的主要研究領域是11至13世紀的伊朗史。本卷指出，探索更貼合的分類方式，揭示個人知識史與寫本製作之間的關係，探討個人寫本作爲一個時空的標本的意義，是現階段個人寫本研究的題中之義。

個人寫本廣泛存在於不同的文化傳統和時空背景中，儘管占比有所不同，它都是寫本中很重要的一類。而很多個人寫本的内容都是混雜的，在之前的分類體系

* Durand-Guédy, David and Paul, Jürgen. *Personal Manuscripts: Copying, Drafting, Taking Notes*, Berlin, Boston: De Gruyter, 2023.

中無法很好地歸類,在文本内容史料價值的評價體系下,處於一個相對邊緣的位置。從古到今,在各種語言現有的詞彙中,有一些詞與"個人寫本"(Personal Manuscripts)的内涵有所重合,比如漢語中的"筆記",日語中的"隨筆"*zuihitsu*(由漢語中的"隨筆"而來),波斯語中的 ǧung(對應突厥語中的 cönk)等等,這説明個人寫本在不同的文化傳統中都佔據著不容忽視的地位。而在現代的分類中,英語語境中的 Miscellany, Composite manuscripts, Multiple-text manuscripts 等概念和"個人寫本"也有所重合,但存在一定程度上的不相容性。在《導言》中,編者開宗明義地討論了"個人寫本"的定義。所謂"個人寫本",即寫本生成的目的僅是個人使用,書寫者和使用者相同(同一人或一小群人,例如一個家庭或家中的幾位成員)。它們有的是短暫用過即廢棄的,也有的被珍視爲手稿、真迹,其製作完全是出於個人旨趣,而非爲供養人/資助人、長官或客户製作,不是爲了展示,而是爲了個人的工作,如教學、學習、法律事務等。它們可以是副本、選集、花語、筆記、摘録、草稿和筆記本,但也有家庭書籍、會計筆記本和許多其他書籍,以及所有這些的混合形式。

編者指出,本卷具體的目標有二:一是介紹這些寫本本身,尤其是物質性上的因素,這是核心關注點。二是關注非西方的寫本文化,采用一個更具比較性的視角。以往研究中,寫本分類的標準往往基於文本内容,但實際上很多個人寫本的内容都是混雜的。本卷雖然也著眼於寫本内容,但對於個人寫本研究的核心關注點在於物質性,結合了文學研究和寫本學研究的方法論。另一方面,現有研究基本局限於名人的筆記,而且主要是歐洲的,比如達・芬奇、牛頓、保羅・瓦勒裏、維特根斯坦等歐洲文明的代表性傑出人物的筆記本。其他文化圈中的個案討論較少,僅在偶然的突出的個案中有所涉及,如 11 世紀日本的清少納言的《枕草子》。

寫本本身才是一切的出發點。本卷包含的所有文章都在關注寫本的製作者、使用者和使用目的這幾個核心問題。生成過程的痕迹、綫索,寫本主要文本成立後的附屬文本(paratextual)和其他文本的形成,比如題跋、作者和讀者的注記、後加的部分。寫本保存的其他痕迹,比如書頁的損耗,一個抄本單元與其他部分的合訂,續寫活動。寫本的大小,紙張的類型、品質、用墨、裝訂。寫本的視覺組織(visual organization)也是一個重點,在頁面佈局、修改技術、頁邊注、頁邊距、書寫方向、裝飾等方面,個人寫本可能和用於展示的寫本完全相反。在字迹的工整程度、頁面佈局上面,個人寫本有較大的自由度。

《個人寫本：抄寫、草稿和筆記》全卷收録了十五篇專題論文,分别討論了十五個來自不同文化傳統、不同時代的案例。這些論文所關注的核心區域是近東和中東,範圍包括從西歐到日本的廣大地域,時間上涵蓋從古代到近現代的案例。西爾維婭·索韋格雅托(Szilvia Sövegjártó)討論了古巴比倫時期皇家碑銘的複製本,指出這些複製本是由書手們出於個人目的收集、編纂的。派翠克·桑格(Patrick Sänger)討論了羅馬帝國塞維魯王朝(Severan Dynasty)的莎草紙寫本。而伊莉莎白·德庫爾托(Elisabeth Décultot)、菲力浦·德普勒(Philippe Depreux)和梅蘭妮·迪布瓦-莫雷斯坦(Mélanie Dubois-Morestin)關注了歐洲的寫本。尤迪特·奥爾紹維-施蘭格(Judith Olszowy-Schlanger)、伊洛娜·施泰曼(Ilona Steimann)的論文研究了希伯來寫本。堀川康史(Horikawa Yasufumi)探討了日本神道教神官吉田兼敦(1368—1408)的日記。於爾根·保羅、大衛·杜蘭德-蓋迪和弗雷德里克·博登(Frédéric Bauden)等人的專題論文則討論了來自伊斯蘭文化中的案例。

大衛·杜蘭德-蓋迪研究了伊斯坦布爾的蘇萊曼圖書館(Süleymaniye Library)收藏的一個 bayāḍ 寫本。這個寫本包含了大量波斯語和阿拉伯語文本,其前 136 折頁(folio)包含了哲學、詩歌、藥學的摘抄。從跋文及字體分析的證據上看,杜蘭德-蓋迪認爲它是伊利汗國時期的學者興都沙·納赫賈瓦尼(Hindūšāh Naḫǧawānī)親筆書寫。

在波斯寫本學中,bayāḍ 指一種外出時使用的可携式記事本。在阿拉伯語中,該詞意爲“白色”,但在波斯語中,常用該詞借指可携式記事本。從外觀上看,這是一個又小又厚的長方形寫本,裝訂在紙張的上方頂邊。寫本字體較小,其頁面佈局,用朱筆勾畫重點内容及書寫標題等都有明顯的個人風格。這些寫本特徵都指向一個經常旅行的學者的隨身筆記本。

從内容上看,較長的摘抄内容有語法、藥學、哲學、神秘學、煉金術等内容,這些部分的原作者大多生活在公元 13 世紀。詩歌大多較短,尤其偏愛以内扎米爲代表的 12 世紀的波斯文學巨匠的詩歌,體裁中最多的是四行詩。除了討論文本内容以外,杜蘭德-蓋迪還考察了摘録方式、摘録文本的時間綫及跋文所揭示的寫本生成地等信息。這些摘抄與興都沙的代表作史書《古人的經驗》(*Taǧārib as-salaf*)時代相當。從這些個人筆記來看,興都沙對主流阿維森納哲學有很深的興趣。這個寫本揭示了興都沙・納赫賈瓦尼及其生活時代的多元信息,是一份討論伊利汗國時期知識生活(intellectual life)的特别史料。

於爾根・保羅指出19世紀晚期中亞西部地區寫本有兩大特點:這一地區此時多種語言並存。世俗語言中,波斯語和突厥語占主導地位,而阿拉伯語是宗教和自然科學、哲學和法律領域重要的書面語言。另一方面,中亞印本的普及較晚,接近19世紀末才由沙俄推廣。换句話説,中亞的寫本時代遠遠長於其相鄰的印度、奥斯曼帝國和伊朗。他的《穆夫提的筆記本:兩個19世紀晚期布哈拉的ǧung寫本》(*Mufti Notebooks: Two ǧung Manuscripts from Late Nineteenth-Century Bukhara*)一文討論了兩個穆夫提(mufti)所使用的ǧung寫本。ǧung一詞源於漢語的"艅",原指一種帆船。所謂"ǧung寫本",指某些類型的筆記本,其具體功能在不同的地區有較大差異。在伊朗和奥斯曼土耳其,這種筆記本抄寫的主要内容是個人使用的詩集;而在中亞,主要是司法系統的工作人員使用的個人筆記本。

這些筆記本彙編了法律書籍的摘録和引文。引文大部分都是阿拉伯語,但這些彙編也包含匿名的案例,通常使用波斯語或突厥語來記録,穿插使用阿拉伯語的法律術語。他所討論的兩本個人筆記本出自布哈拉。在布哈拉,波斯語是最主要的世俗語言。因而這兩個寫本所使用的語言主要是波斯語和阿拉伯語。

除了法律内容之外,寫本中還有大量的其他領域的文本,主題包羅萬象。其中最重要的是占星術和天文學,作者有時在行文中自稱"天文學家"。此外,寫本中還有神秘學、數學、哲學、歷史學的内容,治癒、主持婚禮等穆夫提的其他職責所需的摘抄,同時也包含詩歌的摘抄和他本人作品的草稿,主要涉及神秘學、天文學和數學。於爾根・保羅指出,這裏所討論的ǧung寫本絶不單純是法律案例的筆記本,而是"波斯高級知識分子不拘一格的世界"。ǧung寫本主要包含法律内容,其背後的原因是這些筆記的編訂者活躍於司法系統之中,但同時也包含其他一些文本和筆記,可能是因爲穆夫提和卡迪(qadi)在司法系統之外的其他職能和社會活動。

這兩例個案研究雖然存在年代上的差異,但總體揭示了中亞知識精英的在個人寫本製作上的傳統、共性和個性化特徵,把筆記本類的個人寫本作爲窺探這些知識精英社會生活和思想世界的一面鏡子。

除了本卷核心關注的近東和中東寫本之外,其他的一些研究也頗具新意和亮點。梅蘭妮·迪布瓦-莫雷斯坦的《讓·泰塞爾的契據册》(*The Livre de Raison of Jean Teisseire*)從種麻人的契據册的案例揭示了另一個層面的歷史。

讓·泰塞爾是 14 世紀法國阿維尼翁一位種麻人。阿維尼翁市檔案館(Archives Municipales d'Avignon)保存了一系列讓·泰塞爾在 1370 到 1377 年間寫成的寫本,其中最主要的就是一個契據册。這個册子輔助泰塞爾組織他的商業活動和公共行爲。研究者通過分析泰塞爾的格式、引用等書寫行爲及他對個人寫本的使用,探討了他的書寫行爲和經濟策略。她認爲這些檔參與創建了一個家庭和一個工坊的記憶和歷史。

在探索整體的方法論架構之外,本卷也衍生出了許多具體的創新性研究視角,如"公衆面"和"草率性"的問題。有一些"個人寫本"不僅僅是被一個生物學上的人類個體所使用,而是還被某些"擴展的自我"(extended ego),如教團和家庭的群體共同使用。而除此之外,個人寫本也被書寫者以外的人使用,尤其是在書寫者死後,使這些寫本具有了"公衆面"(public face)。這就延伸出了個人寫本的"後史",即寫本從個人場域走向公衆的問題。另一方面,部分個人寫本表現出草率性(sloppiness),即寫本的字迹潦草,難以釋讀,頁面佈局自由,不够規整等。本卷指出,這些現代學者眼中的"草率性"在不同的寫本文化中也許是一種即時性(immediacy)、直接性(straightforwardness)的表徵或個人情感的真實表達。

本卷的十五例個案研究跨越了極大的時空範圍,進行了較爲純粹的方法論的探索,對於個人寫本的研究思路作出了許多有益的示範。我國境内的敦煌吐魯番寫本中也有不少個人寫本,但研究現狀還是更多地關注文本内容。在傳統的分類著録框架下,往往把這些寫本的不同部分放在不同的課題中進行分裂的研究。雖然學界對寫本的物質性等層面已經有了一定程度的關注,但尚未充分開發這些寫本作爲"個人寫本"整體的研究價值。本卷對個人寫本研究範式的探索也爲敦煌吐魯番寫本的研究展示了方法論上借鑒的可能性,期待未來敦煌吐魯番個人寫本研究的巨大潛力得以發揮。

本卷作者工作和學習單位

歐陽曉莉	復旦大學歷史學系
Cécile Michel	法國國家科研中心
金壽福	復旦大學歷史學系
馮　婧	北京大學歷史學系
榮新江	北京大學歷史學系
陳瑞翾	北京大學南亞學系
張舒寧	北京大學南亞學系
白玉冬	蘭州大學敦煌學研究所
吴瓊蕊	復旦大學歷史地理研究中心
山本孝子	廣島大學外國語教育研究中心
程蘇東	北京大學中國語言文學系
陳懷宇	亞利桑那州立大學
多高昂	南京大學文學院
程少軒	南京大學文學院
張　超	法國高等研究應用學院
羅慕君	浙江工業大學人文學院
胡曉丹	復旦大學歷史學系